Au matin
des nuages d'or

DU MÊME AUTEUR
aux Presses de la Renaissance

Les brumes pourpres de Venise, roman.

Daphne Wright

Au matin des nuages d'or

Roman

Traduit de l'anglais
par Fabrice ROZIÉ

PRESSES DE LA RENAISSANCE
37, RUE DU FOUR 75006 PARIS

Si vous souhaitez recevoir notre catalogue et être tenu régulièrement au courant de nos publications, envoyez vos nom et adresse en citant ce livre aux

Presses de la Renaissance
37, rue du Four 75006 Paris

et pour le Canada à

Édipresse
945, avenue Beaumont
Montréal H3N 1W3

Titre original, *Dreams of another Day*, publié par Little, Brown and Company, Londres.

© Daphne Wright, 1992.
© Presses de la Renaissance, 1992, pour la traduction française.

ISBN 2-85616-665-2   H 60-3710-5

A Jennifer Kavanagh

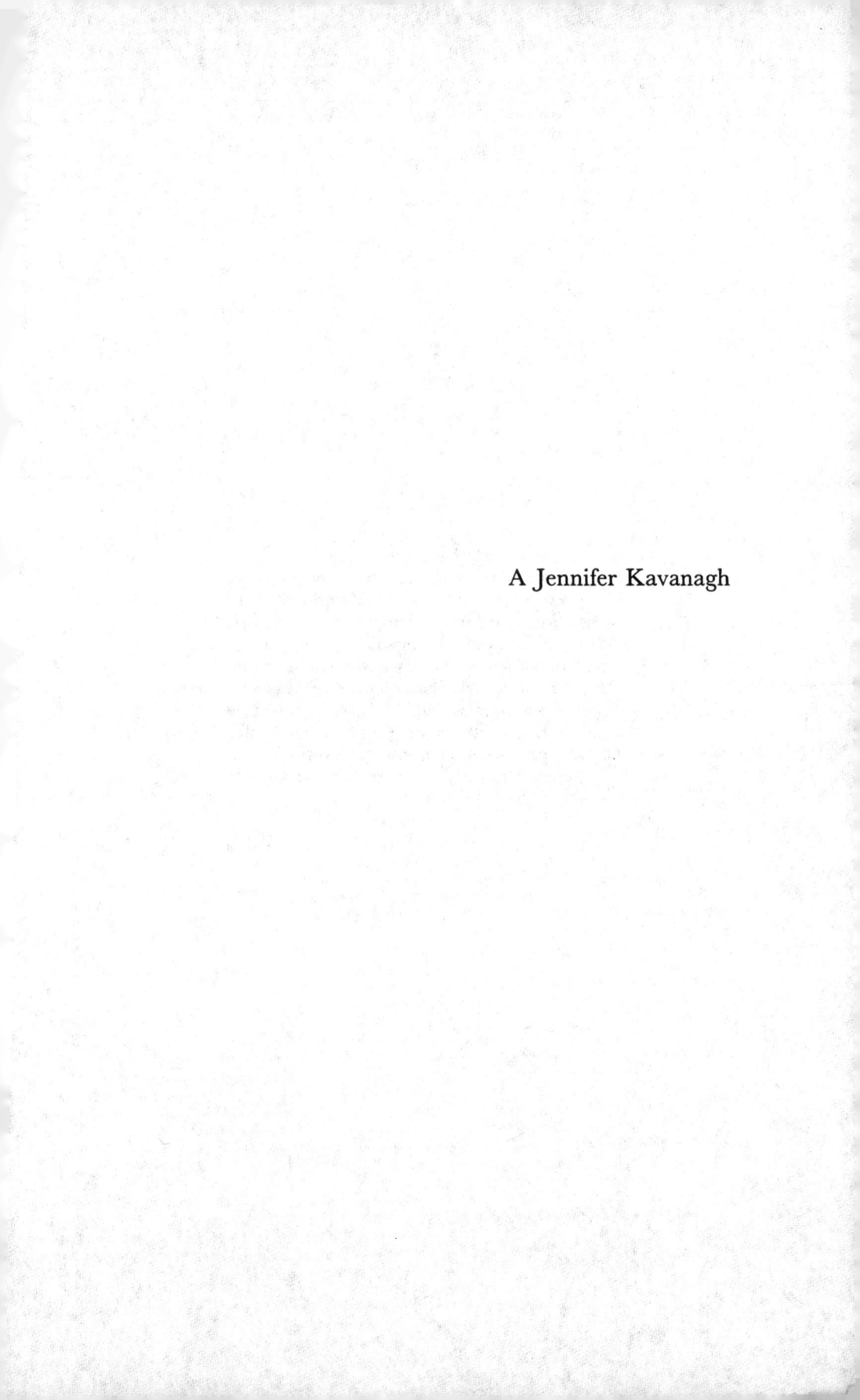

J'aimerais pouvoir remercier ici les nombreuses personnes qui m'aidèrent pendant l'écriture de ce livre, en particulier Robert Belgrave et Sir Ronald Logan, qui ont partagé avec moi leurs souvenirs des événements de Suez, ainsi que M. James Turner et ses collègues qui m'autorisèrent à assister à certaines audiences du tribunal de King's Bench Walk.

En aucune façon, les opinions exprimées par les personnages de ce roman ne devront être imputées à ces personnes.

D. W.

1

Deux individus épiaient une jeune femme qui se prélassait au pied d'une colonne égyptienne dont l'ombre effilée la recouvrait tout entière. Elle avait posé son chapeau sur ses genoux.

L'un des deux individus était un homme en gandoura[1] coiffé d'un turban. Accroupi, il était le lézard qui guette sa proie. Il attendait patiemment que la jeune femme reprenne sa promenade. Avec un peu de chance, elle ferait tomber son sac ou son chapeau.

Il sentait bien qu'elle était riche car il avait remarqué la déférence des autres à son égard. Il avait l'habitude d'observer les touristes et se trompait rarement.

La jeune femme portait une jupe de coutil et un chemisier de lin retenus à la taille par une ceinture de cuir. Elle avait aux pieds des chaussures de toile blanches. Son chapeau était confectionné dans une paille de la région agrémentée d'un ruban bleu. Sa montre et son bracelet étaient en or.

Elle s'appelait Mary Alderbrook. Elle était anglaise, célibataire et âgée de trente et un ans. Ses amis la surnommaient Ming.

L'homme attendait, indifférent au brouhaha des touristes à l'autre bout du temple. Ming l'ignorait tout autant. Elle jouissait d'un moment de solitude, loin des contraintes sociales. Elle

---

1. Sorte de tunique sans manches que les Arabes portent sous le burnous.

avait lu dans un guide avant de venir la description du site et se laissait aller à ses impressions personnelles.

A travers sa jupe, une douce chaleur caressait ses cuisses nues. Elle ouvrit les yeux au furtif éblouissement du soleil et sourit. De tous les sites qu'elle avait visités, Kôm Ombo était celui qu'elle préférait.

Situé au sommet d'un monticule dominant le Nil, le temple avait un aspect moins effrayant que la plupart de ceux qu'elle avait vus au fil de la croisière. Les bas-reliefs des murs mordorés y étaient à la fois plus précis et plus intelligibles.

Au loin, une felouque à voile blanche glissait sur un fond d'arbustes verts. Ming la suivit du regard jusqu'à ce qu'elle disparût. Puis elle leva les yeux en direction d'une partie endommagée de la toiture qui était sculptée et peinte. Le temps n'avait altéré ni le bleu turquoise ni le noir des aigles.

Tant de choses avaient survécu, pensait-elle, et pourtant la mort était visible partout. Elle avait espéré, sans se l'avouer vraiment, qu'en allant à la découverte des vestiges d'une civilisation inconnue, elle aurait l'intuition de sa vraie voie. Mais jusque-là rien ne s'était produit. Elle avait repris des forces en changeant de climat, mais elle n'était parvenue à aucun bilan personnel.

En compagnie des autres voyageurs, Ming avait été émerveillée par la beauté des tombes et des temples, par la précision et le coloris des fresques. Elle avait souri de l'optimisme d'une religion qui avait représenté ses dieux dans la fleur de l'âge, de la beauté et de la félicité. Intéressée par tout ce qu'elle avait pu voir, Ming s'était même essayée à déchiffrer certains hiéroglyphes. Toutefois, ce qui l'avait le plus émue avait été le fruit du hasard.

Ainsi, il lui était arrivé d'observer une bande de gamins jouant sur la rive, tandis que le bateau poursuivait sa course avec lenteur. Les filles, vêtues de gandouras déchirées, avaient rejoint les garçons. Leurs vêtements égayaient de taches vertes et orangées la monotonie des eaux limoneuses du Nil. Les sourires des enfants illuminaient leurs visages amaigris. Debout sur le pont supérieur, Ming s'était demandé comment réagiraient ces filles au sortir de l'enfance quand il leur faudrait revêtir le voile et la longue robe noire des femmes du pays.

L'autre personne aux aguets était une grande femme brune,

raide et autoritaire, qui, voyant Ming s'éveiller, sortit de l'obscurité du péristyle pour s'avancer vers elle.

« Ming, où êtes-vous ? C'est l'heure de rentrer. Le bateau repart dans un quart d'heure.

— J'arrive, Connie. »

Ming répondit d'une voix un peu lasse tout en se relevant. Elle prit son sac et son chapeau qui lui échappa des mains au moment où son amie Constance Wroughton apparaissait entre les hautes colonnes. Elle n'y prit pas garde et avec la rapidité du lézard, l'homme s'empara du chapeau et lui emboîta le pas. Au moment où elle s'aperçut qu'elle avait oublié quelque chose, l'homme était à sa hauteur. Elle se rembrunit en comprenant ce qui venait de se passer, et s'attendit aux palabres de circonstance. L'homme avança vers elle sa main en forme de sébile.

« Bakchich ! » pria-t-il.

Ming connaissait les habitudes de l'Égypte. Elle savait également qu'elle était riche, aux yeux de tous ces mendiants qui tendaient vers elle des mains calleuses. Elle avait toujours fait ce qu'on exigeait d'elle mais là, soudain, elle perdit son calme.

« Imshi ! » cria-t-elle d'une voix pleine de hargne.

L'homme n'en crut pas ses oreilles. Sans lui demander son reste, Ming tourna les talons et fit mine de s'en aller rapidement en direction de la rive. Constance ouvrit son sac pour donner un billet à l'homme, qui lui rendit le chapeau et regagna l'ombre en marmonnant.

« Je vous prie de m'excuser, Connie, mais je ne sais pas ce qui m'a prise.

— Cela n'a aucune espèce d'importance. Faites-moi le plaisir de mettre votre chapeau ! Le soleil tape.

— Je ne sais pas ce que j'ai en ce moment. Sans aucune raison valable, je me mets en colère.

— Il faut dire que le bakchich continuel est intolérable...

— Je ne parle pas de ça. J'ai déjà oublié ce qui vient de se passer. A Londres aussi, cela me prenait parfois, malgré mes efforts pour l'éviter. Pauvre homme ! »

Ming eut un rire triste. Connie lui prit le bras et la pressa d'avancer. Secrètement, elle se félicitait d'avoir trouvé la première faille dans le système de défense de son amie.

« Venez. Ne ratons pas l'embarquement et allons prendre le thé.

— Je n'ai guère envie de prendre le thé. J'aimerais mieux m'allonger un moment. Je me sens un peu "fatiguée et pis grincheuse et pis idiote" comme disait ma vieille nounou. »

Elles s'engagèrent dans le chemin jaune de poussière, en clignant les yeux dans le plein soleil, pour regagner le bateau. Sur la passerelle, Connie lui dit :

« Ne croyez-vous pas que vous vous êtes déjà suffisamment reposée ?

— C'est possible, dit-elle avec la docilité qu'on lui connaissait, mais je suis constamment fatiguée. Les médecins m'avaient prévenue, d'ailleurs.

— Alors venez donc avec moi prendre le thé », répéta Connie en s'engageant la première vers le pont supérieur.

Protégé par des stores de toile rayée, le pont était meublé de fauteuils d'osier. Quelques passagers avaient déjà pris place à l'autre extrémité. Connie choisit une table à l'écart et demanda du thé au serveur tout sourire. Après avoir allumé une cigarette, elle s'installa confortablement. Tout en aspirant profondément la fumée, elle observait le visage immobile de son amie, la finesse de son ossature, le charme de son nez et la délicatesse de sa lèvre supérieure. Ce visage avait pris tout récemment un masque sans vie qui semblait exhiber les traces d'un malheur de jour en jour plus cruel.

Un autre serveur apporta le thé. Connie lui donna un pourboire. En prenant cet argent, il dit avec un accent très marqué :

« Vous êtes sœurs ?

— Non, nous ne sommes pas sœurs, répondit Connie le plus calmement possible à cette question qu'on avait bien dû lui poser des dizaines de fois depuis leur embarquement au Caire.

— Vous êtes sa mère ? »

Connie fit non de la tête et lui fit signe de se retirer, car elle sentait sa patience à bout. De douze ans plus âgée que Ming, elle n'avait avec la jeune femme aucun lien de sang même si elles comptaient un beau-frère en commun. A la mort de Diana, sœur de Connie, son mari avait épousé en secondes noces l'une des sœurs de Ming.

Une fois le serveur parti, Ming ouvrit ses grands yeux bleus et fit à Connie ce très doux sourire qui exprimait chez elle tout à la fois l'attention et l'acquiescement. Au fil des ans, ce sourire avait tenu sous son charme bien des personnes, mais seuls

Connie et quelques autres amis sincères avaient fini par comprendre que ce si gentil sourire tenait également Ming en esclavage.

« Voulez-vous que je vous serve ? demanda Ming. Ne vous faites pas de souci pour moi. C'est un simple cas de compassion narcissique dont je me charge. Je possède tout et pourtant je ne suis pas heureuse.

— Je ne suis pas convaincue », dit Connie en écrasant sa cigarette.

Interloquée, Ming leva les yeux vers elle.

« J'ai une famille, j'ai des amis, j'ai tout l'argent qu'il me faut pour être indépendante depuis la mort de ma marraine, poursuivit Ming dans un effort de vérité. Je suis libre de tout. Je suis désormais en bonne santé et je n'ai plus aucune raison de me plaindre ou de ruminer ma colère. J'ai tout pour être heureuse. »

Les moteurs du bateau firent entendre leur cadence familière et rassurante. Les amarres larguées, on gagna le plein centre du fleuve. Ming reposa sa tasse. Elle ne prêtait plus attention aux autres passagers.

« Et pourtant, je ne suis pas heureuse. Que puis-je faire ? Qu'est-ce qui ne tourne donc pas rond en moi ?

— Mais vous êtes tout à fait normale ! s'écria Connie. Quant à ce que vous devriez faire, je serais tentée de vous dire : soyez plus égoïste, et pour tout dire, dites ce que vous pensez et n'ayez plus peur de créer la surprise. »

Ming eut un rire qui trahit sa détresse.

« Oh, je n'ai pas besoin qu'on me pousse pour être égoïste !

— Au contraire, je pense que vous en auriez besoin, dit Connie avec le plus grand sérieux. Non seulement vous vous donnez toujours du mal pour réconcilier les ennemis, ce qui en soi est déjà admirable, du moins je le crois, bien que je me demande parfois si les gens ne préfèrent pas se faire la guerre… »

A cette remarque, Ming s'efforça de sourire.

« … mais en plus, vous vous imposez de contrarier en vous tout ce qui pourrait faire du tort aux autres. Il serait peut-être temps de vous employer à quelque chose de plus constructif.

— Comme quoi ?

— Eh bien, quelque chose qui mobilise tous vos talents au lieu de les nier. Je ne suis pas croyante, Ming, mais lorsque je vous vois, je pense toujours à la parabole des talents. L'héritage de votre marraine ne vous a pas fait que du bien.

— Grâce à lui, pourtant, je me suis libérée d'un travail que je détestais, dit Ming. Vous n'imaginez pas combien il est horrible de finir par détester ce que l'on aimait faire plus que tout. Et quelle révélation ce fut pour moi de découvrir que je pouvais tout laisser tomber comme ça. Voila un exemple de pur égoïsme, j'en conviens.

— Qu'est-ce qui vous a fait détester votre travail à ce point ? Je ne dis pas que vous avez tort. J'ai seulement envie de comprendre pourquoi vous avez fini par en avoir tellement horreur. »

Ming se leva et vint s'accouder au bastingage pour jeter un coup d'œil à la rive que le bateau longeait lentement. Elle savait que les petits revers essuyés dans son travail, à l'époque où elle était secrétaire d'un député aux Communes, avaient été bien trop ridicules pour faire naître en elle un tel sentiment de frustration des années après.

« Je n'étais que l'assistant de Roger », finit-elle par dire. Elle gardait les yeux baissés sur la silhouette d'un homme à dos d'âne. Il avait remonté jusqu'aux genoux sa gandoura en découvrant ses longues jambes décharnées. Il avait aux pieds des sortes de babouches à petits talons. « Je n'avais de satisfactions que par procuration, poursuivit Ming. Les choses qui m'avaient tout d'abord passionnée, comme préparer ses discours, résoudre les problèmes de ses électeurs ou formuler pour lui les questions qu'il aurait à poser à la Chambre, devinrent une véritable corvée.

— Cela ne m'étonne qu'à moitié », dit Connie.

Ming se revoyait mentalement à la Chambre des communes. Elle ne distinguait plus ni les palmiers ni les felouques mais se remémorait les bancs de cuir vert ainsi que le va-et-vient des hommes en costumes sombres.

« Je me suis parfois surprise, alors que j'assistais à l'un de ses discours, à me mettre hors de moi parce qu'il avait insisté à tort sur une question que j'avais rédigée pour lui, ou parce qu'il avait modifié un paragraphe faute de l'avoir bien lu. Voyez-vous, Connie, je crois que vous commettez une erreur. Je ne suis ni la douce, ni la serviable, ni la généreuse créature que vous voulez bien voir en moi.

— A la bonne heure ! s'écria Connie qui ne cachait pas sa satisfaction. Mais vous êtes tout cela à la fois, Ming. Je suis certaine qu'il y a encore bien des choses qui vous touchent. Vous avez fini par prendre conscience de ce que vos amis savaient depuis le premier jour où vous avez travaillé pour Roger Sillhorne. Vous êtes deux fois plus intelligente que lui et vous seriez très capable de prendre sa place. Vous vous êtes fatiguée de jouer les seconds rôles. Vous n'auriez jamais dû travailler pour quelqu'un d'autre que vous-même.

— Mais je n'ai aucune formation, objecta Ming en revenant s'asseoir. A aucun moment, même en 1945 lorsque ma sœur s'est inscrite à l'université de Londres, l'idée de m'asseoir pour assister à un cours me semblait inconvenante. Après tout ce que nous avions vécu... Lorsque je redevins plus raisonnable, il était trop tard. Mais vous avez raison, je dois trouver quelque chose à faire. Je me sens tellement minable ! »

Connie était sur le point d'éclater de rire. La voix résolue de Ming n'avait pourtant rien de minable. Avant que Connie pût ouvrir la bouche, on entendit le bruit d'un choc quelque part sur les flancs du bateau, puis le bruit d'une gerbe d'eau. Elle se leva et mit sa main en visière pour voir ce qui se passait. Un attroupement de jeunes gens criait et gesticulait en direction du bateau. Les uns se baissaient pour ramasser des pierres que d'autres lançaient de toutes leurs forces. Il sembla à Connie qu'il y avait quelque chose d'irréel dans l'image de ce grand bateau blanc glissant imperturbable au nez et à la barbe de ces Égyptiens hurlant avec fureur sur la berge.

Une pierre lancée avec adresse atterrit sur le pont à quelques mètres d'elles.

« Mais ils nous lancent des pierres ! s'écria Ming horrifiée. Connie, faites attention ! »

A cet instant, une autre pierre fut jetée vers elle. Connie, clignant les yeux parce qu'elle était éblouie, crut l'éviter, mais la pierre la frappa au front. Ming bondit de son fauteuil. Connie s'effondra sur le pont, inconsciente. Dans sa précipitation, Ming ressentit une douleur aiguë au côté droit. Craignant que sa cicatrice ne se fût rouverte, elle s'agenouilla près de Connie pour la protéger. Touchée à l'épaule, elle s'arc-bouta au-dessus du visage de son amie. Elle se sentit soudain très faible mais tint le coup car l'idée que Connie pût être gravement blessée lui était atroce.

« N'y a-t-il personne pour leur porter secours ? » Une faible voix s'était élevée quelque part au loin. Ming, folle de peur, reconnut celle de Mme Sutherland, l'épouse du vieux pasteur qui avait célébré à bord la messe du premier dimanche.

« J'y vais, ma chère. »

Ming leva la tête et aperçut le vieil ecclésiastique et son épouse jouant des coudes à travers la foule des passagers en état de choc. Si les pierres avaient cessé de pleuvoir sur le pont, quelques gerbes éclaboussaient encore la poupe tandis que des cris de colère éclataient. A l'abri des ponts inférieurs, les garçons d'équipage injuriaient les agresseurs.

« Pouvons-nous l'éloigner du bastingage ? demanda M. Sutherland à Ming tout en retirant son panama.

— Ce n'est pas nécessaire », lui répondit-elle, après avoir constaté que le bateau était désormais hors de portée des pierres.

A l'écart, Ming tenta de détendre son épaule meurtrie. Mme Sutherland qui avait rejoint son mari s'agenouilla à son tour et épongea avec son mouchoir le visage ensanglanté de Connie.

« Je ne crois pas que votre amie soit gravement blessée, dit-elle en levant les yeux vers Ming. Elle est assommée, voilà tout.

— Oh, Dieu soit loué ! » Ming prit appui sur un des fauteuils et se passa la main sur le front. Peu à peu, d'autres passagers vinrent proposer leur aide ou donner des conseils.

« Quelle bénédiction que la plaie soit juste à la base des cheveux, mademoiselle Alderbrook ! Quand ce sera cicatrisé, on n'y verra plus rien. Aidez-moi à l'installer. William, pourras-tu veiller à ce qu'elle reste calme en se réveillant ? Tout ira bien. »

Le pasteur s'agenouilla, retira sa veste et la glissa sous la tête de Connie. Puis il lui éventa le visage avec son chapeau.

« Vous avez été très courageuse, dit-il tout timidement. Vous n'avez pas eu peur d'être vous-même blessée ? »

La main au côté droit, Ming fit non de la tête. La cicatrice était intacte mais l'élançait encore. Elle ravivait les souvenirs cauchemardesques de cette nuit où elle s'était vue réduite à l'impuissance par la douleur d'une crise d'appendicite.

« Il n'y avait guère de raison de s'alarmer, dit-elle, touchée qu'il la félicite d'être restée. Y a-t-il d'autres blessés ?

— Je ne crois pas. Quelle malchance de vous être assises de ce côté-ci du pont. Vous êtes blessée, n'est-ce pas ? Comme vous êtes pâle !

— Ce n'est rien. J'ai seulement un peu forcé sur la cicatrice que je garde d'une récente opération. Je suis tirée d'affaire mais j'oublie de faire attention. Ne croyez-vous pas qu'il vaudrait mieux faire installer Connie dans sa cabine à l'abri du soleil ?

— Elle va reprendre connaissance d'un moment à l'autre », assura l'épouse du pasteur. Elle venait de sortir de son fourre-tout un flacon d'eau de Cologne dont elle humectait la partie intacte du visage de Connie. « Tenez, elle revient à elle. »

Connie ouvrit les yeux. Elle gémit et posa la main sur son front, sentant du sang couler. La femme du pasteur lui chuchota à l'oreille des paroles réconfortantes.

« Ce n'est pas bien méchant, mademoiselle Wroughton, dit le pasteur.

— J'ai peur que vous ne soyez quitte pour une affreuse migraine », poursuivit son épouse qui fit taire les deux autres.

Les curieux s'éloignèrent.

Quand Connie fut tout à fait revenue à elle, le pasteur l'aida à s'asseoir et lui recommanda de boire un peu de thé. Même si sa tête lui faisait mal, Connie s'en amusa et accepta sagement la tasse qu'il lui tendait. Comme elle remarquait que Ming fronçait les sourcils, elle lui demanda :

« Comment vous sentez-vous ? Êtes-vous blessée ?

— Rien de grave, répondit-elle calmement. Mais je n'arrive pas à comprendre pourquoi ils ont fait ça. Est-ce parce que j'ai refusé l'aumône à un mendiant ?

— Ne soyez pas ridicule, répondit Connie, à la fois lasse et impatiente. Je lui ai donné de l'argent pour vous. Ces gamins nous ont tout simplement fait une mauvaise farce. » Elle ferma les yeux et posa de nouveau sa main sur son front.

« Je ferais mieux de ne plus y toucher, constata la femme du pasteur. Dès que vous aurez bu votre thé, nous désinfecterons votre plaie et la panserons. Il faut agir tout de suite sous ces climats.

— Je ne crois pas que ce soit une mauvaise farce, dit son mari. L'hostilité envers les Britanniques est particulièrement vive en ce moment... » Il rougit légèrement en croisant le regard de son épouse. « Je te prie de m'excuser, ma chérie. Je ne dois pas enfourcher mon cheval de bataille, je sais. Pourquoi n'accompagnerais-tu pas mademoiselle Wroughton dans sa cabine afin d'examiner son visage ? »

Ming était sur le point de les suivre quand elle se retourna vers le pasteur pour lui demander de développer sa remarque. Il la regarda et lui sourit.

« Mon épouse m'interdit de jouer les raseurs en débattant la question. D'ailleurs, rares sont les passagers avec lesquels nous avons sympathisé qui me donnent raison. Je ne crois pourtant pas que nous puissions blâmer ces gens d'éprouver du ressentiment à notre égard. Après tout, ils sont dans un état de pauvreté catastrophique et une bonne partie de la population est aussi arriérée qu'elle crève de faim. Leur seul véritable bien, c'est le canal[1]. Mais nous avons fait en sorte que la part du lion nous revienne, comme les Français avant nous. Qui n'en concevrait de la colère ?

— Mais enfin, dit Ming, qui avait souvent entendu son père donner son opinion sur la situation de l'Égypte, nous avons acheté la majorité des parts du canal et ils ont reçu en retour à cette époque leur part d'argent. Le canal est bien notre propriété.

— Tout dépend de l'analyse que vous faites, consentit le pasteur. Mais je ne devrais pas vous ennuyer avec ces choses. Et puis il est temps que j'aille m'habiller pour le dîner. »

Son sourire charmeur, comme pour se moquer de lui-même, laissa Ming troublée.

Elle descendit voir si Connie avait besoin d'elle et la trouva allongée. Il y avait à côté d'elle une assiette de potage et quelques crackers.

« Comment vous sentez-vous ? lui demanda Ming en approchant sa chaise du lit.

---

1. Canal traversant l'isthme de Suez, dont le promoteur fut Ferdinand de Lesseps, inauguré en 1869. Le canal a 168 km de Port-Saïd à Suez : il abrège de 40 p. 100 le trajet entre Londres et Bombay. La plus grande partie du trafic est représentée par le pétrole du Moyen-Orient. La nationalisation du canal par le colonel Nasser, chef de l'État égyptien, a provoqué un violent conflit avec Israël, la France et l'Angleterre en 1956. L'action militaire de ces puissances fut arrêtée par l'intervention des États-Unis et de l'ONU.

— Bien mieux. J'ai mal à la tête mais l'aimable Mme Sutherland m'a donné des cachets. Saviez-vous qu'elle était infirmière ?

— Vraiment ? Quelle chance ! Ils forment un couple délicieux. Si vous n'avez pas besoin de moi, je vais aller me préparer pour le dîner.

— Faites. Mais avant, Ming, j'ai une question à vous poser.

— Je vous écoute.

— Avant que ces dégénérés n'interrompent notre conversation, je voulais vous demander si vous accepteriez de nous donner un coup de main au magazine, en attendant de vivre à temps complet votre carrière de trouble-fête... »

Ming s'immobilisa, à mi-chemin vers la porte, puis se retourna. Elle avait l'air intéressée mais dubitative.

« Max et moi avons constaté qu'assurer et organiser la publication prend du temps. » Avec le plus grand naturel, bien que l'idée vînt tout juste de lui traverser l'esprit, Connie ajouta : « Nous avons besoin de nouvelles signatures indépendantes, mais nous ne pouvons pas faire deux choses en même temps : écrire des articles et recruter des collaborateurs.

— Ce que vous cherchez, c'est une secrétaire, répliqua Ming d'une voix faiblissante.

— Non, je suis très sérieuse, nous avons besoin de nouveaux articles.

— Mais je n'ai jamais écrit une ligne de ma vie !

— Et que faites-vous des discours, des lettres et des articles publiés l'an passé sous la signature de Roger Sillhorne ? » En parlant, Connie continuait d'observer Ming et comprit qu'elle avait vu juste. « Pourquoi ne pas m'écrire sur-le-champ un article à propos d'une croisière sur le Nil ? J'avais prévu de le faire moi-même mais je ne suis pas certaine de trouver le ton juste après le petit divertissement de cet après-midi.

— En effet, j'ai bien peur que vous ne le puissiez pas, acquiesça Ming. Je devrais peut-être faire une essai. Mais soyez impitoyable si c'est mauvais.

— Ça, dit Connie, vous pouvez compter sur moi.

— J'ai droit à un coup à blanc. Merci. Bon, je vous laisse. Appelez-moi si vous avez besoin de quoi que ce soit. Je viendrai vous souhaiter bonne nuit.

— Merci, Ming. »

2

Au moment où Ming se mettait au lit, ses sœurs aînées parlaient d'elle avec leur amie Julia en écoutant la pluie tomber sur Londres.

Les trois filles Alderbrook avaient la même ossature fine, la même chevelure blonde et les mêmes beaux yeux bleus. Pourtant, il aurait été impossible de les confondre. L'aînée, Margerie, surnommée Gerry depuis l'enfance, ne se souciait jamais d'elle-même et affectait de jouer les femmes nature. En revanche, Felicity — Flixe pour les intimes — charmait par une sorte de confiance en soi qui la faisait paraître plus profonde que les deux autres et lui conférait une aura de prestige. On comptait quelques fils argentés dans les cheveux de Gerry, mais jamais pourtant l'idée ne lui serait venue de les faire teindre. Flixe, qui mettait un point d'honneur à perfectionner ce qu'elle avait reçu de la nature, était exaspérée par la négligence de sa sœur mais n'en disait mot.

« Avez-vous des nouvelles de Ming ? demanda Julia.

— Je doute que nous en recevions avant son retour », répondit Gerry d'un ton maussade.

Certes, Gerry avait de l'admiration pour la brillante carrière d'avocate de Julia Wallington, mais elle ne comprenait pas pourquoi sa sœur s'était entichée d'elle et ne la quittait plus. Confortablement installées dans le jardin d'hiver de Flixe, elles en oubliaient la grisaille déprimante d'un ciel bouché. Les panneaux de bois étaient recouverts d'un bel abricot pâle. Sur le dallage de tommettes, des tapis persans richement colorés ajoutaient à la chaleur de la pièce. Un impressionnant ensemble d'arbustes subtropicaux disséminaient entre les fauteuils d'osier leurs fleurs luxuriantes. Quelques citronniers embaumaient de leur fragrance épicée.

Flixe prit la bouteille thermos de café frappé et remplit les verres.

« J'espère que Ming va se rétablir », dit Julia, consciente de la réserve de Gerry à son égard.

Cette femme, grande, le cheveu grisonnant, le visage plutôt avenant, gardait en général son expression sévère, mais lorsqu'elle éprouvait de l'intérêt ou de la sympathie, sa grande bouche s'adoucissait et ses yeux noisette perdaient de leur intensité. Elle en intimidait plus d'un mais ceux qui comme Flixe la connaissaient bien perçaient sous son masque l'ardeur et la vulnérabilité.

« Mon mari a eu une crise d'appendicite il y a un an ou deux. Je sais ce que c'est. Il était complètement abattu. Des semaines durant, il a été incapable de se rendre à la Chambre des communes. Mais il a fini par retrouver ses forces. Et pour Ming, ce sera la même chose, j'en suis sûre. »

Gerry, touchée par ses paroles, lui sourit. Pourtant, sa présence l'impatientait. Sans desserrer les lèvres, elle but à petites gorgées le café froid et sucré. Flixe, qui espérait que les deux jeunes femmes finiraient par se détendre, ajouta :

« Ming n'avait vraiment pas besoin de ça, après tout ce qu'elle a déjà subi.

— Je suis certaine qu'elle va s'en tirer, poursuivit Julia. Je la connais très mal, mais elle me donne l'impression d'avoir une rare maîtrise de soi. Je n'ai d'ailleurs jamais compris pourquoi vous étiez si protectrices envers elle. Elle a plus de trente et un ans, que je sache. »

Les deux sœurs échangèrent un regard. Pour une fois, la même étincelle traversa leurs yeux bleus. Gerry prit la parole.

« C'est bien là le problème. Ming se maîtrise trop.

— C'est vrai ! dit Flixe. Depuis la mort de sa sœur jumelle pendant la guerre, Ming ne s'est jamais livrée à personne et... » Ne pouvant en dire plus, elle se tourna vers sa sœur.

« ... cela la détruit, continua Gerry. Je sais bien ce que cela peut avoir de mélo, Julia, mais avouez que c'est atroce de la voir malheureuse à ce point et livrée à elle-même. »

Julia considéra Gerry avec un peu plus de sympathie et de respect. Bien que passablement agitée, Flixe se releva et prit un arrosoir de cuivre.

« Depuis cette époque, elle n'a presque jamais plus parlé d'Annie. Mais il n'y a pas que cela. La guerre a brisé en elle d'autres choses.

— Comme je la plains ! Et cela fait plus de dix ans !

— Je sais, dit Gerry en laissant parler son cœur. Le monde a changé.

— Il a changé, mais... — la voix de Flixe prenait un accent propre au rêve — mais il est moins amusant.

— Voyons, Flixe !

— Oh, Gerry, ne monte pas sur tes grands chevaux, répondit-elle en riant. Je sais que je dis une horreur, mais c'est la vérité : nous nous amusions beaucoup plus. Toi comme les autres. »

Gerry sourit. Puis elle se tourna vers Julia.

« Ming était trop jeune pour s'amuser. C'est injuste quand on y pense. Elle est si bonne, mais il semble qu'elle ait eu moins de chance que nous.

— Parle pour toi ! s'écria Flixe en coupant les fleurs mortes d'un grand camélia. Ne parle pas de chance mais de débrouillardise. »

Gerry eut un sourire malicieux en reposant son verre vide.

« Sache qu'en qualité d'aînée, j'ai toujours raison. Tu devrais d'ailleurs le savoir depuis longtemps. »

Flixe se retourna. Les feuilles d'un noir brillant et les fleurs d'un rose éclatant composaient un fond superbe qui la mettait en valeur. Elle se tenait debout, dans sa robe rose, comme insensible à l'effet qu'elle produisait.

« Une fois n'est pas coutume mais je reconnais que là, tu as raison. Je pense à autre chose. Ming... vaut mieux que nous parce qu'elle est moins égoïste. Il est possible que nous la maternions trop. »

Julia savait que Flixe était toute compassion. En se levant, elle sourit aux deux sœurs.

« Il faut que je vous quitte. Vous devez avoir bien des choses à vous dire. »

Gerry fut sensible à l'accent étrangement poignant que la voix de Julia trahit malgré elle.

« Pas en ce qui me concerne, Julia. » Et regardant sa montre, Gerry ajouta : « Je dois me sauver, moi aussi. Je ne sais pas quoi faire pour le dîner. Mon mari a invité des vieux copains de la marine. Ils méritent une table un peu plus choisie que ma popote habituelle. J'ai eu plaisir à vous revoir. »

Les deux jeunes femmes se serrèrent la main. Flixe embrassa sa sœur. En retirant un cheveu de la veste de Gerry, elle dit :

« Tu es peut-être l'aînée mais le droit d'aînesse devient caduc à la majorité. Allez, prends soin de toi, ma vieille. Tu as vraiment mauvaise mine.

— Merci du compliment ! répondit Gerry ironiquement. Au revoir, Flixe. Ton jardin est un véritable éden.

— Je te raccompagne. Excusez-moi un instant, Julia. »

Julia se carra dans son fauteuil. Elle pensait aux deux sœurs.

« Je l'ai trouvée un peu à cran, pas vous ? demanda Julia lorsque Flixe revint. A-t-elle été gênée par ma présence ?

— Non, je ne crois pas, répondit Flixe, soucieuse. Je la vois une fois par semaine. Nos tête-à-tête sont rares à cause de nos maris et de nos enfants. » Après un moment de réflexion, elle poursuivit : « Si elle vous a semblé distante, c'est à cause de votre remarque sur notre attitude trop maternelle à l'égard de Ming.

— L'aurais-je blessée ? J'en suis navrée. C'est cette manie imbécile que j'ai de toujours vouloir que les gens soient pleinement eux-mêmes et non pas ce que la vie fait d'eux. Comprenez-vous ce que je veux dire ? poursuivit Julia avec flamme. Je ne voulais pas vous offenser. Je me demande seulement si votre comportement envers Ming, que vous considérez comme un être fragile, ne la rend pas plus fragile encore. Il y a une vraie force en elle et il ne faut surtout pas l'en priver. Mais loin de moi l'idée de vous critiquer.

— Je sais. » Flixe proposa un autre café frappé à Julia. « Alors comme ça, dans le passé, vous avez satisfait les attentes des autres, c'est bien ce que vous avez dit, Julia ? »

Pour éviter à Julia le désagrément de se sentir obligée de lui répondre, Flixe retourna soigner son camélia défraîchi. Tout en ramassant les fleurs fanées dans un grand panier, elle ajouta : « Sans doute avez-vous raison. Il est probable que nous en faisons trop. Gerry et moi avons subi avec douleur pendant l'enfance l'indifférence de notre mère, pour qui nous n'étions bonnes qu'à satisfaire sa vanité. J'imagine que nous avons souhaité donner à Ming ce qui nous avait été refusé.

— Mais ce n'est plus une enfant depuis des années.
— Je sais, mais on oublie parfois. »

Le bon sens de Julia attrista Flixe qui se pencha pour ramasser une fleur tombée.

« A propos de personnes à cran, vous n'avez pas l'air très détendue en ce moment. L'eau dans le gaz, c'est à la Chambre ou à la maison ? »

Julia rit sans gaieté de cœur. Elle croisa ses longues jambes.

« Un bon point pour vous, Flixe. Vous avez toujours su lire dans mes pensées. »

Flixe savait d'expérience que son amie désirait lui avouer quelque chose. Mais par crainte de l'importuner, elle était incapable de faire les premiers pas. Elle lui tendit donc la perche.

« Eh bien ?
— Je crois que l'on pourrait dire sans se tromper que le problème est à la maison. » Julia s'exprimait avec difficulté. « Pour être tout à fait exacte, il s'agit de David. Il est aussi malheureux que moi. Je ne sais pas ce que je devrais faire. »

Émue par la tristesse de Julia, Flixe posa son panier et vint s'asseoir à son côté. Elle connaissait les difficultés que le couple avait surmontées avant de se marier. Flixe n'en jugeait que mieux la force des sentiments qui liaient Julia à David.

« Tout est fini, n'est-ce pas ? »

Flixe prit la main de Julia dans la sienne et dit :

« Dites plutôt que c'est la vie. Nous en passons tous par là. A commencer par vous, vous n'êtes pas toujours heureuse. Alors, pourquoi voulez-vous donc qu'il en aille autrement de David ? Soyez patiente. Attendez qu'il redevienne lui-même. Comme nous avec Ming.

— Vous sentez si bien les choses.
— Est-ce que je me trompe ou ce que je vous dis ne vous fait pas plaisir ? »

Les yeux noisette de Julia eurent une lueur d'étonnement.

« Bien au contraire. Je crois seulement que je suis comme un enfant qui aime mieux qu'on lui dise que tout va bien. »

Du coin de l'œil, elle observa le lumineux visage de Flixe et se retint de le caresser.

«On vient à vous comme à une mère. Est-ce que cela vous gêne?

— Laissez venir à Flixe les petits enfants.»

Ces paroles se voulaient légères. Sentant le regard de Julia posé sur elle, Flixe poursuivit :

«Autant bien faire ce dont je suis capable.

— Mon petit doigt me dit que Gerry vous a encore fait la morale pour que vous repreniez un travail. Qu'elle se mêle donc de ce qui la regarde!

— Vous savez bien que les grandes sœurs jouent toujours aux petits chefs. C'est dans leur nature. Quoi qu'il en soit, je ne suis pas actuellement en mesure de prendre un emploi, reconnut Flixe, secrètement ravie de voir Julia l'approuver. A quoi savez-vous que David est triste? J'ai bien du mal à l'imaginer en train de bouder dans son coin.»

De nouveau, les yeux de Julia perdirent de leur éclat. Elle détourna la tête.

«En effet, non, il serait incapable de bouder ou de me faire une scène. Mais cela revient au même. Il a perdu... son enthousiasme. Tout ce qui concerne de près ou de loin sa famille lui coûte un terrible effort.» Elle regarda Flixe droit dans les yeux. «Comme c'est affreux de sentir qu'il doit faire des efforts avec nous!»

Il n'y avait rien d'autre à dire. Au bruit de la porte d'entrée qu'on ouvrait, Flixe dit en regardant sa montre :

«Il est cinq heures. Je me dois de redevenir une mère.»

Julia se leva de son fauteuil. Debout, grande et distinguée, elle regarda Flixe et dit avec le plus grand sérieux :

«Je crois que je serais prête à tout donner pour rendre David à nouveau heureux. Je dis bien tout.

— David est fait pour le bonheur. Cessez donc de vous tourmenter ou vous serez deux âmes en peine!

— Ma chère Flixe, que deviendrais-je sans vous? Vous me donnez la force de ne pas désespérer.

— La réciproque est vraie», répondit Flixe sans flatterie.

3

En rentrant chez elle le vendredi suivant, Ming trouva un appartement glacial qui sentait le renfermé. Elle posa ses bagages dans le couloir et passa dans chaque pièce ouvrir en grand les fenêtres et laisser circuler le vent coulis d'un soir d'avril. En respirant par la fenêtre de sa chambre ce mélange londonien d'humidité, de poussière et d'essence, Ming eut soudain la nostalgie de la chaleur suffocante de l'Égypte.

« Mais on ne jette pas de pierres à Londres, aussi enragé soit-on ! » se dit-elle. Malgré l'air confiné, l'appartement était impeccablement rangé. Le courrier était soigneusement empilé sur la console de l'entrée et surmonté d'un mot laissé par la femme de ménage que Ming avait gardée des précédents propriétaires. En quelques phrases, Mme Crook expliquait où elle avait rangé les provisions « jusqu'à ce que je vous voie lundi, Mademoiselle », et souhaitait que le voyage se fût passé le mieux du monde. Ming sourit et après un détour par la cuisine, elle emporta au salon la théière et le courrier.

L'appartement était peu meublé car Ming restait indécise quant à la décoration qu'elle choisirait. Elle ne voulait surtout pas commettre de fautes de goût. Les quelques rares objets qui s'y trouvaient étaient donc dépareillés, rien de bien remarquable à l'exception d'un tableau et de la couleur des murs. En dépit des récriminations de son décorateur, Ming avait réussi à le persuader de les recouvrir d'une peinture corail.

La toile accrochée au-dessus de la cheminée représentait une plage déserte de la côte scandinave. Elle avait dû être exécutée par une de ces nuits lumineuses où le soleil ne se couche jamais tout à fait. Une lumière crépusculaire conférait à la scène son caractère étrange jusque dans l'agencement des tons lavande et bleu-gris. Ming avait repéré ce tableau à la galerie Sonia Kronlund et en avait immédiatement aimé la sérénité.

Comme à son habitude en entrant au salon, Ming observa la toile et se laissa gagner par son vide. Elle éprouvait un plaisir insolite à se retrouver seule, aussi agréable qu'ait pu être son voyage en Égypte avec Connie. Elle s'assit pour dépouiller son courrier.

Parmi le courrier administratif qui devait concerner la succession de sa marraine, une enveloppe se distinguait par son écriture à nulle autre pareille : celle de Mark Suddley, un fonctionnaire dont Ming avait fait la connaissance chez Gerry six mois plus tôt. Ming ouvrit l'enveloppe aussitôt. Elle lut :

Chère Ming,
Bon retour ! Alors, comment était-ce ? Avez-vous vu les hérons et les martins-pêcheurs du Nil ? Avez-vous vu passer comme une flèche les hirondelles dans les temples ?
Je meurs d'envie que vous m'en fassiez le récit. Pourrais-je passer vous voir chez vous ? Il y a aussi quelque chose que j'ai à vous demander. Pourriez-vous me téléphoner quand vous en aurez le temps ?
                                                                            Mark.

Ming sourit. Cette lettre était tout Mark : informelle, chaleureuse et sincère. Elle prit son téléphone pour l'inviter à dîner, puis alla inspecter à la cuisine ce que Mme Crook avait préparé. Une fois les placards fouillés, elle décida que Mark se contenterait d'œufs brouillés au jambon. Dans les mêmes circonstances, Flixe aurait concocté à la hâte un plat méridional délicieusement aromatisé. Mais Ming était une cuisinière moins talentueuse, et qu'y pouvait-elle ?

Elle mit la table et sortit les œufs du frigidaire avant de retourner à son courrier pour venir à bout des lettres administratives. Comme elle s'y attendait, elles concernaient essentiellement l'argent dont elle avait hérité et décida de s'en occuper plus tard. Cet argent n'ayant été mis à sa disposition que depuis quatre mois, elle ne s'y était pas encore habituée, même si elle éprouvait depuis peu un sentiment de puissance.

Plusieurs lettres émanaient de dames de charité, toutes amies de sa mère, lui donnant d'aimables conseils, la priant de faire des dons ou lui proposant de devenir bénévole. Aucune pourtant ne lui offrait l'emploi qu'elle cherchait. Sur les trois enveloppes qui restaient, elle reconnut les écritures de ses sœurs et de Roger Sillhorne.

Prenant une gorgée de thé, Ming décida de jeter sans la lire la lettre de Roger Sillhorne. Depuis leur séparation, il lui avait souvent écrit des lettres à la fois maladroites et cajoleuses, qu'elle avait jugées insupportables. La veille de son départ pour l'Égypte, elle lui avait demandé de ne plus lui écrire. Puisqu'il semblait faire fi de sa demande, elle décida de se montrer intransigeante. Déchirée en quatre morceaux, la lettre fut mise au panier. Ming se frotta les mains.

Dans les lettres de ses sœurs, elle trouva deux invitations à dîner.

«Qu'allons-nous faire de notre petite Mingie chérie? se demanda-t-elle moqueuse, en imitant les inflexions de voix de sa sœur aînée. Il faut impérativement que nous lui présentions quelqu'un.» Mais elle savait bien que Gerry et Flixe ne se mêlaient de sa vie privée que pour les raisons les plus généreuses, et elle leur téléphona aussitôt. Ming accepta leurs invitations et sacrifia au récit de voyage. Elle prit des nouvelles de chacune.

Gerry, qui n'avait pas d'enfants, parla de son mari, de ses étudiants en russe de l'université de Londres et de sa traduction en cours d'un roman soviétique dissident. Quant à Flixe, elle fut intarissable au sujet de ses trois enfants dont le plus jeune n'avait pas deux ans. Elle oubliait que Ming les avait vus un mois plus tôt.

«Elle grandit et embellit, dit Flixe pour clore le chapitre enthousiaste consacré à sa petite famille. On ne m'ôtera pas de l'idée que sa belle santé vient de ce qu'elle n'a pas connu les tickets d'alimentation.

— Cela me ravit, dit Ming qui éprouvait une affection sincère pour ses neveux. Est-ce qu'elle est intelligente?

— Elle est maligne comme un singe. Peter est fou d'elle... et de moi... Et j'attends un autre enfant!

— Oh, non ! Je veux dire, toutes mes félicitations ! Mais est-ce que... vous le désirez vraiment ?

— Voyons, Ming ! Bien entendu. Je ne vois pas ce que je pourrais faire sans un bébé dans les bras. Tu n'as pas idée du plaisir que c'est. Il faudra que tu connaisses cela, toi aussi. »

Il y eut un silence puis Ming demanda des nouvelles de son beau-frère.

« Peter est toujours aussi drôle, généreux, surprenant et fascinant. C'est dire qu'il est égal à lui-même.

— Je vois ! dit Ming en riant. J'en suis ravie. Nous nous verrons donc mardi prochain. Merci, Flixe. »

Elle raccrocha en songeant au mari de sa sœur. Flixe, Gerry et Ming avaient fait en même temps, pendant la guerre, la connaissance de Peter Suvarov. Il avait été bon envers Ming à la mort de sa sœur jumelle, d'une bonté pleine d'intelligence, tonique en un sens, qui l'avait bien mieux aidée que la compassion sentimentale qu'on lui avait alors réservée. Plus tard, il s'était efforcé de devenir pour elle un ami malgré leur différence d'âge. Le lycée terminé, il lui avait trouvé du travail dans le groupe de recherches secrètes qu'il avait dirigé pendant la guerre.

Inévitablement, elle était tombée amoureuse de Peter et, quand il avait épousé Flixe, au lendemain de la Libération, elle avait été au désespoir. Elle avait fait de son mieux pour cacher ses sentiments, et sa douleur s'était atténuée. L'admiration qu'elle avait vouée au héros avait fait place à une sorte d'attachement un rien cynique qui l'avait laissée un peu désemparée. Par la suite, aucun des hommes qui l'avaient demandée en mariage n'avait été capable de lui faire éprouver le dixième de ce que Peter avait éveillé en elle. Le temps passant, Ming en avait conclu qu'elle était incapable d'aimer.

En arrivant chez Ming, Mark jura qu'il serait ravi de goûter à ses œufs brouillés. Tandis qu'elle cuisinait, il parlait de tout et de rien, de ses collègues de bureau et des menues frustrations de son travail au ministère de la Défense.

Mark était un homme bien bâti, carré d'épaules et séduisant, sans être beau de façon conventionnelle. Sa peau douce, légèrement brune, mettait en valeur l'ivoire de ses yeux, l'arête de son nez et le charme anguleux de ses mâchoires. Ce qui frappait le plus chez lui, c'étaient ses yeux gris, toujours prêts à rire, pétillants d'intelligence. Le velouté de sa bouche ne déparait pas la force de son menton.

« Vous ne m'avez jamais parlé de votre travail, dit Ming en se tournant vers lui, une poêle à la main. Je me suis souvent demandé ce qui avait bien pu vous pousser à devenir un fonctionnaire de la Défense en temps de paix.

— Laissez-moi vous donner un coup de main », dit-il en s'écartant du buffet contre lequel il était appuyé. Il mit deux assiettes sur la table de formica. Ils s'assirent. « Je suppose, poursuivit-il, que j'ai été flatté de me voir proposer un poste à la fin de la guerre. Sur le moment, je me suis dit que je ne pourrais pas trouver de meilleure place. Et à dire vrai, je le pense encore.

— Qu'est-ce qui vous fait dire cela ? demanda Ming, son adorable visage penché de côté. Je ne dis pas que je ne suis pas d'accord avec vous, mais j'aimerais comprendre. » Elle mit une pincée de sel avant de goûter aux œufs brouillés.

Mark sourit au sérieux de l'expression qu'avait prise le visage de la jeune femme. Il fit un effort pour répondre à la question de Ming, au lieu de lui poser à son tour la question qu'il souhaitait poser.

« Parce que je n'imagine pas de tâche plus haute, ou disons plus intéressante, que celle qui consiste à œuvrer à la bonne marche du pays. Cela ne vous semble-t-il pas un peu sentencieux ?

— Si, tout à fait », répondit-elle avec un sourire malicieux. Ses yeux se firent alors plus doux. « Mais cela se conçoit. Que faites-vous de la politique ? N'avez-vous jamais été attiré par la Chambre ?

— Ah ça, non ! » La réplique instinctive de Mark lui venait du cœur. Alors seulement il se souvint que Ming avait travaillé pour un député. « Je ne dénigre en rien ceux qui suivent la voie de la politique, mais leurs compétences comme leurs préoccupations ne sont pas les miennes. En fait, je dirai...

— Avec tout le respect qu'on leur doit ! » interrompit Ming.

Mark leva les yeux vers elle, surpris, et vit à son expression rieuse que Ming se moquait encore de lui.

« Oui, dit-il, riant à son tour en découvrant le bel éclat de ses dents blanches, avec tout le respect qu'on leur doit, je dirai que la plupart, pas tous !, s'occupent plus de conserver leur siège que de mettre en place la meilleure politique. Une telle contrainte ne me conviendrait pas.

— Mais des contraintes, nous en avons tous, pas vous ? » demanda Ming.

Mark avait appris dans son travail l'art de présenter habilement les sujets les plus délicats. Il était devenu un bon orateur capable de taire ses sentiments dans l'intérêt de la raison. Ming ne l'avait jamais vu se mettre en colère ni perdre patience. Elle se sentait toujours en sécurité auprès de lui tout en se demandant s'il se laissait parfois aller à ses émotions.

« De quoi parlions-nous ? demanda-t-elle en remarquant que Mark la regardait tout à coup plus intensément.

— Nous parlions de politique et d'administration, répondit Mark en repoussant son assiette. Je n'aimerais pas terminer cette discussion en sachant que vous me trouvez sentencieux. Je crois que si j'aime ce métier, c'est parce qu'il m'intéresse et que j'admire certains de mes collègues. »

La douceur des yeux bleus de Ming, attentive, lui rappela bien vite la raison véritable de sa venue.

« Ming, j'ai quelque chose à vous demander.

— Je vous écoute, répondit-elle, en retirant ses coudes de la table et en se tenant bien droite. Vous me l'avez écrit dans votre lettre. Que puis-je pour vous ? »

Mark passa sa langue sur sa lèvre inférieure. Il prit sa respiration et eut un petit rire nerveux.

« J'ai tant de fois répété les mots que je voulais vous dire qu'ils me semblent sonner faux tout à coup. »

Ming se raidit. Elle avait le pressentiment de ce que Mark allait lui demander. Elle aurait voulu le faire taire mais n'eut pas le temps d'ouvrir la bouche. Déjà il parlait, dans un sourire forcé, comme pour ne pas donner de prise à son malaise :

« Ming, j'aimerais que vous deveniez ma femme. »

Un temps, les mots lui manquèrent, sa pensée même se déroba. Ming fut paralysée par une sorte de panique. La crise passa pourtant. Elle leva les yeux vers lui et dit avec calme :

« Mark, je ne peux pas accepter. Si j'avais imaginé ce que vous alliez me demander, je vous en aurais aussitôt dissuadé.

— Mais... » Avant qu'il pût l'interrompre, elle poursuivit avec précipitation :

« Je croyais que nous étions amis, un point c'est tout. Votre attitude avant mon départ était la même. Votre lettre ne m'a pas semblé différente. Je n'aurais jamais... Je suis sincèrement désolée. »

Son désarroi était à ce point visible que Mark en oublia le sien. Il prit la main de Ming. Elle était glacée.

« Ming, dit-il tout à fait bouleversé, je ne voulais pas vous faire de mal. Je ne suis certainement pas le premier homme à vous demander en mariage.

— C'est arrivé, bredouilla-t-elle, mais je n'ai jamais... Je ne peux pas...

— Vous avez peur ? C'est cela ? N'allez pas penser que je vous forcerais à quoi que ce soit. »

Mark ne pouvait croire que sa charmante compagne du début de soirée pût maintenant, par l'effet de son refus, lui témoigner tant de froideur.

« Mais Mark, loin de moi cette pensée ! » dit-elle d'une voix soudain plus ferme. Elle redoutait de lui avouer sa peur de perdre son amitié. « Ce n'est pas que je ne vous aime pas. De tous mes amis, vous êtes le meilleur. J'ai confiance en vous. Oh, je vous assure, si je le pouvais, Mark, je deviendrais votre femme ! Mais je ne peux pas.

— Moi qui trouvais que nous allions si bien ensemble », dit-il d'un ton faussement naturel, baissant les yeux vers leurs mains unies.

« Mais c'est toujours vrai ! » s'écria-t-elle, au désespoir de n'être pas comprise de Mark.

Ming savait que le mariage avec Mark résoudrait tous ses problèmes et ferait plaisir à ses parents. Pourtant, l'amour qu'elle ressentait pour lui était celui d'une sœur, et elle se savait incapable de s'engager sans amour véritable.

« Alors pourquoi ? » interrogea Mark.

Cette question la mit en demeure de formuler certaines idées qu'elle se faisait d'elle-même et qu'elle n'avait jamais exprimées jusqu'à ce jour. L'enjeu était de taille.

« Si tout en moi voudrait vous répondre oui, je ne vous aime pas. Je vous aime beaucoup, mais pas plus.

— Je comprends », répondit-il.

Il retira sa main. Ming eut un frisson.

« Je suis incapable d'éprouver un sentiment plus fort que l'attachement, pour vous comme pour quiconque, dit-elle en s'efforçant de lui faire comprendre la vérité sans le blesser. Voyez-vous, c'est un peu comme si quelque chose manquait dans ma personnalité... Les fées ont dû se tromper dans leurs tours de magie en se penchant sur mon berceau. »

Ming souriait mais ses yeux n'exprimaient ni l'amusement ni la gaieté. Mark observait ce visage d'un œil nouveau, à la fois attentif et ému, mais sans colère. Lorsqu'elle se tut, il dit :

« Je ne peux y croire. Il me semble au contraire que vous êtes née pour aimer.

— C'est une illusion. »

Ming exprimait tout cela pour la première fois. Elle n'aurait pas imaginé que cela fût si difficile.

« Que je sois aimable envers quelqu'un, que je prenne soin de lui ou que je me soucie de lui, et déjà il s'imagine que c'est de l'amour, mais pas du tout. J'ai essayé sans succès de trouver le parfait équilibre. J'ai l'impression à trente et un ans d'avoir en tout et pour tout découvert que je suis anormale. »

Mark garda le silence un moment. Il se leva enfin et contourna la table de la cuisine pour prendre les mains de Ming. D'un ton qu'il voulait enjoué, il dit :

« Anormale ou pas, vous êtes la meilleure personne que je connaisse. Même si nous ne devenons pas mari et femme, nous restons bons amis, n'est-ce pas ?

— Je ne demande pas mieux, mais le souhaitez-vous, Mark ?

— Oui, je le veux, répondit-il en caressant la joue de Ming. Je serais bien idiot de vous laisser filer, si vous me pardonnez l'expression. »

Ming n'en revenait pas de la générosité de Mark. Pour bien marquer qu'ils restaient amis, et amis seulement, il insista pour l'aider à faire la vaisselle.

Mark parti, Ming ramassa les quatre morceaux de la lettre de Roger Sillhorne jetés au panier. Elle les remit en ordre.

Ming,
Je ne puis accepter l'interdiction de vous écrire. Avez-vous oublié que nous avons travaillé huit ans ensemble et que je vous ai demandée en mariage ? Je ne mérite pas cette lettre froide dans laquelle vous me demandez de vous foutre la paix. Si c'est tout ce que vous éprouvez pour moi, alors pourquoi m'avoir fait croire autre chose ? Pourquoi m'avoir toujours souri ? Pourquoi m'avoir joué la comédie ? Tout cela n'est pas très correct.

Vous me manquez tellement. Celle qui vous remplace pue la poudre à quatre sous et ne s'occupe pas aussi bien que vous de mes électeurs. Elle est paresseuse et négligée. Je ne l'aime pas. Revenez, Ming. Si vous n'acceptez toujours pas de m'épouser, revenez au moins au bureau. J'ai besoin de vous.

Roger.

Rien ne soulignait mieux les différences entre les deux hommes. La générosité de Mark donna à Ming assez d'assurance pour écrire à Roger Sillhorne ses quatre vérités.

Roger,
Mes sourires au bureau ne furent jamais des avances. Il m'arrive également de sourire aux chauffeurs de bus.
Vos demandes en mariage ne vous donnent aucun droit sur moi.
Les huit années de travail auprès de vous ne vous donnent aucun droit sur moi non plus. Vous avez payé un salaire pour un travail que j'ai fait. Vous n'avez pas payé pour un service de dévotion à vie. Cela ne s'achète pas.
Je vous ai déjà dit que je ne voulais pas vous épouser. Il vous faudra donc trouver, pour vous et pour vos électeurs, une autre femme. Veuillez ne plus jamais m'écrire. Si vous le faisiez, sachez que je ne lirais pas vos lettres.

Ming Alderbrook.

Elle glissa sa lettre dans une enveloppe et brûla celle de Roger Sillhorne dans la cheminée. Pour la première fois, elle n'avait pas mâché ses mots. Elle en restait toute tremblante. Mais elle avait décidé de suivre les conseils de Connie : aucune table de la loi n'édictait qu'elle devait encaisser sans mot dire la volonté des autres.

Sur ce, elle défit ses valises et tria son linge. Lorsqu'elle eut mis un peu d'ordre dans ses affaires, elle posa sur son bureau la liasse des notes prises en Égypte. Elle avait toujours le projet d'en tirer un article pour Connie.

Une semaine plus tard, Ming était parvenue à une mouture finale, insatisfaisante au terme de six réécritures. Désemparée, elle téléphona à Max Hillary, le collaborateur de Connie, pour lui demander si elle pouvait le lui montrer. Elle le connaissait assez peu mais elle estimait *a priori* son jugement pour avoir lu ses articles.

« Très certainement, répondit-il, venez quand vous voulez. Vous retrouver me fera plaisir. Connie m'a dit que votre croisière a été amusante.

— Elle a dit ça? J'en suis heureuse. Pour ma part, j'ai beaucoup apprécié ce voyage mais je suis surprise qu'elle ne vous ait pas dit autre chose après ce qui s'est passé.

— Connie est forte, ajouta Max. Pouvez-vous venir ici?

— Merci de me le proposer. Est-ce que je pourrais passer maintenant? Connie m'avait demandé de lui remettre l'article demain matin mais je n'arrive pas à le ficeler correctement et ne peux pas le lui rendre tel quel.

— Est-ce qu'elle vous fait peur?

— Non, répondit-elle en feignant d'être sûre d'elle-même. Connie est trop gentille pour être sincère, et je ne veux pas qu'elle se sente obligée de me faire une faveur. J'ai besoin d'un avis objectif. Est-ce que vous me le donnerez?

— C'est promis, affirma-t-il en redevenant sérieux. Vous avez ma parole. Venez donc passer la nuit. Vous aurez tout le loisir de boucler votre article et de le remettre en mains propres à Connie demain matin lorsqu'elle viendra travailler.

— C'est vraiment très aimable à vous. Je serai chez vous dans deux heures.

— Soyez prudente sur la route.

— Promis. »

Ming raccrocha puis prépara ses affaires.

Max habitait un cottage du XVIIe siècle, près d'Etchingham dans le Sussex, que Connie avait hérité de sa sœur aînée. La fiscalité et l'importante donation de Diana en faveur de Peter Suvarov avaient mis Connie en demeure de se séparer du grand manoir et de la quasi-totalité des terres. Connie avait cependant conservé le petit manoir dans lequel sa sœur et elle-même avaient été élevées pendant la guerre, lorsque le grand manoir avait été réquisitionné. Elle avait conservé également plusieurs cottages et ce qu'il fallait de terres pour avoir un beau jardin potager. Un étudiant de l'école d'agronomie de Cirencester à l'âme de botaniste prenait soin des cultures. Connie surveillait de très près son travail. Ils se livrèrent ensemble à des expérimentations sur des fruits et des légumes rares et parvinrent à créer des variétés nouvelles.

Ming arriva à la propriété après avoir essuyé des bouchons sur la route de la côte sud de Londres. Elle dépassa les rangs de légumes et de salades alignés au cordeau pour atteindre le cottage. A peine venait-elle de frapper à la porte d'entrée que Max ouvrit en grand et lui tendit la main.

C'était un homme d'une cinquantaine d'années, svelte, au visage sérieux et réfléchi. On pouvait le prendre pour un universitaire, à en juger par la coupe de ses costumes démodés et la façon qu'il avait toujours de rester sur son quant-à-soi. Même ridé, son visage gardait pure la finesse de ses traits. Le bleu délavé de ses yeux pouvait prendre une dureté métallique dans la colère. Mais en voyant Ming, son regard retrouva chaleur et brillance.

« J'étais las, lui confia-t-il en la conduisant au salon. Connie est actuellement à Londres et ne sera de retour que demain. J'ai tant travaillé que pour un peu j'en loucherais. Mais, je vous en prie, entrez donc. »

Ming s'immobilisa en extase sur le seuil. En dépit du plafond bas et des fenêtres à meneaux, le salon semblait baigné de lumière dans toute sa longueur. Une même luminosité recouvrait les gerbes de fleurs, les piles de manuscrits, les tas de magazines, les tableaux, les coussins en tapisserie et les quelques objets rares appartenant à la collection de Delft de Connie. Deux belles flambées odorantes crépitaient aux deux extrémités du salon.

Le mobilier était en chêne poli. Ming remarqua une table ovale à battants qui devait servir de bureau à Max. Pour travailler, il avait dû repousser sur le côté deux chandeliers d'étain et un bouquet de narcisses. Ses lunettes étaient posées sur une pile de manuscrits soigneusement annotés.

Dans l'intervalle des fenêtres, on avait installé des étagères et placé des coffrets en guise de guéridons pour y ranger les livres. Ce que l'on pouvait encore deviner des murs était du même blanc que les rideaux de reps. En revanche, les banquettes des fenêtres étaient recouvertes en bleu de Delft. Sur le parquet ciré s'étendaient des tapis anciens dans les tons lie-de-vin.

Certes, cette pièce était un véritable fouillis baroque mais

si pleine d'objets rares qu'elle plut immédiatement à Ming.
«Comme c'est charmant!» dit-elle.
Max se retourna en dégageant de son visage une mèche de cheveux gris. Il lui sourit.
«J'avais oublié que vous n'étiez jamais venue. C'est un endroit agréable... Mais on y souffre parfois de solitude.
— Mon pauvre Max, répliqua Ming en se demandant pourquoi il avait quitté Londres.
— Que puis-je vous offrir?
— J'aimerais autant vous parler tout de suite de mon article. Je suis un peu inquiète, lui répondit-elle en le faisant rire.
— Ne vous inquiétez donc pas tant. Je vais vous servir un verre que vous boirez tranquillement pendant que je lirai l'article. Alors, qu'aimeriez-vous prendre? Que diriez-vous d'un verre de sherry? Il a du goût et il est sec.
— Va pour un sherry!»
Elle but son sherry dans un coin du canapé près du feu pendant que Max lisait. Le temps parut long à Ming qui ne pouvait s'empêcher d'épier les éventuels signes d'ennui ou d'exaspération de Max. Elle avait l'impression d'être un enfant à qui le médecin va faire une piqûre.
Max finit par repousser sa chaise. Ming se leva du canapé. Il la pria de se rasseoir à nouveau et vint à côté d'elle.
«Vous avez raison. Cet article est impubliable ainsi, dit-il posément.
— J'en ai bien conscience, bégaya Ming qui voulait montrer à Max qu'elle n'était en rien touchée dans son orgueil.
— Restons calmes. Si l'on ne peut le publier tel quel, cela ne signifie pas pour autant que vous ne puissiez pas le modifier. On sent que vous étiez trop tendue au moment où vous l'avez rédigé. On a l'impression que vous étiez en train d'écrire un... ah, je ne sais pas, disons un rapport de mission pour un inspecteur sanitaire!
— Merci du compliment!» répondit Ming qui retrouvait le sens de l'humour. Max lui fit un grand sourire.
«Après le déjeuner, je vous descendrai ma machine à écrire et vous aurez droit à un deuxième essai. Si je vous explique clairement ce que j'attends de vous, est-ce que vous êtes prête à tenter le coup?»
Ming réfléchit avant de répondre.

Après un déjeuner froid, elle fit de son mieux pour suivre à la lettre les instructions de Max. Ce n'était pas chose aisée et elle dut noircir bien des brouillons avant de s'estimer prête à lui faire lire quelque chose.

Il avait alors tiré les rideaux, allumé les lampes et remis des bûches dans les cheminées. Tandis qu'il lisait, Ming arpentait le salon.

« C'est bien meilleur », conclut Max après un moment. Ming respira profondément comme un nageur qui fait surface. « Je vous assure, c'est bien meilleur. Bon, il faut reprendre la description des hérons à Kôm Ombo. Pour le reste, avec un ou deux petits coups de gomme ici et là, ça fera l'affaire. Vous savez, j'aime l'image du vieillard en babouches.

— J'en suis très contente, répondit Ming. Merci de votre aide, Max. Je n'aurais jamais pu y arriver sans vous.

— Mais voyons ! Nous n'avons pas encore fini, remarqua-t-il en jetant un coup d'œil à sa montre. Revoyez donc la copie pendant que je file à la cuisine préparer le dîner.

— Maintenant, Max ? Mais vous êtes un bourreau ! »

En dépit du ton badin, on percevait dans l'exclamation un brin de protestation. Ming se sentait lessivée. Pourtant, elle se plia aux exigences de Max et fut bientôt récompensée par ses félicitations et son osso buco.

« Alors, quel est le prochain sujet ? demanda Max en ramassant les assiettes et en offrant à Ming du fromage et des pommes ridées.

— Le prochain sujet ? Que voulez-vous dire ? interrogea Ming en pelant une pomme.

— Connie ne vous a pas parlé du prochain numéro et de l'article que nous attendons de vous ?

— Non, répondit-elle, rose d'émotion. Connie m'a seulement demandé un article sur l'Égypte. Voulez-vous dire que vous pensez que je...

— Oui et Connie le pense également. Avant même que vous ne partiez en voyage, Connie parlait déjà de vous faire travailler pour nous. Vous auriez tout intérêt à participer à la réunion du comité de rédaction demain matin, conseilla Max avec un sourire que Ming ne sut interpréter.

— Je ne suis pas certaine que ce soit ma place, répondit-elle.

— Il ne s'agit que de rencontrer Connie, votre serviteur et la cafetière à onze heures. Restez. Nous avons besoin d'un regard neuf.

— Cela me touche beaucoup, Max. Je vous en remercie. »

La pomme mangée, les compliments d'usage sur l'osso buco faits, Ming demanda à Max de lui raconter comment Connie et lui avaient créé le magazine. Max regarda Ming avec une telle expression qu'elle comprit avoir failli à quelque accord tacite.

« Ma question était déplacée, ajouta-t-elle précipitamment, je n'essayais pas de pénétrer dans votre vie privée. »

L'innocence de son visage et de ses beaux yeux bleus fut altérée par une expression de confusion qui révélait à Max la sincérité de la jeune femme. Il lui fit alors une réponse véridique.

« Connie était une amie de ma femme », précisa-t-il tout d'abord, ce qui ne manqua pas d'étonner Ming qui n'avait jamais entendu parler de cette épouse. « A tort je crois, après ce qui avait eu lieu, Connie s'est sentie obligée par culpabilité de me trouver un logement et un emploi. J'avoue que j'avais bien trop besoin de son aide pour la refuser.

— Oh, je vois », dit Ming dont la curiosité avait été mise en éveil mais qui n'osait se montrer plus indiscrète.

Les images d'un accident de voiture, les scènes d'une histoire d'amour, les drames d'un suicide et d'autres moments clefs tout aussi mélodramatiques défilèrent dans l'esprit de Ming. Sachant qu'elle n'oserait jamais demander à Connie si elle se sentait responsable de ce qui était arrivé, Ming songea à Peter Suvarov qui savait toujours tout sur tout, et que l'on parvenait parfois à faire parler.

Max observa Ming en se demandant s'il était possible qu'elle n'ait jamais rien su de son passé. Maladivement obsédé par son drame personnel, il avait bien du mal à croire que quelqu'un puisse n'avoir lu aucun compte rendu dans la presse ni entendu un seul des commérages qui allèrent pourtant bon train. A l'opposé, Max savait Ming trop sincère et trop bonne pour douter d'elle. Sans compter qu'il avait été très surpris de la voir poser une telle question.

4

Lorsque Connie arriva le lendemain matin à onze heures précises, Ming et Max avaient déjà pris le petit déjeuner et fait une lecture rapide de la presse. Si Ming avait eu l'habitude de lire pour Roger Sillhorne les principaux titres de la presse politique, elle découvrait avec Max l'étendue des publications allant des journaux populaires aux revues spécialisées. Ming avait une véritable indigestion d'articles, car elle avait parcouru la veille au soir les anciens numéros du magazine de ses amis. Fatiguée, elle eut un peu de mal à identifier la silhouette de Connie qui entrait au salon. Max se leva d'un bond pour aller préparer du café.

Confortablement vêtue d'une jupe en tweed et d'un twin-set, Connie avait pris le temps de se faire faire une permanente. Sa nouvelle coupe de cheveux masquait judicieusement l'hématome qui sur son front virait au jaune.

« Comme cela me fait plaisir de vous voir, Ming ! Où en est l'article sur l'Égypte ?

— Je viens de le terminer. Max m'a séquestrée ici depuis hier pour que je le boucle à temps. Il m'a demandé de participer ce matin à votre réunion de travail mais je ne veux surtout pas m'imposer.

— Mais vous ne vous imposez pas du tout », répondit Connie vivement. Elle lança à Ming un regard perplexe et poursuivit : « J'ai bien besoin d'un médiateur pour m'empêcher de seriner à Max que nous sommes sur la brèche.

— Je ne comprends pas. Je croyais que le magazine était très bien reçu.

— C'est exact, mais les félicitations ne font pas vivre l'imprimeur. Nous vendons moins que je ne l'escomptais et chaque numéro coûte plus cher que prévu. Si nous ne trouvons pas un moyen de développer notre politique d'abonnements et de publicité, le magazine est foutu d'ici trois numéros. Mais je dois le faire durer », dit Connie en levant les yeux au ciel.

Ming se demanda ce que cela signifiait. Connie pouvait faire mille autres choses et l'intérêt qu'elle portait au magazine n'était certainement pas la recherche du profit.

« N'en parlez pas à Max. Je ne veux pas qu'il se fasse de souci puisqu'il n'y peut rien. Je lui dirai que nous avons besoin de vous parce que vous avez l'âge du public que nous recherchons. Est-ce que vous croyez que vous pourriez rechercher de nouveaux abonnements ?

— Oui, répondit Ming sans réfléchir.

— Nous ne pouvons pas vous payer beaucoup…, précisa Connie avant d'être interrompue par Ming.

— Ne vous tracassez pas pour ça. J'ai la fortune d'Anna Kingsley qui me suffit amplement. Gardez donc l'argent dont vous avez besoin en ce moment.

— C'est très chic de votre part, remercia Connie.

— Je travaillerai de mon mieux pour le salaire que vous pourrez me donner dans un premier temps, ajouta Ming. Si la vente est relancée, vous m'augmenterez. Je pourrai même acheter une part du capital. Si les choses ne s'améliorent pas, vous ne me devrez pas un centime.

— Ming, vous… », balbutia Connie.

La jeune femme faisait preuve de tant de bienveillance que Connie ressentit pour elle un véritable élan. Elle dit :

« J'étais bien décidée à contrarier la générosité qu'il y a en vous pour qu'on n'en abuse plus. Et voilà que j'agis comme les autres. »

Connie soupira en rejetant en arrière une mèche de cheveux bruns. Ming aperçut la cicatrice qu'elle devina encore sensible.

« Mais j'ai trop besoin de vous pour refuser votre aide. Tenez à jour vos dépenses et je vous rembourserai. Je paierai bien entendu vos articles et… Ah, Max ! s'écria Connie d'un ton plus froid en tournant les yeux vers lui, Ming vient juste d'accepter le poste de directrice des ventes pour le magazine.

— Voilà une excellente nouvelle ! » répondit Max en posant le plateau sur un coffret de chêne. Il prit la cafetière et demanda à Connie : « Vous prenez du lait avec votre café, je crois ?

— Oui.

— Comment s'est passé votre rendez-vous à Londres ?

— Assez bien, répondit Connie en prenant la tasse que lui tendait Max. J'ai rencontré l'un de nos conseillers financiers qui travaille actuellement à définir pour nous un plan d'élargissement de notre public féminin. Il m'a présenté le psychanalyste qui a intégré leur agence...

— Pardon ? demanda Ming avec étonnement. Un psychanalyste qui travaille dans la publicité ? »

Max versa du café à Ming.

« Vous avez bien entendu. Désormais, la plupart des grandes agences font appel aux psychanalystes. Ce sont des ''psychanalystes-conseils''. Ils sont de bon conseil pour déterminer une politique d'incitation à la vente auprès du public. On a de plus en plus l'impression que sans ce type de pressions plus personne n'achèterait rien.

— Voyons, Connie, n'exagérez pas, dit Max, visiblement très amusé. Pour l'homme, acheter est un instinct. Pas besoin d'y être incité !

— Pourtant, nos lecteurs, eux, en ont bien besoin », répondit Connie avec irritation.

Max ne broncha pas. Connie continua à l'intention de Ming :

« Comprenez bien, nous devons prouver à un plus grand nombre de femmes mariées que nous existons et que pour nous leur abonnement est vital. J'ai la conviction qu'elles apprécieront notre nouveau magazine à la condition que nous nous manifestions à elles.

— La première difficulté pour nous est que ces femmes consacrent en priorité l'argent dont elles disposent à l'entretien de la maison et des enfants », remarqua Ming.

Elle n'osait en dire plus pour le moment. Connie eut un sourire triste.

« C'est en gros ce que dit le publicitaire qui préconise de culpabiliser les femmes qui ne sont plus en prise directe avec "la réalité du monde qui entoure la chambre des enfants". Il va jusqu'à affirmer que c'est sur ce principe qu'on obtient les campagnes publicitaires les plus efficaces. Il faut culpabiliser l'acheteur potentiel qui, en achetant votre produit, s'achète également une bonne conscience.

— C'est dégoûtant ! » s'écria Ming, provoquant les rires des deux autres.

Honteuse de la naïveté de sa réaction, Ming se jura de garder le silence. Elle se contenta d'écouter Max et Connie, dont la mauvaise humeur ne cessait de croître. Ils discutaient de commandes d'articles possibles consacrés à l'Europe, à la revue de presse mitigée de la pièce *La paix du dimanche*[1], au coût du mariage de Grace Kelly et de Rainier de Monaco, à la récente visite officielle de Khrouchtchev et de Boulganine en Grande-Bretagne, ou à la mystérieuse disparition du commandant Crabbe dans la baie de Portsmouth où mouillait la flotte soviétique.

A les écouter, Ming comprit pourquoi le magazine se vendait si mal, mais elle n'osa pas ouvrir la bouche en se souvenant de sa bévue. Au bout d'un certain temps, Max remarqua son silence et une petite grimace entêtée sur ses lèvres.

« Quelque chose ne va pas, Ming ? » demanda-t-il.

Connie se tourna vers elle avec impatience et lui demanda d'un ton visiblement irrité :

« Vous ne vous sentez pas bien ?

— Je vais le mieux du monde, répondit Ming. Seulement voilà... Comment dire ? Ne croyez-vous pas que toutes ces choses dont vous parlez sont un peu sans intérêt ? »

Connie fronça les sourcils.

« Sans intérêt, que voulez-vous dire ? interrogea Max. Les relations internationales, la vie politique du pays, l'avant-garde théâtrale, est-ce que ce ne sont pas des sujets importants ?

---

1. John Osborne est sans doute le plus célèbre dramaturge anglais contemporain grâce à sa pièce *La paix du dimanche* (*Look Back in Anger*, 1956) qui, jouée au Royal Court le 8 mai 1956, apparut aux spectateurs et aux critiques comme une bombe jetée à la face de l'establishment et donna naissance au mythe des « jeunes hommes en colère ». La pièce critique l'apparente honnêteté sociale l'année même où la Grande-Bretagne est divisée par l'échec humiliant de Suez.

— Si, sans doute. »

Ming savait qu'elle devait continuer. Se souvenant du conseil de Connie, elle décida donc de s'exprimer en toute franchise.

« Mais on en a déjà parlé dans toute la presse qui ne se spécialise pas dans les patrons... et les recettes de confitures.

— C'est bien senti, n'est-ce pas, Connie ? remarqua Max avec un petit rire qui le fit paraître plus jeune. Poursuivez, Ming.

— Eh bien, dit-elle, en croisant ses jambes élancées, impatiente de leur communiquer ses impressions, vous avez dit que l'enjeu de la reconversion du magazine était de faire prendre conscience aux jeunes femmes mariées de ''la réalité du monde extérieur qui entoure la chambre des enfants''.

— C'est exact, reconnut Connie. A dire vrai, il y a même plusieurs mondes : celui de la politique, celui de la science, celui des arts, et j'en passe. Voilà pourquoi nous nous attaquons aux sujets les plus variés pour donner l'information la plus complète à nos lecteurs. D'ailleurs, ce qui fait la singularité de nos articles, c'est que nous ne nous contentons pas de donner des informations, nous offrons des analyses sérieuses.

— Je sais, mais les lecteurs les trouvent tout aussi bien à la radio que dans la presse. Le problème n'est donc pas tant de faire prendre conscience de la réalité du monde extérieur aux femmes que de leur montrer qu'elles en sont coupées. Ne peut-on parvenir également à leur montrer comment y avoir accès ? »

Connie se leva. Plantée devant la cheminée, avec sur le visage une expression faussement calme, elle dit :

« Ming, il s'agit d'élargir le champ des connaissances de nos lecteurs, pas de jouer les bureaux de placement. »

Faisant comme si elle n'avait pas remarqué le ton persifleur de Connie, Ming poursuivit posément :

« Je l'ai très bien compris, Connie. Je vous en prie, ne vous mettez pas en colère. Je me répète mais écoutez-moi une fois encore : les articles que j'ai pu lire jusqu'à maintenant sont indéniablement brillants et profonds. Mais ils ne sont pas d'un très grand intérêt, si vous me suivez bien, et par-dessus le marché, ils sont rébarbatifs. Je pense que nous plairions davantage si nous étions un peu plus rigolos. Je ne veux pas dire franchement comiques, mais divertissants, et pourquoi pas un peu polémiques.

— Ah, merci bien ! répliqua Connie avec sarcasme, je me réjouis que vous trouviez nos articles profonds. »

En levant les yeux vers Connie, Ming regretta une fois de plus d'avoir ouvert la bouche. Elle aimait Connie dont elle avait toujours apprécié la compagnie, mais cet accès de colère l'ébranlait. Elle se tourna vers Max qui visiblement s'amusait.

« Connie, cessez d'intimider Ming, à qui je donne raison sur ce point, dit Max.

— La mission d'un magazine, n'est-ce pas de montrer l'envers du décor et d'expliquer comment tout est orchestré ? continua Ming, en se rappelant ses années de travail pour Roger Sillhorne. Bien souvent, on se contente de faire ce que l'on vous a montré et d'encaisser les mauvais coups en se disant qu'après tout c'est la vie ! Mais le magazine ne peut-il rien changer à tout cela ? Ne peut-il par exemple montrer qui a le pouvoir ? Comment on l'obtient ? Ce qui se passe si on en abuse ? Qui en a le contrôle ? Et par là, qui nous contrôle ? »

Max se leva pour prendre la cafetière qu'il gardait au chaud dans l'âtre et remplit les tasses. De nouveau assis, il but une gorgée de café. Il y avait maintenant dans ses yeux une lueur qui n'y était pas le matin.

« Par exemple, poursuivit Ming, le visage rosi d'émotion, pourquoi ne pas envisager un article qui montrerait de quelle façon les publicitaires ont recours à la psychologie pour manipuler en nous les sentiments de culpabilité dans le but de nous faire acheter leurs trucs ? Un tel article ne serait-il pas d'un plus grand intérêt qu'une énième étude de la balance commerciale et de ses conséquences politiques ?

— C'est bien possible », répondit Connie.

Elle se remettait un peu de son étonnement de voir sa protégée, habituellement douce et conciliante, faire une critique systématique de ses idées. Elle dit encore :

« Il est toutefois primordial que nous continuions à écrire avec sérieux pour nos lectrices. Ce serait une véritable catastrophe si nous leur écrivions noir sur blanc que leurs préoccupations restent le tricot et la confiture.

— Tout à fait, mais n'oubliez pas que le monde ne se résume pas à la politique internationale. » Et se souvenant du sentiment de puissance que lui avait donné l'héritage de sa marraine, Ming poursuivit : « Que dire de l'argent ? Voilà qui plaît et qui intéresse. »

Connie revint s'asseoir en silence.

« Tenez, pourquoi ne pas commencer par une série d'entretiens avec des battantes qui gagnent beaucoup d'argent, pour montrer que ça existe ? »

Max parut amusé de la proposition de Ming, mais Connie sembla la désapprouver :

« N'est-ce pas un peu vulgaire ? »

Le ton dédaigneux de Connie fit rougir Ming qui ne se laissa pas pour autant émouvoir.

« L'argent est une chose réputée vulgaire par ceux qui en ont beaucoup et ne s'en préoccupent pas et par ceux qui n'en ont pas assez et ne peuvent supporter d'y réfléchir, laissa tomber Ming.

— Peut-être », répliqua Connie sans sourciller.

Connie prit dans son sac son étui à cigarettes et en offrit. Ming fit non de la tête. Depuis sa maladie, elle n'avait plus goût au tabac. Max en accepta une.

« On ne peut nier, ma chère Connie, que celui qui n'a pas d'argent n'a pas non plus de pouvoir, affirma Max redevenu sérieux. Quand on a de l'argent, les portes s'ouvrent. Ce serait une sacrée carte d'originalité à jouer pour le magazine.

— C'est une suggestion que je n'écarte pas, même si je n'ai jamais considéré l'argent comme un sujet porteur pour le magazine, répondit Connie.

— Peut-être parce que vous en avez toujours eu, Connie. Quoi qu'il en soit, je ne vois qu'un obstacle, ma chère Ming : croyez-vous que vous mettrez la main sur assez de femmes de pouvoir pour les besoins de votre enquête ?

— La seule façon de le savoir, c'est de se mettre au travail. Il y a bien d'autres sujets financiers auxquels nous pourrions nous attaquer. Je pense par exemple à l'anathème que lance l'Église contre les bons de loterie quand elle affirme qu'on transforme les Anglais en un peuple de joueurs, dit Ming.

— Où voulez-vous en venir ? demanda Max, intrigué mais sceptique.

— Eh bien, réfléchissez un peu aux investissements que réalise l'Église d'Angleterre. Tout cet argent est en fait misé sous forme d'actions en vue d'un bénéfice à tirer de la valeur en hausse. Si un tel procédé est bon pour l'Église, pourquoi ne l'est-il pas pour le peuple ? Je déteste l'hypocrisie. »

La voix de Ming retrouvait toute son énergie et ne marquait plus aucune hésitation. Max éclata de rire. Même Connie esquissa un sourire.

« Bravo !

— C'est entendu, dit Connie, résignée. Eh bien, Ming, vous avez intérêt à les dénicher, vos bonnes femmes. Quand vous en trouverez une, nous en reparlerons. Je crains que cela ne choque mais...

— Il faudra bien s'y faire, répliqua Max avec dans le regard une lueur moqueuse. Sinon, autant publier des patrons et des recettes de confitures ! Pas vrai, Ming ? »

Soulagée, Ming rit de bon cœur. Elle était vraiment surprise de constater que Max était de son avis et qu'il faisait preuve de beaucoup d'humour, lui qu'elle avait toujours pris pour un être distant et froid.

« Parfait, conclut Connie. Y a-t-il autre chose, Ming ? Vous avez certainement d'autres jugements tranchés en réserve ? »

Au ton sarcastique de Connie, Ming préféra rester confortablement carrée dans son fauteuil sans rien dire.

« Je n'ai rien d'autre à ajouter pour le moment... »

Ming passa le reste de la matinée à écouter les critiques que Max et Connie faisaient des livres reçus pour déterminer ceux qui seraient passés en revue. Au moment où le vieux coucou sonna une heure de l'après-midi, Connie ramassa ses documents et se leva.

« Nous pouvons donc en rester là. Ming, préparez pour la prochaine fois une proposition de promotion des abonnements et faites un projet d'enquête sur les gros salaires féminins. Nous ferions mieux de vous laisser en paix, Max. Vous me suivez, Ming ? »

Ming, en prenant son sac et en saluant Max, redouta de se trouver seule face à la colère de Connie. Mais la porte refermée, Connie lui lança aussitôt :

« Je trouve, Ming que vous avez bien meilleure mine.

— Merci. J'espère que je ne vous ai pas trop énervée tout à l'heure. »

Connie sourit et fit non de la tête.

« Non, soyez sans crainte. Votre point de vue était juste et vous avez fait preuve de détermination en n'en démordant pas. Cela dit, je ne vous donne pas entièrement raison quant à l'intérêt tout relatif, selon vous, de nos publications précédentes. Mais je comprends votre critique. Veuillez m'excuser si je vous ai paru bornée. Ne croyez-vous pas que le moment serait bien choisi pour vous inviter à déjeuner ?

— C'est très gentil à vous, répondit Ming exténuée, mais je dois rentrer à Londres et me laver les cheveux avant d'aller dîner chez Flixe.

— Comme vous voudrez. Je vous accompagne jusqu'à votre voiture », dit Connie en prenant le bras de Ming.

Lorsqu'elles furent suffisamment éloignées du cottage, Connie ajouta :

« Ming, puis-je compter sur vous en vous demandant de ne pas parler de Max ? Il ne signe pas tous les articles qu'il donne. En fait, je préfère qu'on n'ait pas idée du rôle exact qu'il tient au sein du magazine.

— Bien entendu, Connie, mais pourquoi ? »

Ming eut la surprise de voir son amie rougir. Était-ce de colère ou d'embarras ? Connie, après un long temps de réflexion, finit par avouer :

« On le critique beaucoup. D'ailleurs essentiellement ceux qui ne le connaissent pas. Mais il vaut mieux que ses liens avec le magazine restent flous. »

Ming jugea préférable d'en rester là même si la curiosité la dévorait. Elle promit d'être discrète.

Sur la route de Londres, pendant une pause sandwich, Ming songea à Max et à Connie en se posant bien des questions à leur sujet.

Le soir même, elle passa une petite robe noire habillée et prit sa voiture pour se rendre chez sa sœur à Kensington.

Ce fut Peter Suvarov qui ouvrit. Ils s'embrassèrent. Il n'avait presque pas changé depuis qu'elle l'avait vu pour la première fois sur son lit d'hôpital, à l'époque des bombardements. Les rides de son visage s'étaient peut-être creusées et ses cheveux grisonnaient bien un peu, mais ses yeux sombres brillaient du même éclat, sa belle bouche bien dessinée pouvait comme hier, en un instant de colère, se parer de froide amertume. Aussi mince que jadis, on ne pouvait deviner son âge exact. Il fit entrer Ming au salon.

«Tu me sembles moins fatiguée qu'avant ta croisière. Ce voyage t'a fait du bien. Je ne parle pas du regrettable accident. Te voir en si bonne forme me fait plaisir.

— Merci», dit-elle en souriant.

Elle avait bien pu devenir cynique; pourtant, en présence de Peter et devant ses marques d'affection, Ming était encore émue. En jetant un coup d'œil autour d'elle, Ming fut rassurée de constater qu'ils étaient seuls. Flixe devait être à la cuisine.

Peter lui servit un gin-tonic et lui posa quelques questions sur son voyage. A travers l'épaisseur de son verre de whisky, il se réjouissait de retrouver l'éclat de son regard et l'arc de ses lèvres. Tout en écoutant le récit de Ming, il se prit à songer que jeune fille elle avait été belle, mais qu'elle l'était plus encore aujourd'hui.

«Pourquoi avoir choisi l'Égypte? lui demanda-t-il quand elle eut terminé son récit. C'est un choix assez curieux quand tant d'autres régions aussi passionnantes et plus sûres ne manquent pas en Méditerranée.

— C'était une idée de mon père, expliqua-t-elle tout en buvant son gin à petites gorgées. Il voulait que j'y aille avant que nos dernières troupes ne quittent le pays cet été. L'Égypte représente pour lui toute une partie de sa vie. Il se fait difficilement à ce que ce pays ne soit plus sous le contrôle de l'armée britannique. Je suis quasi certaine que l'idée que nous puissions rencontrer des problèmes ne l'a pas effleuré. Pour tout dire, il n'a pas dû imaginer un instant que Connie et moi puissions être lapidées sur le Nil. Ça fait très biblique, non?

— En somme, tu as fait ce qu'il voulait, comme toujours.»

Il fit la moue mais ses yeux restèrent indulgents. Ming acquiesça.

«Une fois de plus, c'était plus simple. Comme toujours. D'ailleurs, ça m'était bien égal. Les médecins me recommandaient un climat sec et chaud. Où était le problème? Je suppose que la curiosité a fait le reste. Tu sais, je me souviens vaguement du canal de Suez à notre retour d'Inde, j'avais trois ans, des images sans signification précise. Je suis heureuse d'être allée en Égypte et même d'avoir assisté à cette explosion de colère. J'ai été horrifiée par cette scène mais en un sens je me suis identifiée à... »

Peter l'observait avec une lueur d'amusement dans le regard. Ming constata une fois de plus combien elle se confiait facilement à lui et combien elle devait encore se protéger de lui.

« Quoi qu'il en soit, dit-elle avec vivacité, cela valait la peine. J'ai aimé ce voyage et nous avons visité des lieux superbes.

— J'en suis ravi. Ming...

— Qui donc Flixe a-t-elle embauché ce soir pour mon nouvel examen de passage ? » demanda-t-elle avant de laisser le temps à Peter de lui poser une question.

Il rit de bon cœur, oubliant sa question, et se pencha vers elle pour l'embrasser sur la joue.

« Je n'arrête pas de lui répéter de cesser ce petit jeu, confia-t-il, mais je crois qu'elle aime ça. Et puis, je sais bien que tu as assez de jugeote pour ne pas succomber au charme du plus mauvais parti. Est-ce que je me trompe, Ming ?

— Tu dois avoir raison ! répondit-elle dans un grand éclat de rire.

— Ma petite Mingie, ma chérie ! »

A la voix de Flixe, Ming se leva d'un bond.

« Bonsoir, Flixe. Tu es tout simplement resplendissante. Tu n'es pas malade au moins ?

— Absolument pas, répondit Flixe en ajustant sa robe de soie mauve à sa taille encore fine. J'ai en tout et pour tout été légèrement indisposée en attendant Andrew. La fatigue viendra un peu plus tard, quand mes chevilles commenceront à enfler. Mais, pour l'instant, je vais tout à fait bien. Et toi, comment te sens-tu ? »

Flixe dévisagea sa sœur avec tant d'inquiétude que Ming la prit par les épaules et lui dit avec fermeté :

« Je suis à nouveau en excellente santé. Mais quelle est cette délicieuse odeur qui taquine mes narines ? Que nous as-tu encore concocté ?

— Un bœuf bourguignon, répondit Flixe. Mais là n'est pas la question. J'ai invité ce soir un agent de change très sympathique, qui devrait arriver d'une minute à l'autre. Il s'appelle Charles Bederley. C'est loin d'être un imbécile. Ne le méprise donc pas sous prétexte qu'il travaille à la Bourse. »

Ming jura de bien se tenir, ce qui fit rire Peter.

Un peu plus tard, réunis autour de la table éclairée aux chandelles, se régalant de la bonne cuisine de Flixe, Peter s'amusait de voir Ming bombarder de questions le jeune agent de change à propos de son travail, de ses clients, des possibilités de carrière dans la finance pour les femmes. Cette dernière question le fit rire. En reposant ses couverts, il remarqua :
« J'avoue n'y avoir jamais pensé. Vous savez, la Bourse, c'est un peu la fosse aux lions et la cour de récréation. Mieux vaut encore rester à la maison et dépenser l'argent de son mari. Ha, ha ! »

Peter Suvarov, qui s'était jusque-là contenté de prêter l'oreille sans intervenir dans la conversation, vit, dans la lueur pâle des chandelles, les traits de Ming se durcir. Intrigué par certains changements en elle, il se demanda ce que Constance Wroughton avait bien pu lui raconter en Égypte. Il décida d'intervenir :

« Ne serais-tu pas en train de relire *Le deuxième sexe* de Simone de Beauvoir, Ming ?

— Je ne l'ai pas relu depuis des siècles, répondit-elle, en regardant son beau-frère droit dans les yeux. J'ai acheté un exemplaire à Paris il y a des années. J'avoue n'avoir jamais pu dépasser le premier tiers. J'ai également lu la conclusion. Et toi, Flixe, est-ce que tu l'as lu ?

— Je l'ai lu en diagonale au moment où on l'a traduit. Mon français n'était pas de taille à se mesurer à l'original. J'y ai relevé bien des choses intéressantes, en particulier sur les relations mère-fille.

— Tiens, comme c'est curieux, remarqua Ming, qui avait été, enfant, le témoin malheureux d'atroces prises de bec entre ses sœurs aînées et leur mère. Je crois que ce qui a fait le plus impression sur moi, ce sont les remarques sur l'éducation des filles, qui vise à ce qu'elles ne se prennent jamais en charge. Il y a aussi ce conseil de Balzac qui préconisait aux hommes de traiter les femmes comme des esclaves tout en leur faisant croire qu'elles étaient des reines.

— Ah, je vois ! protesta d'un rire joyeux Charles Bederley. Mais n'est-ce pas pousser un peu loin le raisonnement ? Je veux dire que de nos jours, plus aucun homme n'oserait traiter les femmes comme des esclaves. Je vous assure, ce serait même plutôt le contraire. Prenez l'exemple de mon beau-frère, que je plains, et qui se tue à la tâche pendant que ma sœur passe sa vie à tout dépenser et à lui reprocher de ne pas gagner assez d'argent.

— Pauvre homme ! » répondit Ming.

Charles Bederley avait espéré une tout autre réaction. Il lui sourit à son tour. Ming ajouta pourtant :

« Et que faisait votre sœur avant son mariage ?

— Elle travaillait pour le Central Office. Je crois même que vous la connaissez. Sarah Bederley, ça vous dit quelque chose ?

— En effet, je crois me souvenir d'elle. Une femme très intelligente et très efficace dans le travail. Mais pourquoi s'est-elle arrêtée de travailler ?

— Mais enfin, elle s'est mariée ! lui répondit Charles Bederley comme il l'eût fait avec un enfant demeuré.

— Et alors ? » demanda Ming.

Elle avait l'impression que son crâne allait éclater si elle ne disait pas ce qu'elle avait sur le cœur :

« Bien que vous soyez choqué par ces femmes qui passent leur vie à dépenser l'argent gagné par leurs maris, vous considérez comme un fait acquis qu'elles perdent tout naturellement leur emploi et leur salaire en se mariant. J'ai bien compris ?

— Ming ! » lança Flixe au travers de la table, avant que Charles Bederley pût répondre. Mais il ne donna pas le temps à Ming de justifier sa remarque car il lui demanda où elle travaillait.

« Comme vous le savez déjà, j'ai été la secrétaire d'un parlementaire, répondit-elle avec calme en maîtrisant sa colère, et en feignant d'ignorer honteusement son petit éclat. J'ai dû mettre un terme à mes activités pour cause de maladie. Je commence tout juste une nouvelle carrière, du moins je l'espère, dans le journalisme.

— Mon Dieu, mais c'est merveilleux ! s'écria Flixe. Est-ce que tu travailles pour le magazine de Connie ? Mes félicitations ! Et que feras-tu exactement ?

— Les choses les plus variées. Je m'occuperai sans doute de la critique des programmes de télévision dès que j'aurai acheté un poste. J'écrirai sur les bizarreries de la politique. Je veux aussi faire quelque chose sur les femmes et l'argent...

— Ah, mais tout s'éclaire, répliqua Charles Bederley. Je comprends mieux votre intérêt frénétique pour le budget des femmes.

— Il n'est pas question d'intérêt frénétique. Je regrette seulement que la plupart des femmes ne disposent jamais que d'argent de poche. Je veux écrire un article sur celles qui gagnent leur propre argent mais je n'en connais aucune.

— Moi non plus, reconnut Charles Bederley. Il y a bien évidemment dans notre clientèle certaines aristocrates qui gèrent la fortune familiale...

— Et Julia ? » répliqua Flixe en se levant pour aller chercher le pudding tandis que son mari desservait. « Elle gagne beaucoup d'argent au barreau. Pourquoi ne pas la rencontrer ? Ses enfants sont élevés d'une curieuse façon. Je ne crois pas qu'il soit très bon pour eux d'être élevés par une mère très active et qui leur consacre trop peu de temps. »

Se retrouvant seule avec Charles Bederley, Ming, qui ne cherchait plus la polémique, lui demanda ce qu'il projetait de faire pour les vacances. Elle évoqua également l'Égypte. Charles se sentit plus à son aise sur ce terrain que sur celui du droit des femmes. Peter fit passer les assiettes à dessert. Flixe apporta un pudding au chocolat et aux noix. Charles était maintenant tout à fait détendu.

Après le dessert, Flixe entraîna sa sœur dans sa chambre pour sacrifier aux papotages féminins tandis que les deux hommes prenaient un porto au salon. Craignant d'être chapitrée pour sa mauvaise conduite à table, Ming devança Flixe en lui posant des questions sur Julia.

Flixe raffolait des histoires de famille. Elle se fit un plaisir de rappeler la brillante carrière de son amie.

« Son mari m'a toujours fait bonne impression, dit Ming, qui l'avait rencontré à la Chambre des communes.

— Ce ne doit pas être facile pour lui d'avoir une épouse qui travaille. En politique, les épouses ont un certain rang à tenir. »

Ming éclata de rire.

« Je doute qu'on reçoive beaucoup dans les quartiers ouvriers de ses électeurs ! Mais dis-moi, je me demande si le tête-à-tête avec ton jeune blanc-bec est tout à fait du goût de notre cher Peter ? »

Flixe leva les yeux au ciel.

« J'espérais vraiment qu'il te plairait. Tu es tout simplement impossible. Tu te trompes sur toute la ligne à son sujet. »

Ming sourit. Elle ne souhaitait pas s'étendre là-dessus.

« J'y pense, Ming, as-tu été vaccinée contre la polio ?

— Non, car on donne le vaccin en priorité aux enfants.

— Il n'y en a même pas assez pour tous les enfants. Mais ça, c'est à l'hôpital. Tu peux en obtenir dans le privé. Tu devrais te faire vacciner.

— Rien ne presse.

— Est-ce que tu sais pour Caroline Hazeldene ?

— Ne me dis pas qu'elle l'a attrapée. Ce n'est pas vrai !

— Elle est morte la semaine dernière », dit Flixe gravement.

Soudain étourdie, Ming s'appuya au mur.

« Pauvre Jack ! dit-elle en pensant à son ami d'enfance. Il l'aimait comme un fou. Quelle cruauté ! Ils n'auront été mariés que quatre ans.

— Je sais. C'est épouvantable. Sans parler des enfants. Il doit les ramener de Chypre. S'il reste dans l'armée, ils seront élevés par les grands-parents. Je suis bouleversée. »

En descendant l'escalier, Ming songea à Jack Hazeldene. Leurs pères avaient fait partie du même régiment. Les deux familles avaient connu plus d'une fois les mêmes affectations. On s'était beaucoup fréquentés. Les enfants avaient grandi ensemble un peu comme des frères.

Depuis la guerre, leurs chemins s'étaient séparés. Ils s'étaient vus moins qu'avant. Mais ils pensaient toujours l'un à l'autre. La douleur de Jack lui fit horreur.

Assise sur le canapé aux côtés de Charles Bederley, Ming était perdue dans ses pensées. Mal à l'aise mais charmé par ce joli visage, il voulut lui plaire. Ming fut sensible un moment à ses jeux de séduction mais le souvenir de ses idées préconçues à l'égard des femmes la froissa. Elle se referma complètement sur elle-même.

Lorsque Charles fut parti, Flixe sermonna Ming.

« Je te demande de bien vouloir m'excuser mais j'ai agi inconsciemment. Je pensais à Jack. J'étais très nerveuse. Ce fut pourtant une soirée très agréable. Je t'en remercie.

— Comment te sens-tu ? demanda Flixe, en l'aidant à s'habiller. Je ne te reconnais pas.

— Pour te parler sincèrement, moi non plus, répondit Ming, en boutonnant son manteau. J'ai l'impression de n'avoir jamais été moi-même.

— Bravo ! » lança Peter sur le seuil du salon.

Flixe se retourna pour lui faire les gros yeux. Il eut un grand sourire et en hochant la tête, il s'exclama :

« Tu es sur la bonne voie, Ming ! »

Elle se retourna vers Peter, son joli minois auréolé par le grand col relevé de son manteau. En voyant ce visage mélancolique, elle se rappela qu'il avait toujours tout su d'elle. Elle vint à sa rencontre pour l'embrasser.

« Au revoir, Peter.

— Au revoir, Ming. Quel plaisir pour moi de te voir sortir de ta chrysalide. Et que personne ne s'avise de t'y remettre ! »

Ming eut un rire argentin.

« J'y veillerai. Au bout du compte, je me demande quelle sorte de papillon en sortira. »

5

Dès la première heure, le lendemain matin, Ming écrivit à Jack Hazeldene. Elle mit des heures à trouver le ton juste. Elle voulait exprimer sa sympathie et espérait qu'il la comprendrait.

Puis elle se mit au travail pour le magazine. Elle téléphona à toutes ses relations dans l'espoir de mettre la main sur une femme réussissant professionnellement. Ce fut aussi l'occasion de présenter le magazine et de chercher de nouveaux abonnements.

Ming savait qu'elle aurait besoin de prospecter au-delà de ce premier cercle d'amitiés. Mais elle ne négligeait pas de prendre en compte, à titre d'information, les premières réactions des gens qu'elle aimait avant de concevoir les dossiers de presse pour la promotion du magazine.

Deux de ses amies acceptèrent sur-le-champ de s'abonner. Les autres voulaient d'abord en savoir plus. Ming donna des rendez-vous à l'heure du thé pour expliciter la nouvelle formule, sans oublier de présenter d'anciens numéros. Lors des deux premiers rendez-vous, elle insista sur l'ambition du magazine de remédier à l'ennui des femmes au foyer. Conciliantes, ses amies lui confirmèrent que l'ennui était un des aspects de la vie d'une mère de famille. Par la suite, Ming décida de ne pas reproduire la même erreur.

« Je ne doute pas que je tirerais bien des bénéfices d'une telle lecture, lui répondit une amie. Mais je ne puis me l'offrir à cinq shillings par mois ! Quand tu penses que John gagne tout juste mille shillings par an, et qu'il faut payer en priorité les frais de scolarité... Je l'emprunterai à la bibliothèque. Mais dis-moi, est-ce que toutes les bibliothèques le reçoivent ? »

Ming se promit de poser la question à Connie. Dès lors, elle changea de tactique et décida de mettre en application certains conseils du psychanalyste dont lui avait parlé son amie.

« Vois-tu, Serena, dit-elle à une vieille amie de lycée — qui désespérait de montrer comment s'y prendre à son jeune fils, âgé de dix-huit mois, pour construire une tour en cubes de bois, tandis qu'une tête rouquine de quatre ans se déchaînait à l'autre bout de la chambre —, je sais trop bien comment on se retrouve vite coupé de tout. Flixe est tellement prise par sa nichée qu'elle est incapable de te donner la liste des principaux membres de l'actuel gouvernement. Elle n'a aucune idée de ce qui se passe à l'étranger. Elle ne connaît pas les noms de la peinture ou des arts qui aujourd'hui s'imposent. Notre magazine proposera des articles tant sur la vie politique que sur le monde des arts. »

Ming avait envie de câliner le bébé qui lui souriait et qui se mit soudain en colère contre les cubes qu'il tentait de poser en équilibre. De rage, il détruisit la tour.

« Ça ne m'étonne pas qu'elle se retrouve coupée de tout, répondit Serena. Non, Robin, pas comme ça. Pose-le doucement. Mais non, si tu le lances, tu feras tout tomber ! Allez, essaie encore une fois. »

L'adorable visage du poupon trembla, se plissa, puis fit entendre un grognement de contrariété.

« Ce n'est pas grave. Ne t'en fais pas. Maman va aider bébé à construire la tour. J'essaie en général d'avoir des lectures enrichissantes, mais une fois que j'ai mis les enfants au lit et que le dîner est fini, je suis complètement lessivée. Nos mères avaient bien raison d'employer des bonnes ! » s'écria Serena.

Ming n'eut pas le temps de réagir que déjà l'aîné vociférait un cri de guerre en se pendant aux rideaux, avant de s'écrouler. Serena donna Robin à Ming pour aider Eric à se relever.

Ming tenta en vain de calmer les larmes du plus petit en l'aidant à construire sa tour.

« J'avoue ne pas avoir d'idées sur le sujet, poursuivit Ming. Je sais que Flixe a souvent des discussions avec certaines de ses amies qui ont des bonnes. Elle soutient que les enfants élevés de la sorte ont tendance à être plus lents. Elle a pour bible les bouquins du Dr Spock ou ceux de John Bowlby. »

Ming observait les deux garnements débordant d'une vitalité qui épuisait leur mère. Elle ajouta avec un sourire :

« Je serais tentée de lui donner raison quand je vois le dynamisme des tiens !

— Vraiment ? Mais tout faire seule est parfois si décourageant. Il arrive que George veuille se lancer en rentrant dans une conversation intelligente, pour se changer les idées. Eh bien, me croiras-tu, j'arrive à peine à aligner deux phrases. Je peux tout au plus lui raconter ma journée, ce qui s'est passé à la poissonnerie ou les dernières bêtises des enfants. »

L'émotion montait dans la voix de Serena qui poursuivit :

« Ce qui me met le plus hors de moi, c'est que, leur père à la maison, ils redeviennent des anges. Lui croit que c'est ma faute s'ils sont insupportables. Mais ne te trompe pas, je les aime.

— Évidemment que tu les aimes », répondit Ming, qui repérait pour la première fois des traces de culpabilité dans le discours de son amie, ce dont elle savait qu'on pouvait tirer profit. Elle réprima sa nature profonde et dit pour consoler Serena : « Mais *La Nouvelle Ere* n'est pas un livre, c'est un magazine léger, rempli de toutes sortes de trucs qui t'intéresseront. Tu devrais... »

Eric lança droit dans la cheminée un canard en peluche. Avant que Robin ne s'en rende compte, elle épousseta le jouet.

« C'est à moi ! cria l'enfant.

— Je sais, Robin. Maman en prend soin pour toi. Regarde, maman met le canard sur la chaise. »

Elle ajouta à l'intention de Ming en levant les yeux au ciel :

« Tu vois ce que je veux dire ?

— Oui, je vois. Comment trouverais-tu le temps de faire autre chose ? »

Lassé de son jeu de construction, le petit Robin se mit sur la pointe des pieds pour prendre son canard et l'emmener à l'autre bout de la chambre. Son grand frère s'appliquait à démonter le mécanisme d'une horloge d'enfant.

« Au moins si je lisais ton magazine, j'aurais quand même d'autres sujets de conversation que les couches et le popo de bébé. Non ! Robin, non ! Éloigne-toi de la cheminée ! Eric, cesse immédiatement ! Non, tu vas la casser ! Mais fais donc un peu attention ! Viens plutôt aider ton frère à construire une tour. Excuse-moi, Ming, mais...

— Je devrais avoir honte de te déranger, Serena. C'est certainement moi qui les rends si excités. Il vaut mieux que je te laisse tranquille.

— Oh, mais non, reste ! Ne pars pas déjà. Je suis tellement contente de voir une amie. Tu n'as pas idée comme cela me manque. Tous les jours la même chose, faire le tour du parc et retrouver ça. Je crois que je vais m'abonner à ton magazine. Si je dîne en ville, au moins j'aurai des sujets de conversation. Il faut obligatoirement s'abonner pour un an ? »

Avec une impression mêlée de culpabilité et de triomphe, Ming fit oui de la tête. Elle venait de réaliser sa première vente directe. Elle resta prendre le thé. Avant de quitter son amie, Ming lui recommanda de ne pas hésiter à écrire au magazine au cas où certaines idées la choqueraient ou si elle désirait voir traiter certains sujets.

« Vois-tu, nous avons besoin de savoir. C'est un peu du domaine de la devinette pour nous car aucun d'entre nous n'a d'enfants. Nous ne savons pas ce que c'est que de rester cloîtré à la maison à cause d'eux. Et puis, je ne devrais pas te le dire mais, en matière de devinettes, nous ne sommes pas toujours d'accord avec les réponses des deux autres !

— J'imagine, répondit Serena en retenant son plus jeune fils par le col. As-tu seulement écrit à Rosie ?

— Rosie ?

— Mais, oui, tu sais bien, Mlle Roseheath du lycée ! Elle t'adorait. Je parie qu'elle prendrait un abonnement pour elle et un autre pour le lycée. Elle pourrait en parler à ses collègues et aux parents d'élèves. Ce serait une bonne chose.

— Elle est toujours au lycée ! J'aurais imaginé qu'elle changerait vite de voie, avoua Ming.

— Mais elle est devenue directrice. Elle a de grosses responsabilités et fait beaucoup pour son établissement. J'y inscrirai la fille que nous aurons peut-être un jour. Tu m'excuseras, mais je dois faire prendre leur bain à ces deux créatures. Tu ne peux imaginer tout le plaisir que j'ai eu à te revoir, ma chère Ming. Je suis navrée de te donner le spectacle de ma vie à la dérive.

— Le spectacle que tu donnes à voir est celui d'une femme qui se démène pour élever ses deux fils », répliqua Ming.

Elle embrassa Serena avant de la quitter.

Ming passa sans transition d'une chambre d'enfants à un cabinet d'avocate. En arrivant au rendez-vous avec Julia Wallington, le contraste lui fit ressentir une vive sympathie teintée de tristesse pour son amie Serena.

Julia, qui n'avait pas été au palais de justice ce jour-là, avait revêtu un chemisier en soie blanc cassé qu'elle portait sur un ensemble marron. Elle avait les cheveux sévèrement retenus en chignon. Son maquillage était si discret qu'on le remarquait à peine. Tout aussi fatiguée que Serena, au moins semblait-elle maîtresse d'elle-même.

Julia fut intéressée par ce que Ming put lui dire de *La Nouvelle Ere* et elle répondit de bon gré aux questions relatives à l'argent des femmes actives et aux difficultés qu'elles affrontaient devant la justice. Ming, qui la connaissait mal, prenait garde aux questions qu'elle posait. Très vite, la franchise des réponses de Julia l'enthousiasma.

Au cours de l'entretien, les questions de Ming se firent plus précises et les réponses de Julia plus fournies. Au fur et à mesure que Julia révélait un peu plus son travail, ses gratifications mais aussi ses déboires, l'admiration que Ming ressentait pour elle se renforçait. Ming aurait aimé tout savoir. Pourtant, elle n'osa lui poser des questions sur les conséquences de son travail sur sa vie privée.

L'article commençait à prendre forme dans son esprit. Les encouragements de Julia lui donnèrent confiance : elle saurait trouver l'intérêt d'un sujet qui convaincrait Connie tout en rompant avec les travers des précédents numéros. Lorsque Ming se leva pour prendre congé en la remerciant comme il se devait, l'avocate lui dit :

« Ne donnez surtout pas l'impression que c'est facile. » Interdite, la main posée sur la poignée de la porte, Ming s'immobilisa. « Je ne me vante en aucune sorte d'être une femme d'exception, poursuivit Julia avec un sourire qui la fit paraître plus humaine, mais il serait inexact de faire croire à vos lectrices que la réussite est aisée. Le succès se mérite toujours mais il se mérite un peu plus si vous êtes une femme... Ce serait impardonnable de ne pas le souligner. Suis-je assez claire ?

— Tout à fait, répondit Ming. Je vous remercie de m'avoir reçue.

— Tout le plaisir était pour moi. Le concept de votre magazine me plaît. Je ferai mon possible pour le faire mieux connaître. Flixe a raison.

— Et en quoi donc ? demanda Ming.

— Elle m'a dit un jour que vous aviez le don d'attirer les sympathies. Je comprends aujourd'hui ce qu'elle voulait dire. Sans tourner le couteau dans la plaie de l'autre, vous savez très bien lui faire sentir que vous avez repéré ses blessures secrètes. Dans votre profession, c'est une qualité rare et utile. »

Julia leva la main en signe d'adieu. Avant que Ming eût franchi le seuil, elle était déjà retournée à l'étude d'un dossier.

Forte de l'exemple de Julia et de sa chaude exhortation, Ming travailla sans s'économiser tout le reste de la semaine. Elle prépara deux articles tout en continuant de chercher des abonnés. Elle utilisa à nouveau la même technique de persuasion personnelle aussi bien au téléphone que par lettre. Le vendredi suivant, elle totalisait vingt demandes d'abonnement émanant de jeunes femmes. Ce maigre début la laissa dépitée : elle convoitait des milliers d'abonnements, pas des dizaines !

Faisant le tri des piles qui jonchaient son bureau, Ming décida de s'attaquer aux lettres des amies de sa mère qui n'avaient cessé de s'accumuler depuis son voyage en Égypte. Honteuse de n'y avoir pas répondu plus tôt, Ming rédigea un mot rapide à chacune d'entre elles. Elle s'excusait de ne pouvoir accepter l'aimable proposition de travail pour de bonnes œuvres, travaillant à temps plein pour le magazine dont elle n'oublia pas de faire la réclame. Même si la plupart de ces femmes étaient trop âgées pour appartenir aux tranches d'âges auxquelles le magazine s'adressait, Ming se dit que la démarche valait pourtant le coup.

Elle écrivit également à son ancien professeur, aux chefs de divers établissements de jeunes filles ainsi qu'à la faculté féminine de plusieurs universités, en les priant de lui communiquer les listes d'anciennes diplômées. Elle leur demanda par ailleurs d'ajouter à leurs envois de documentation une brochure présentant le magazine.

A ce stade de sa prospection, elle rédigea un modèle de lettre pour gagner du temps. Ce document lui permettrait d'ajouter une note personnelle en bas de page si besoin était. Alors qu'elle tapait le modèle, elle reconnut le bruit métallique du volet de la boîte aux lettres et sortit dans le hall prendre son courrier. Elle déposa en rentrant une grosse liasse d'enveloppes sur son bureau. Elle espérait y trouver des demandes d'abonnement.

Au même moment, le téléphone sonna.

Ming reconnut aussitôt la voix de Mark Suddley. Avec timidité, il lui demanda de ses nouvelles Elle était ravie d'entendre sa voix.

« Je vais le mieux du monde. Je travaille dur et j'y prends plaisir. Mais vous, dites-moi, comment allez-vous ?

— Pas trop mal. Je me demandais si j'allais vous décider à m'accompagner au théâtre voir *Nos vingt ans*. Je crois me rappeler que vous ne l'avez pas encore vu. Nous pourrions dîner dans Soho avant la représentation. Est-ce que cela vous chante ?

— Je crois que je vais me laisser tenter, répondit Ming. Vous m'avez manqué, Mark.

— Vraiment ? Eh bien, ce n'est pas pour me déplaire. Alors, êtes-vous libre mardi prochain ?

— Malheureusement non, je dois aller à Etchingham. Que diriez-vous de lundi ou mercredi ? » demanda Ming.

Pour elle, sa présence à la réunion hebdomadaire du comité de rédaction ne faisait plus l'ombre d'un doute.

« Dans ce cas, je réserverai des places pour lundi. Je vous téléphonerai pour confirmer, dit Mark avant de conclure avec émotion : Je serai heureux de vous revoir.

— Merci. Au revoir », répondit Ming, se demandant s'il serait déplacé ou non de lui proposer un abonnement. Elle aurait parié qu'il en prendrait un.

Ming passa son index sous le rabat de la première enveloppe qu'elle avait prise sur le haut de la pile. Elle ne contenait qu'un seul feuillet. Elle s'attendait à lire un refus d'abonnement. Elle lut alors le court paragraphe dactylographié.

Ming,
Tu es une belle salope. Je sais que ton but est de détruire tout ce que

je fais. Tu n'y arriveras pas. Pourtant, si tu t'entêtes, je trouverai un moyen de te faire changer d'avis. Je ne vais pas signer ce mot car, entre nous, c'est inutile.

Elle se laissa tomber sur sa chaise. Elle avait la nausée. Elle respira à fond, posément, en s'obligeant à maîtriser de nouveau son corps. Elle lut une fois de plus cette lettre et s'écria à voix haute :

« Mais c'est faux ! »

Elle regarda par la fenêtre les jeunes pousses des arbres. Une fois de plus, elle relut la lettre. En son âme et conscience, elle chercha scrupuleusement ce qu'elle avait bien pu faire pour causer une pareille méprise. Insidieusement, la justification de soi se mua en peur, puis en vraie colère. Un goût immonde lui emportait la bouche. Ses oreilles sifflaient.

« Ming, dit-elle à voix haute, en posant les yeux sur la lettre, qui a bien pu t'écrire une lettre pareille ? »

Seuls ses proches connaissaient son surnom. L'un d'entre eux aurait-il été capable de lui écrire cette lettre ? Ming aurait sans doute été moins blessée que son correspondant anonyme l'appelât par son prénom, Mary.

Elle se rappela alors tous les visages de ceux avec qui elle avait eu récemment un différend. Elle fut tout à coup effarée d'en constater le nombre et devina que d'autres avaient dû taire leur colère. Elle s'assit toute tremblante en pensant à celui ou celle qui la haïssait assez pour lui écrire une telle lettre.

Ming alla se préparer quelque chose de chaud à la cuisine. Ses mains tremblaient. Elle claquait des dents. Elle se dit qu'il était ridicule de se rendre malade pour ce bout de chiffon. Pourtant, elle était malade.

« Connie n'aurait pas pu écrire une chose pareille », murmura-t-elle en se remémorant la récente colère de son amie, lors de sa première réunion de travail.

Connie n'aurait pas eu besoin d'écrire une lettre anonyme. Si elle avait jugé désobligeantes les remarques de Ming, elle aurait refusé ses propositions. Mais ce n'était pas le cas.

Ming était désemparée : douter de ses amitiés la rendait furieuse. Elle retourna au salon pour examiner l'enveloppe dans l'espoir d'y trouver un indice. Celle-ci était simple et blanche, postée dans le centre de Londres, la veille à cinq heures. C'était une enveloppe toute simple. Le téléphone sonna.

« Ming, que se passe-t-il ? Tu as une voix d'outre-tombe. »

Ming reconnut la voix de sa sœur aînée. Bien des souvenirs d'enfance lui revinrent en mémoire : taquineries, rivalités, mais aussi consolations. Ming retrouva un peu de son calme. Elle détendit un peu sa main qui tenait le combiné.

« Bonjour, Gerry. Je viens de recevoir une lettre anonyme. »

Sa voix se brisa sur le dernier mot. Elle respira profondément pour se maîtriser.

« C'est vraiment sans importance mais j'en ai la voix cassée.
— Ma petite chérie, quelle horreur ! N'y pense plus.
— Je suis encore sous le coup.
— Mais, pourquoi ? Qu'y a-t-il d'écrit ? »

Ming lui lut la lettre.

« Seul un malade mental a pu écrire ça, remarqua Gerry. Rien dans cette lettre ne te concerne directement. Bien sûr, il connaît ton surnom. Mais n'importe qui aurait pu recevoir cette lettre. A ta place, je préviendrais la police. C'est la meilleure façon de l'oublier. »

Ce conseil plein de bon sens réconforta Ming. Elle esquissa même un sourire en lui disant :

« Je n'ai pas très envie de le faire.
— Mais personne n'aurait envie de le faire, et pourtant il va bien falloir que tu le fasses. Je ne veux pas que tu rumines cette histoire. Je te connais, tu vas imaginer le pire. Un autre conseil : n'en parle à personne.
— Tu as raison.
— Tu me diras que dans ton cas, c'est un conseil inutile. Tu ne parles jamais de toi. Je crois seulement qu'il est préférable que ton correspondant anonyme n'ait aucune chance de connaître ta réaction. Ton intérêt n'est pas de lui donner cette satisfaction.
— C'est juste. Mais qui a bien pu m'envoyer cette lettre, Gerry ? »

En entendant la folle inquiétude que trahissait la voix de sa sœur, Gerry se sentit prête à voler jusqu'à Chelsea. Mais elle se souvint de la réflexion de Julia Wallington à propos de son instinct protecteur. Elle fit donc de son mieux pour réconforter Ming au téléphone.

« Il y a de fortes chances pour que tu n'aies rencontré cet individu qu'une fois ou deux tout au plus. Il est jaloux de toi. Il s'agit peut-être de quelqu'un qui connaissait Anna et qui s'imagine avoir sur son argent plus de droits que toi. On peut dire sans se tromper qu'il s'agit d'un malade mental.

— Tu as raison, répondit Ming qui éprouvait encore bien de la difficulté à parler posément. Je suis navrée de réagir comme une enfant mais je suis vraiment secouée.

— On le serait à moins, lui dit Gerry. Téléphone tout de suite à la police. Si tu as besoin de moi, appelle-moi. Tu as mon numéro à l'université, n'est-ce pas ?

— Oui, mais il me semble inutile de prévenir la police pour si peu.

— La police est là pour nous protéger. Appelle-la maintenant ! »

Ming finit par se ranger à l'avis de Gerry qui raccrocha sans avoir donné le motif de son appel. Ming composa le numéro du commissariat de son quartier. Elle s'entendit répondre fermement mais poliment que la police ne pouvait pas agir dans le cas d'une lettre anonyme ne comportant pas de menaces physiques. On la prévint qu'elle devait s'attendre à en recevoir d'autres et on lui conseilla de les conserver au cas où un indice pourrait justifier une enquête officielle.

« Si on vous avait déjà menacée, mademoiselle, s'il existait la moindre preuve d'une action plus physique, on pourrait alors l'examiner », dit la voix à l'autre bout du fil. Ming trembla de nouveau. « Plus vous nous donnerez d'informations sur ces lettres, mieux ce sera. Conservez-les et ne vous en inquiétez pas tant qu'elles ne sont pas menaçantes. »

Pour la première fois depuis qu'elle avait ouvert cette enveloppe, Ming fut, en raccrochant, littéralement prise de panique. Elle ressentit le besoin de tirer les rideaux et de verrouiller la porte d'entrée. Elle entendit des bruits de pas venant du couloir. Elle s'y précipita. L'enveloppe lui glissa des mains.

« Dites, mademoiselle, est-ce que ça vous gêne si je fais le salon maintenant ? Après je file », dit Mme Crook en passant la tête-de-loup sur le mur.

— Faites donc, répondit Ming, une main posée sur le cou. Allez-y. Vous ne me dérangez pas du tout. »

Ming se baissa pour ramasser la lettre. Elle la plia et la remit dans son enveloppe. Puis elle la rangea dans le tiroir du bas de son secrétaire.

Ses velléités d'écrire sur son papier personnel des propositions d'abonnement tombèrent d'un coup, et elle décida de demander à Connie du papier à en-tête du magazine. Ming n'ignorait pas que c'était une mesure puérile, puisque son correspondant anonyme connaissait déjà son adresse.

Le choc de la lettre anonyme se poursuivit. Heureusement, les deux semaines qui suivirent furent bien occupées. La plupart des gens à qui elle avait écrit répondirent. Beaucoup acceptèrent même de s'abonner.

Parmi ces réponses, il y avait une lettre de Mlle Roseheath, l'ancien professeur de Ming. Sa réponse était chaleureuse et enthousiaste, tant pour le projet de magazine que pour les nouvelles fonctions de Ming.

Je pense souvent à vous. Il m'est arrivé de vous observer, du temps que vous étiez encore ici, et de me demander ce que vous deviendriez. Enfant, vous aviez tous les dons mais la vie vous faisait peur. Plus tard, après la disparition de votre sœur, et la guerre venant, j'ai craint que vous ne fassiez fausse route. Ce nouveau départ est riche de promesses. Je vous souhaite le plein succès.
Bien à vous.

Janet Roseheath.

6

En recevant la seconde lettre anonyme, Ming ressentit le besoin de se remémorer les paroles affectueuses de Mlle Roseheath et de tous ceux qu'elle aimait. Il y avait exactement deux semaines qu'elle avait reçu la première lettre. Les propos calomnieux se valaient, avec une nouvelle accusation : Ming était malfaisante.

Ming préféra en rire, ce qui valait mieux. Mais l'envie lui en passa vite quand elle se mit à recevoir avec ponctualité une lettre anonyme tous les quinze jours. Chacune était dactylographiée de la même façon, placée dans la même enveloppe, postée à la même heure, dans le même quartier de Londres.

Le contenu variait peu d'une lettre à l'autre. Pourtant, avec le temps, des références à des choses faites par Ming ou des articles signés par elle se multiplièrent. Elle eut dès lors la sensation d'être observée en permanence. Elle eut peur, parfois, de sortir de chez elle. En recevant les appels de ses amis ou de ses sœurs, elle ne pouvait s'empêcher de se demander s'ils pourraient être capables de telles lettres. Sentant le regard d'un inconnu se poser sur elle dans la rue ou dans le bus, elle défaillait à l'idée de se trouver en face de son correspondant.

Le magazine fut pour Ming une saine distraction. Chaque fois qu'elle le pouvait, elle rejoignait Max la veille des réunions du mardi. Elle se sentait plus en sécurité auprès de lui que seule chez elle. Ce qui n'empêchait pas les lettres de se succéder. Peu à peu, elle se sentit persécutée.

Ce fut pour elle un véritable soulagement quand, un jour de juin, sa mère lui téléphona pour lui dire :

« Nous ne t'avons pas vue depuis des mois. Pourquoi ne viendrais-tu pas quelques jours ?

— Cela me ferait vraiment plaisir. »

Si Ming avait honte d'avoir négligé ses parents, elle était ravie d'échapper un peu à l'emprise de son correspondant anonyme.

« J'ai tellement travaillé pour le magazine de Connie Wroughton que je ne suis pas partie en week-end depuis des mois.

— C'est ce que j'ai cru comprendre, répondit assez sèchement Fanny Alderbrook. Fais-nous plaisir et viens nous rendre visite ce week-end. Rien de neuf à la maison. Ah, si : le jardin est superbe en ce moment. »

Ming accepta l'invitation de sa mère. Le vendredi suivant, elle prit sa voiture pour se rendre jusqu'à la maison de pierres grises située à la sortie du village, où elle avait été élevée. La maison semblait encore plus belle dans la lumière rasante et dorée de cette soirée de juin. Cette vision fut pour Ming un enchantement.

Son père, un général à la retraite d'une soixantaine d'années, l'attendait immobile au bout de l'allée de graviers, entouré de ses trois labradors noirs.

« Tu as une sale mine, ma petite, dit-il en l'embrassant. Viens prendre un verre, poursuivit-il en prenant sa valise. Ta mère t'attend au salon.

— Tu as l'air en pleine forme, remarqua Ming sans chercher à le flatter.

— C'est le bon air de la campagne. Tu en aurais bien besoin, toi aussi. Au lieu de mariner dans ton Londres et de travailler sans même en avoir besoin. »

Ming sourit et se tut en entrant au salon, tendu de vert tendre, où l'attendait sa mère.

Ses filles avaient hérité de Fanny Alderbrook sa belle silhouette racée et ses yeux admirables. Toutefois, son visage était si marqué par les contrariétés qu'il en avait perdu toute beauté. Elle avait maintenant les cheveux blancs et moins soyeux que jadis. Elle était aussi frêle et délicate que son mari était solide et carré. Ming savait que la force de caractère de sa mère avait toujours été un sujet d'étonnement pour ceux qui ne la connaissaient pas.

« Bonsoir, ma chérie, dit-elle en se levant pour embrasser la plus jeune de ses filles. Tu as bien mauvaise mine, tu es pâle comme un linge et tu as des poches sous les yeux. Ce n'est vraiment pas sérieux de travailler comme tu le fais. Merci », ajouta-t-elle en acceptant le verre de sherry que lui proposait son mari.

Ming en prit un également et tenta d'expliquer pourquoi elle se donnait tant à son travail pour un salaire de misère. Même si ses parents ne pouvaient la comprendre, elle avait à cœur de leur expliquer ce qu'elle attendait de la vie. Elle y renonça. Elle dit seulement le plaisir qu'elle avait à se trouver en compagnie de Connie et de Max.

« Voyez-vous, ce sont deux personnes intéressantes, conclut-elle, qui ont beaucoup d'expérience.

— Je préférerais être sourd plutôt que d'entendre ça! s'exclama son père en versant un autre verre de sherry à son épouse.

— Je serais curieuse de savoir ce qui te fait dire cela, remarqua Ming, faisant fi du rôle de petite fille obéissante. Puis-je savoir ce qui te déplaît en Connie? Ou peut-être n'aimes-tu pas le magazine? »

Le général jeta une bûche dans la cheminée avec une telle véhémence qu'il y eut tout autour de l'âtre une projection de brandons.

« Eh bien, puisque tu veux savoir ce que je pense, je vais te le dire : je n'aime pas du tout le ton de ce magazine.

— Sois plus précis, demanda Ming, surprise et en colère. Qu'est-ce qui te déplaît tant?

— Ce magazine, c'est du fiel! »

Économisant ses mots, le général fit dégager d'un coup de pied un de ses chiens pour retourner à son fauteuil. Ming vit les épaules de sa mère se contracter.

« Je ne le lis plus, poursuivit le général, en se carrant dans son fauteuil et en allongeant ses jambes, mais j'en ai assez lu pour constater qu'ils cherchent à démoraliser les gens en les rendant critiques.

— Mais papa, tu ne peux en rester à ces constatations, répliqua Ming dont la voix était couverte par les aboiements de protestation du chien, rembarré pour la seconde fois. Qu'est-ce qui te gêne réellement ?

— Si tu veux vraiment le savoir, c'est cet homme », répondit le père de Ming, le nez dans son whisky. Levant à nouveau les yeux vers sa fille, avec dans le regard une expression de gravité, il poursuivit : « La seule pensée que tu puisses être... en contact avec un tel type m'est intolérable. J'aime autant que personne n'en sache rien.

— Tu veux parler de Max Hillary ? demanda Ming. Mais enfin que lui reproche-t-on ? Connie m'a mise en garde contre les critiques dont il fait l'objet. Mais qu'est-ce qu'il a bien pu faire ?

— Ma chérie, je crois que cela suffit comme ça ! interrompit sa mère. Restons-en là, si tu veux bien.

— Je regrette de paraître aussi sotte, mais j'avoue ne pas très bien comprendre.

— Alors, mieux vaut clore ce chapitre, conclut le général d'une voix radoucie. Je préfère d'ailleurs que tu n'y entendes goutte.

— Et pourquoi donc ? demanda Ming.

— Ma chérie, j'ai dit ça suffit ! » répéta sa mère.

Ming savait bien qu'elle pouvait compter sur une bonne vieille méthode, toujours au point, pour venir à bout de la colère de son père.

« Que crois-tu, papa, qu'il va se passer au Moyen-Orient, maintenant que nos troupes ont quitté l'Égypte ? »

Son initiative fut récompensée par un sourire discret de sa mère.

« C'est tout simplement un désastre. Le Premier ministre a beau jeu d'affirmer qu'en cas de troubles on pourra dépêcher des troupes depuis Chypre, c'est tout simplement irréaliste ! Le canal est vital pour nous. Sans la présence de nos petits gars pour assurer la paix dans cette région, qui peut dire ce qu'il adviendra ? Nasser veut le contrôle absolu de la zone. Je n'ai aucune confiance en lui.

— Il ne pourra jamais obtenir le contrôle du canal, qui est propriété d'une société internationale.

— Je ne m'avancerais pas aussi vite. Il vient de se moquer de nous en obtenant la démission du pauvre Glubb.

— Je croyais que le général Glubb avait le commandement des forces jordaniennes, objecta Ming. Ça n'a rien à voir avec Nasser et le canal.

— Mais c'est Nasser qui est derrière ce renvoi et nous avons été incapables de le déjouer. Quand je pense que c'est Glubb qui a fait la grandeur de la Légion arabe et qu'il est viré comme un malpropre... Quel scandale ! Et ça ne fera qu'empirer.

— Et si nous allions dîner ? proposa Fanny Alderbrook qui souhaitait réconcilier le père avec sa fille. Je pense que tout est prêt. »

Ils dînèrent dans la salle à manger. Ils parlèrent des enfants de Flixe et du chagrin de Gerry de ne pouvoir être mère. La vaisselle faite, Ming s'excusa en prétextant qu'elle était fatiguée. Elle monta dans sa chambre plus triste qu'elle ne l'était en arrivant.

Le lit avait été préparé dans sa chambre d'enfant. La vision des vieux livres et d'une poupée jadis aimés, soigneusement rangés, l'attrista. Elle était désemparée devant ce désir irrépressible en elle de brûler chacun de ces objets, pour prouver à ses parents qu'elle n'était plus la petite fille soumise qui faisait tout pour que les membres de sa famille s'aiment.

Se rappelant qu'elle était invitée chez ses parents et qu'elle était venue pour y trouver refuge, elle rangea dans la commode les livres et les jouets et elle décida de se comporter aussi docilement que possible.

Sur cette sage résolution, elle régla son réveil de voyage afin d'être debout suffisamment tôt pour mettre la table du petit déjeuner, tandis que sa mère préparerait des croquettes avec les restes du hachis de haddock. Ming irait jusqu'à repasser pour son père le *Daily Telegraph* afin de le mettre en plis comme il l'aimait.

Lorsqu'il vit de l'escalier ce que Ming était en train de faire, son père vint derrière elle la prendre par les épaules.

« Tu es une gentille fille, Ming », dit-il avec tendresse.

Il avait décidé de passer l'éponge sur leur différend de la veille.

« Ce n'est pas le genre de choses que feraient tes sœurs. Qu'y a-t-il de bon au petit déjeuner ?

— Des croquettes de poisson, je crois.

— Merci petit Jésus ! dit-il en se mettant à table et en dépliant le journal. Les croquettes de ta mère ont fait des progrès. Tendres et croquantes à souhait. Y a-t-il du café ?

— Je te l'apporte », répondit Ming.

Les efforts de Ming durèrent jusqu'à la fin du petit déjeuner. Elle accepta de bonne grâce de composer les bouquets que sa mère avait promis d'apporter au temple. Cette corvée barbait sa mère.

« Ce serait très gentil à toi. Peut-être pourrais-tu faire quelques bouquets pour la maison en même temps ? Le jardin croule sous les roses. Tu pourrais préparer un beau bouquet pour le salon et quelque chose de plus discret pour la salle à manger.

— Comme tu voudras, dit Ming un peu surprise. As-tu invité quelqu'un à déjeuner ?

— Les Adamson et notre pauvre Jack Hazeldene. Est-ce que j'aurais oublié de te le dire ?

— Tu ne m'en avais rien dit, répliqua froidement Ming. Je le croyais à Chypre.

— On est content de lui là-bas, remarqua son père. Jack est un brave garçon. Quelle sale histoire ! »

Le général toussa et froissa les pages de son journal.

« Pourquoi ? A-t-il quitté l'armée ?

— Mais non, ma chérie. Bien sûr que non, répondit sa mère. Il installe ses enfants chez ses parents.

— Quelle épreuve pour eux ! Se séparer de leur père après avoir perdu leur mère... » observa Ming.

Elle vit sur le visage de sa mère une expression de satisfaction qui lui déplut.

« La mère de Jack s'occupera très bien des enfants, poursuivit Mme Alderbrook, du moins aussi longtemps qu'elle le pourra. Elle craint de tomber un jour malade. Et je ne parle pas du pire. Il vaudrait mieux que Jack se remarie. Tu ne crois pas ? Encore un peu de café ?

— Merci, Fanny », dit le général en tendant sa tasse.

Ming préféra ne plus parler du drame de Jack Hazeldene. Elle fit au contraire quelques remarques aimables sur le jardin.

Le petit déjeuner terminé, le général posa sa serviette sur

le journal et laissa mère et fille en tête à tête. Aussitôt qu'il eut refermé la porte, Fanny Alderbrook reprit de plus belle :

« J'ai toujours dit que toi et notre pauvre Jack alliez si bien ensemble.

— J'ai toujours eu beaucoup d'affection pour lui », ajouta Ming avec un grand sourire. Mais, comme pour mettre sa mère en garde, elle précisa : « Et pour Caroline. Elle était si douce. Je comprends qu'il ait été fou d'elle. Ce qui vient de leur arriver est atroce. »

Mme Alderbrook resta muette quelques secondes. Sans en avoir véritablement envie, elle se versa une autre tasse de café. Elle se contentait d'y tourner sa cuillère sans en prendre une seule gorgée.

« En effet, c'est atroce, acquiesça-t-elle, pour Jack et pour ses enfants. Ce serait tellement merveilleux si...

— Maman, interrompit Ming, ne dis pas ça !

— Pas quoi ?

— Ne dis pas que je devrais épouser Jack !

— Mais, ma chérie, répondit sa mère, ce serait une belle union. Pense à tout ce que tu pourrais faire pour eux. N'oublie pas que le temps passe et que tu as plus de trente ans. »

Enfant, Ming avait craint sa mère. Elle avait toujours obéi sans mettre en cause ses ordres. Pour la première fois, elle regardait Fanny Alderbrook avec les yeux d'une adulte.

« N'est-ce pas un peu obscène de me pousser dans les bras d'un homme qui vient tout juste de mettre sa femme en terre et dont le cadavre est encore tiède ? s'écria Ming.

— Mais ma chérie, comment oses-tu me parler sur ce ton ? Je ne veux que ton bien. Je n'ai jamais voulu que le bonheur de mes filles et qu'elles puissent faire de bons mariages ! »

Il y aurait eu tant de choses à dire... Mais Ming vit sur le visage de sa mère un tel désarroi qu'elle préféra se taire.

« C'est sans importance », dit Ming avec gentillesse, car elle était incapable de savoir si la réaction de sa mère était sincère ou pas. « Je m'occupe des bouquets. »

Une heure plus tard, Ming était debout devant l'autel du temple en pierres grises du village. Elle avait une grande brassée de fleurs aux pieds. Le chemin vert de l'autel avait été recouvert d'un fin jeté de lin blanc. On avait briqué les grands vases d'argent avant de les remplir d'eau. Ming n'avait qu'à réussir deux compositions florales qui feraient honneur à sa mère.

Elle avait le sentiment d'être redevenue l'écolière consciencieuse qu'elle avait été jadis. Elle prit dans son panier quelques branches de pittosporum argenté. Elle en forma une masse dans laquelle elle piqua les roses et ajouta quelques brins de chèvrefeuille.

Elle entendit qu'on ouvrait la porte du temple. Elle sentit sur son cou passer un vent coulis.

« J'en ai pour une minute », dit-elle sans se retourner, persuadée de s'adresser à quelque paroissienne venue préparer les livres de chant ou remplacer les coussins de prière.

Une voix d'homme hésita :

« Ming ? »

Alors seulement elle se retourna. Debout dans la nef, sa silhouette se découpant sur un fond de vieilles bannières militaires aux couleurs criardes, se tenait Jack Hazeldene. Il avait l'air d'un homme vaincu. Ses cheveux grisonnaient, des rides creusaient sa bouche et ses yeux. Ming eut un frisson à cette apparition. Il était toujours aussi carré d'épaules mais donnait l'impression inquiétante d'être diminué et amaigri. Il paraissait beaucoup plus âgé que ses trente-trois ans.

« Ming, répéta-t-il. Est-ce bien toi ? Je ne pensais vraiment pas te trouver ici. »

Les mains tendues vers lui, elle descendit les marches du chœur. Il vint à elle et lui prit les mains.

« Jack, dit-elle, en s'efforçant de trouver les mots justes, je suis si malheureuse pour Caroline. »

Leurs mains unies, il voulut parler, hocha la tête puis toussa.

« Excuse-moi, confia-t-il, je ne suis pas très poli. Je n'arrive pas à mettre les gens à l'aise. Merci pour ta lettre. C'est l'une des rares qui étaient sincères. Excuse-moi de n'y avoir pas répondu.

— Cette lettre n'appelait pas de réponse, dit aussitôt Ming. Je reviendrai ranger l'autel plus tard. Je ne veux pas te déranger.

— Mais non, je t'en prie, dit-il en esquissant un sourire. Je ne suis pas venu ici pour... disons, pour prier ou quelque chose du genre.

— Pour être un peu seul, alors ? »

Ming sourit. Elle retira ses mains de celles de Jack et fit mine de sortir.

« Ming, ne pars pas ! s'écria-t-il. A moins que tu n'aies à faire... Je ne recherchais pas la solitude. Je voulais seulement me soustraire un peu aux bonnes intentions dont on m'entoure. Tu n'as jamais joué au chef avec moi.

— J'étais bien trop petite et toi bien trop fort. En plus, Annie s'en chargeait pour nous deux.

— Ah, vraiment ? s'étonna-t-il. J'avais oublié. Je m'en excuse. J'oublie parfois que je ne suis pas le premier à qui ça arrive. Ecoute, si tu veux, je nettoie pendant que tu termines les bouquets. Après, nous pourrions nous promener. »

Ming revint vers lui, émue qu'il ait compris les mots qu'elle avait choisis pour lui.

« J'accepte. Je veux bien que tu m'aides si tu n'as pas peur des épines de roses. »

Elle piqua les fleurs qui restaient pendant qu'il ramassait les tiges tombées à terre autour de l'autel.

« J'ai fini, s'écria Ming, en posant son sécateur. Voilà qui fera l'affaire. Je ne sais pas si cela contentera ma mère mais elle pourra toujours expliquer qu'elle n'en est pas l'auteur. Je vais jeter ces fleurs inutiles. Après, je crois que je ferais mieux de rentrer à la maison voir si maman n'a pas besoin de moi.

— Qui vient déjeuner ? demanda Jack en prenant le panier et en ouvrant la porte du temple. Je pensais qu'il n'y aurait que tes parents. Je ne crois pas que j'aie la force de faire bonne figure en ce moment.

— Mais tu n'auras aucun effort à faire. Il n'y aura que les Adamson et moi », précisa Ming. Et pour répondre au désespoir qui avait transpercé la voix de Jack, elle ajouta avec plus de franchise qu'elle n'aurait pensé y mettre : « Je ne suis pas le grand méchant loup, n'est-ce pas, Jack ? »

Jack regarda Ming, attentivement, debout sous le porche du temple. Ses yeux bleus étaient limpides, généreux et sincères. Pour la première fois depuis son arrivée, il se sentit capable de dire :

« Ils ne savent pas ce que j'endure à m'entendre répéter, jour après jour et sans pincettes, que je devrais me remarier.

— Je sais, dit Ming, qui n'avait pas oublié les insinuations de sa mère le matin même. Ils le font sans doute avec les meilleures intentions mais cela n'empêche pas d'avoir envie de crier, de hurler et de frapper.

— Mon Dieu, réagit Jack, en la regardant droit dans les yeux, on peut dire que tu me comprends vraiment.

— Oui, Jack, je te comprends. Ils agissent de même avec moi, pour des raisons différentes mais tout aussi intolérables. »

Jack traversa l'enclos du temple. Il s'assit sur un banc entouré d'ifs. Il eut un geste en désignant les tombes.

« Je ne suis pas le premier homme à qui ça arrive. Si on me foutait la paix, je pourrais accepter la disparition de Caroline, même en me rappelant les deux dernières semaines, quand elle avait si peur et que la douleur était si intense. Mais non, ils continuent ! Ils sont désolés que Caroline soit morte, mais ils sont trop gênés pour m'en parler vraiment, alors ils font leur possible pour lui trouver une remplaçante, comme si elle n'était qu'une pièce de machine qu'on remplace en cas de panne ! Tout cela est si grotesque ! »

Ming était assise à ses côtés, silencieuse. Elle comprenait qu'il ait besoin d'une oreille amicale pour exprimer un peu de sa douleur. Jack se confia. Les mots jaillirent de lui comme d'un abcès qu'on crève. Il évoqua la maladie de Caroline et la situation de ses enfants. Il dit l'ironie macabre qu'il y avait à penser que si le vaccin avait été découvert un an plus tôt, elle aurait été sauvée. Il alla jusqu'à dire qu'il aurait mieux valu ne jamais rencontrer Caroline, ne jamais l'aimer.

Ming l'écouta sans l'interrompre ni le réconforter jusqu'à ce qu'il se tût. Alors, forte de sa propre expérience, elle tenta de lui venir en aide. Jack pleura doucement en tenant les doigts de Ming. Petit à petit, le calme revint en lui.

Ils furent très en retard au déjeuner. En entrant, Ming fut choquée de voir la mine réjouie de ses parents.

7

En rentrant chez elle une semaine plus tard, Ming fut bouleversée de trouver au courrier une nouvelle lettre dactylographiée. Son correspondant anonyme l'accusait cette fois de jalousie, d'incompétence, de snobisme et de débauche. La menace restait floue mais affleurait implicitement derrière chaque mot.

Malgré sa fatigue et bien qu'il lui en coûtât, Ming voulut rester forte. Elle se persuada que ce correspondant était mentalement déséquilibré et en fin de compte un pauvre homme. Il devait être plaint et non craint. Après tout, cette manifestation de malveillance anonyme devenait sans importance quand on la comparait à la souffrance de Jack Hazeldene. Elle rangea cette lettre avec les autres dans le tiroir de son secrétaire et se promit de ne plus y penser.

Il y avait au courrier une lettre de Mark Suddley lui apprenant qu'il avait tenté en vain de la joindre au téléphone et lui demandant si elle avait l'intention de se rendre à la réception des Attinger. Il souhaitait l'inviter à dîner d'ici là. Les Attinger étaient des amis de sa mère qui organisaient une réception à l'occasion de leurs noces d'argent, des vingt et un ans de leur fils et du premier bal de leur fille. Ming s'était sentie obligée d'accepter l'invitation par égard pour sa mère mais elle projetait déjà de s'excuser à la dernière minute en prétextant une migraine.

Puisque Mark devait s'y rendre, Ming trouva amusant de l'accompagner. Elle fit un nœud à son mouchoir pour ne pas oublier d'acheter une robe du soir et elle téléphona à Mark pour accepter son invitation.

La dernière lettre au courrier était de David Wallington, le mari de Julia. En accord avec Connie et Max, Ming lui avait demandé de lui accorder un entretien pour *La Nouvelle Ere*. Elle souhaitait lui poser des questions sur sa vie de député. Elle était également curieuse d'avoir ses impressions à propos du succès professionnel de son épouse.

David lui avait répondu aimablement en l'invitant à déjeuner le dimanche suivant dans leur maison de South London. Ils pourraient déjeuner en famille, avec Julia et les enfants, puis s'isoler dans son bureau pour l'entretien. Après avoir accepté, Ming téléphona à Max pour le prévenir.

« Parfait, répondit-il avec entrain, David Wallington est certainement un des rares hommes intègres de la Chambre des communes. Je serai curieux de lire ce que vous en tirerez. Surtout, ne faites pas trop de rentre-dedans avec lui. En bonne journaliste, vous lui demanderez ce qu'il fait de ses principes socialistes quand il se promène dans sa propriété de plusieurs milliers de kilomètres carrés, en Écosse. Mais il y a bien d'autres choses à lui demander.

— Inutile de me le rappeler, Max. J'aimerais savoir comment il juge le succès de sa femme dans un monde d'hommes.

— Je me trompe ou elle est plus âgée que lui?

— Je ne sais pas, répondit Ming. C'est possible mais je ne vois pas ce que ça changerait.

— Puisque vous le dites... Toutefois, on peut imaginer que ça déplairait à certains hommes. Vous verrez par vous-même. Mais j'allais oublier : ne m'avez-vous pas dit que vous cherchiez des meubles pour votre appartement de Chelsea?

— Oui, pourquoi?

— Il y a une très belle demeure près d'ici dont le propriétaire vient de mourir. Les héritiers la mettent en vente. Le mobilier passe aux enchères demain. Est-ce que ça vous intéresse? demanda Max.

— Beaucoup, mais est-ce que vous m'accompagneriez pour me conseiller?

— Je ne demande pas mieux. Un petit conseil : arrivez ici demain matin assez tôt pour avoir le temps de tout voir. Avec un peu de chance, il tombera des cordes.

— Vous appelez ça de la chance ! D'ailleurs, ça m'étonnerait qu'il pleuve ! remarqua Ming en scrutant le bleu du ciel par la fenêtre.

— Vous ne savez pas que la pluie décourage les vautours qui rôdent autour des salles des ventes ? demanda Max. Alors, priez pour qu'il pleuve ! »

Max raccrocha en laissant Ming tout sourire devant l'enthousiasme et le sens pratique de son ami.

Le lendemain matin, au réveil de Ming, il pleuvait des cordes, ce qui ne fut pas à son goût. La perspective de conduire par ce temps de chien ne l'enchantait pas du tout. Elle fut sur le point de téléphoner à Max pour se décommander, mais la vision des pièces vides de son appartement encombré seulement de piles de lettres et de magazines lui fit mettre le pied à l'étrier.

Lorsque Ming arriva, après avoir pris Max en chemin, elle oublia d'un coup les heures passées à deviner la route à travers le pare-brise battu par la pluie. Elle n'avait plus de migraine. Elle découvrait une grande bâtisse en briques rouges datant de la fin du XVIIe siècle. C'était de loin la plus belle qu'elle ait vue depuis des années.

« Dieu que c'est beau ! murmura-t-elle. Mais qui peut s'offrir une telle merveille ?

— Hélas, personne ! répondit Max amèrement. C'est trop vaste pour un particulier et non aménageable en école ou en hôpital. Que peuvent-ils faire ? Il y en aurait pour une véritable fortune rien qu'en toiture. Et je ne parle pas de ce que cela représenterait de rejointoyer la structure de briques ou de remplacer l'huisserie complètement pourrie des fenêtres, ou de chauffer convenablement les pièces. Ils vont la faire démolir.

— Quelle tristesse ! »

Ils trouvèrent à l'intérieur un mélange de vieilleries et d'objets rares couvrant à peu près tous les styles depuis l'époque à laquelle avait été bâtie la maison. On avait regroupé par lots numérotés les objets mis en vente. Les instructions de Max lui bourdonnant aux oreilles, Ming en oublia de se lamenter plus longuement sur le sort de la bâtisse. Elle prit le catalogue puis fit lentement le tour du rez-de-chaussée, cochant chaque objet à son goût. Max lui emboîtait le pas en attirant son attention sur quelques objets insolites. Il critiqua certains de ses choix.

Ming finit par se retourner vers Max pour lui dire avec un grand sourire :

« Max, je vous en prie. Je sais pertinemment que vous êtes un expert, mais voyez-vous, je cherche des meubles pour mon appartement, pas pour un musée. Maintenant, laissez-moi seule faire le tour de la vente. »

Un instant, il y eut sur le visage de Max une expression de dépit. Puis il répondit par un sourire à celui de Ming :

« Veuillez m'excuser. Je me suis laissé emporter. Je n'ai rien acheté moi-même depuis si longtemps... Partez de votre côté. Je pars du mien.

— Je vous remercie, Max, répliqua Ming, en laissant un instant sa main sur le bras de son ami. Pourquoi n'en profiteriez-vous pas pour détourner l'attention des commissaires-priseurs ? »

Max rit de la boutade avant de laisser Ming seule. Elle le rejoignit juste avant le début de la vente et le pria de bien vouloir s'asseoir à côté d'elle.

« Je n'ai pas assisté à une vente depuis des années. Je crois que j'ai besoin qu'on m'aide à garder la tête froide.

— Comptez sur moi. Vous êtes-vous fixé un montant à ne pas dépasser ? demanda Max. Parfait. »

Ils se glissèrent au milieu du troisième rang. Ming était heureuse de constater que la salle était aux trois quarts vide. Le commissaire-priseur, un tout jeune homme à la voix très distinguée, vêtu d'un costume sombre, monta à la tribune et commença à officier. Si les cinquante premiers lots d'articles de cuisine et de linge de maison n'intéressaient pas Ming, elle attendait avec impatience le cinquante et unième qui comportait une ravissante chaise longue du XVIIIe siècle. Pour l'avoir essayée, Ming savait qu'elle était aussi confortable et bien plus jolie que ses vieux canapés de Chelsea.

Quand le commissaire-priseur annonça le quarante-huitième lot, Ming sentit son pouls s'accélérer et ses paumes devenir moites. Elle prit son mouchoir pour se sécher les mains et ne remarqua même pas que Max s'amusait à l'observer du coin de l'œil. Le quarante-neuvième lot comprenait deux douzaines de paires de draps de lin à monogramme qui partirent pour une somme ridicule. Au seul geste du commissaire-priseur, le sang de Ming ne fit qu'un tour.

« Le premier des lots de quelque importance cet après-midi est, mesdames et messieurs, cette très belle chaise longue datant du XVIIIe siècle, recouverte de la soie d'origine. Il faudra envisager quelques retouches mais l'état général est tout à fait remarquable. Je porte à votre attention qu'il est extrêmement rare qu'une pièce d'une telle qualité fasse l'objet d'une vente aux enchères. Au bas mot, une si belle pièce peut être estimée à cinq cents livres. Je la mets en vente au premier prix de trois cent cinquante livres. Qui dit mieux ? »

Ming s'était promis de ne pas excéder trois cents livres pour l'acquisition de cette chaise longue. Elle décida donc de ne pas lever son carton. Personne ne répondit à la première mise à prix. Le commissaire-priseur recommença la vente à un prix moindre. Il finit par dénicher parmi les acheteurs un carton proposant cinquante livres. En prenant sa respiration, Ming leva son carton à son tour.

« Cent vingt-cinq livres, clama aussitôt le commissaire-priseur. Cent vingt-cinq livres, qui dit mieux ? Allons, allons, mesdames et messieurs, voilà qui mérite plus que ça ! Pour rien au monde, je ne céderais une telle merveille à si bas prix ! »

Ming voulut lever la main à nouveau mais Max la reposa de force sur ses genoux.

« C'est votre offre, chuchota-t-il, ne faites pas l'idiote !
— Mais puisqu'il vient de dire qu'il ne la cédera pas à si bas prix », lui répondit-elle sur le même ton.

Max fronça les sourcils et fit non de la tête.

« Allons, allons, mesdames et messieurs ! A ce prix-là, vous ne trouverez jamais un canapé neuf dans les grands magasins de Londres ! » affirmait le commissaire-priseur qui ne désespérait pas de faire monter l'enchère.

Ming était vraiment désolée pour lui. Un fol espoir lui faisait pourtant battre le cœur.

« Adjugée vendue pour la somme de cent vingt-cinq livres. Quel numéro, je vous prie, madame ? »

Les mains tremblantes, mais le sourire aux lèvres, Ming montra son carton.

« Chapeau ! murmura Max. Qu'est-ce qui vient après ?
— Rien jusqu'au lot soixante-neuf », répondit Ming après avoir jeté un coup d'œil au catalogue.

En fin d'après-midi, Ming avait dépensé plus de mille livres. En plus de la chaise longue, elle avait acheté une table et quatre chaises Regency pour la salle à manger, une table basse et une psyché pour sa chambre, une commode en noyer, deux fauteuils, un tableau et un service de table signé Crown Derby. Ming n'avait pas du tout prévu d'acquérir un service en porcelaine de Chine, mais lorsqu'elle vit que le commissaire-priseur allait le laisser filer pour trois fois rien, elle oublia ses sages résolutions. Une fois encore, elle agita son carton.

Max vint avec elle pour régler les questions de paiement et de livraison. Il l'invita à venir prendre un verre chez lui. Ming accepta mais refusa en revanche son invitation à rester passer la nuit au petit manoir.

« Je ne peux pas rester. Je dois rentrer à Londres car je déjeune demain chez les Wallington.
— Mais Kennington est à mi-chemin entre Chelsea et où nous sommes. Je ne veux pas rester seul ce soir. Les soirées sont si longues. »

Ming n'était pas insensible au terrible sentiment de solitude qui habitait Max, et elle se mordit la langue pour ne pas lui poser de questions sur son passé. Elle aurait aimé savoir pourquoi il se cachait à la campagne chez Connie alors qu'il se languissait de Londres. Elle aurait aimé comprendre comment il s'était attiré l'animosité de certaines personnes comme son père. Ming se dit qu'il le lui aurait déjà expliqué s'il avait souhaité s'ouvrir à elle.

« Max, si je veux faire du bon travail, je dois préparer l'entretien. Et pour ça, je dois rentrer chez moi au plus vite avant qu'il fasse nuit et qu'il pleuve à nouveau. Merci de m'avoir accompagnée à la vente. Vous m'avez donné le courage d'acheter tous ces meubles.
— Je n'en crois pas un mot, répondit-il. Vous avez naturellement tous les courages, Ming. Vous vous êtes seulement laissé convaincre des années durant par vos sœurs et vos amis que vous étiez un être fragile. Mais vous ne l'êtes pas. Vous êtes aussi forte qu'eux.
— Trop forte, alors ? »

La veille encore, Ming aurait posé cette question avec anxiété. Elle savait désormais que la force est une qualité que l'on se donne à soi-même. Une lueur d'intelligence passa dans le bleu profond du regard de Ming. En hochant la tête, Max rit avec elle. Redevenu sérieux, il précisa :
«On n'est jamais assez fort dans ce monde pourri.
— Ne soyez donc pas si pessimiste, Max ! Veuillez m'excuser, après tout, je parle sans rien savoir.
— Je ne puis... Je ne puis rien dire, répondit-il. Je vais chercher votre manteau. Ne...
— Ne vous en faites pas. J'aurais mieux fait de me taire. Mais je n'aime pas voir un ami qui... C'est inutile de le dire, vous le savez déjà», dit Ming en ouvrant la porte d'entrée.
Max ne pouvait rester insensible à ces marques de sympathie qui ne se formulaient pas.
«Vous avez une bien belle âme. Je vous retrouverai mardi. Bonne chance pour demain.
— Merci, Max. Bonne nuit. »
Ming se demanda pourquoi elle était plus impressionnée par les injures d'un correspondant anonyme que par les paroles émouvantes d'un ami.

Le lendemain, Ming prit un taxi pour se rendre chez les Wallington. Elle n'était pas très rassurée à l'idée d'aller seule en voiture pour la première fois dans le quartier de Kennington. Elle n'aimait pas trop non plus l'idée de laisser sa voiture garée dans la rue sans surveillance pendant une bonne partie de la journée. Le chauffeur espéra tout d'abord lui faire croire qu'elle s'était trompée d'adresse. Mais elle tint tête et il dut la conduire de fort mauvaise grâce. Il longea la Tamise avant de prendre le pont de Lambeth.
En voyant le soleil resplendir sans qu'aucun nuage ne fût visible, comment pouvait-on croire que la veille il pleuvait encore ? La luminosité intensifiait le délabrement de la route qu'empruntait le taxi. En regardant par la vitre, Ming prit peur. Elle imaginait mal que d'un tel lieu pût sortir une Julia Wallington tirée à quatre épingles. Le taxi quitta alors l'axe principal en prenant une rue sur la gauche. Il tourna une fois encore sur la droite puis une dernière fois à gauche, avant de

s'immobiliser devant une grande maison de brique datant des rois George. Les fenêtres de la bâtisse étaient pimpantes et les huisseries venaient d'être repeintes. Rassurée de lire sur la plaque de cuivre le numéro qu'elle recherchait, Ming paya le chauffeur, lui donna un pourboire et monta en hâte le perron pour appuyer sur la sonnette.

Une petite fille, vêtue d'une robe de vichy, ouvrit la porte. Ses cheveux étaient nattés et elle portait sur ses socquettes blanches des souliers rouges.

« Bonjour, dit Ming, que cette apparition amusait, je suis attendue pour le déjeuner.

— Oui, je suis au courant, répondit l'enfant. Vous êtes mademoiselle Alderbrook. Moi, je suis Amanda et je dois vous faire entrer. Papa travaille. Janice a pris son dimanche. Maman prépare le déjeuner à la cuisine.

— Tu m'en diras tant ! répondit Ming. C'est très gentil à toi de me recevoir.

— Oh, ce n'est pas grave. Je n'avais rien d'autre à faire. Si vous venez avec moi au salon, je vous verserai un verre de sherry », poursuivit-elle en montrant le chemin.

Ming referma sur elle la lourde porte d'entrée. Elle suivit l'enfant dans une vaste pièce ensoleillée, meublée de fauteuils confortables et d'un long canapé en velours.

« Quel âge as-tu, Amanda ? demanda Ming pendant que l'enfant lui versait pour de bon un verre de sherry.

— J'aurai exactement huit ans et demi mardi prochain, répondit-elle en tendant son verre à Ming.

— Je te remercie. Tu ne bois rien ?

— Non, je n'ai pas envie. On a toujours droit à une orange pressée à table le week-end. Je n'ai pas soif pour le moment. Quel est votre vrai prénom ?

— Mon nom de baptême est Mary mais mes amis m'appellent Ming. Est-ce que tu veux bien m'appeler Ming, toi aussi ? »

L'enfant eut un sourire resplendissant qui donna un peu de vie à cette image de petite fille modèle.

« C'est d'accord, acquiesça-t-elle en se rapprochant de Ming, mais maman m'interdit d'appeler les grandes personnes par leur prénom. Elle pense que ce serait précoce.

— Vraiment, elle pense ça ? » répondit Ming.

Elle retenait difficilement son envie de rire. Elle imaginait que Julia, un peu inquiète de la précocité de sa fille, s'en était ouverte devant elle sans prendre garde.

« Il y aura du poulet et du gâteau aux pommes ce midi. Avant, maman faisait très bien la tarte aux pommes. Maintenant, je ne sais pas ce qui lui prend, elle ne la réussit plus, confia Amanda, en faisant passer l'une de ses nattes par-dessus son épaule pour jouer avec le ruban. Par contre, Janice fait très bien la pâtisserie. Elle est bien meilleure cuisinière que maman. Je serais bien contente qu'elle passe les week-ends avec nous. Je n'aime pas... »

La porte s'ouvrit en grand avant qu'Amanda terminât sa phrase. Ming fut ravie de voir une légère rougeur teinter ses bonnes petites joues.

« Ming, veuillez me pardonner mais j'étais coincée devant mes fourneaux. Quel plaisir de vous recevoir, dit Julia de sa voix chaleureuse.

— Amanda a été parfaite. Elle s'est très bien occupée de moi », répondit Ming.

Julia portait une robe-chemisier toute simple à rayures beiges et roses. Les cheveux ramassés en catogan, elle ne portait ni bijoux ni maquillage. Elle était moins intimidante en sandales... Ming espérait toutefois qu'elle n'avait rien entendu du bavardage de sa fille.

« Comment allez-vous, Julia ?

— Je suis toujours aussi occupée. Ma chérie, tu n'as pas envie d'aller prévenir papa que le déjeuner sera prêt dans un instant et vérifier que Jonathan a les mains propres ?

— Je préfère faire la conversation avec Ming », répliqua Amanda en faisant la vilaine.

Ming eut la surprise de voir Julia rire aux éclats.

« Tu as raison, je me suis mal exprimée. Je vais le dire autrement : Amanda, va chercher ton père et Jonathan ! Allons, ouste, ma chérie ! »

Au grand étonnement de Ming, l'enfant sortit, en traînant un peu les pieds. Julia se tourna vers Ming.

« Je vous prie de bien vouloir nous excuser. Il est difficile de trouver le bon équilibre en ce moment avec Amanda. Elle est très consciente du fait que je suis moins souvent avec elle que ne le sont la plupart des mères de ses petites amies. Par conséquent, elle aime à me punir quand je suis à la maison.

Elle exprime très clairement que la véritable maîtresse de maison, c'est elle. Elle passe d'ailleurs beaucoup plus de temps ici que moi.

— Vous semblez prendre la chose avec du recul, remarqua Ming. Presque toutes mes amies s'accordent pour reconnaître que leurs enfants — les filles surtout — sont de vraies teignes avec leurs mères. Comme vous l'imaginez, Flixe ne partage pas ce point de vue.

— Mais Flixe est une mère-née ! précisa Julia en riant. Pour ma part, j'en ai pris mon parti. Je sais qu'Amanda est encore une enfant. Ce n'est jamais... Disons... Et, non, en fait c'est délibéré ! Mais elle ne sait pas elle-même pourquoi elle aimerait être avec moi tout le temps. Il serait absurde de ma part que je me laisse prendre à ce chantage affectif. Après tout, elle n'a que huit ans et je sais bien qu'elle doit souvent se sentir frustrée. »

Ming appréciait d'entendre une mère parler sans fard de son enfant. Elle allait lui poser une question sur son fils quand Julia la prit de court en lui proposant de faire un tour au jardin avant de passer à table.

« Avec plaisir, répondit Ming. Quelle surprise de trouver une si jolie maison dans un endroit... Un endroit... comme Kennington. »

Le sourire pétillant de malice de Julia en dit plus long à Ming que sa réponse habile.

« La première fois que David m'a emmenée ici, à l'époque où nous cherchions une maison, peu après notre mariage, je suis restée sans voix. Mais puisque cela correspond à ses engagements politiques, je trouve légitime de vivre dans ce quartier. La scolarisation est le seul vrai problème. Nous avons eu bien des discussions à ce sujet. J'ai tenu bon pour qu'Amanda soit inscrite dans une école privée. »

Après lui avoir ouvert la porte, Julia précéda Ming pour lui montrer le chemin. Elles traversèrent l'entrée dont le parquet brillait. Puis elles entrèrent dans la cuisine. Une porte-fenêtre à la française était aménagée dans le mur opposé : elle donnait accès à un escalier métallique conduisant au jardin.

Très grand, celui-ci était merveilleusement fourni. Des plates-bandes en lacet regorgeaient d'arbustes, de roses et de fleurs décoratives en une débauche superbe de couleurs et de formes. La pelouse était drue, assez haute et clairsemée de pâquerettes. Dans le fond du jardin, un véritable bocage était planté de pommiers qui arboraient déjà leurs premiers fruits. De part et d'autre, des rosiers grimpants s'étalaient le long de la clôture. Deux tiges particulièrement vigoureuses s'enlaçaient à des cordes fixées aux branches d'un cèdre immense. Un hamac se balançait entre deux pommiers. Au-delà d'une haie basse fermant le jardin, Ming aperçut les toits pointus de quelques ruches et les rangs serrés d'un potager.

« Faites-vous votre miel ? demanda Ming ravie.

— David en surveille la production. Il affirme que le soin qu'il apporte aux abeilles le repose des frustrations du Parlement. Les enfants en raffolent au goûter. En théorie seulement David se charge du potager, mais il a un peu trop délaissé nos légumes récemment. Un jardinier y travaille maintenant deux fois par semaine. »

Julia se retourna au son des pas qui venaient de la maison. Elle semblait étrangement tendue.

« David, as-tu bien travaillé ? » demanda-t-elle d'une voix qui se voulait pleine d'entrain. En se retournant vers Ming, elle dit : « David est en train de rédiger un discours plutôt compliqué.

— Je n'ai pas trop mal travaillé mais j'ai peur qu'on s'endorme en l'écoutant. Bonjour, Mary ! Il y a un moment que nous ne nous sommes vus. Comment allez-vous ? Est-ce que le Parlement vous manque un peu ? »

Ils se serrèrent la main.

De grande taille, David avait les cheveux bruns et les yeux bleus. Ming ne l'avait jamais rencontré ailleurs qu'au travail ou à des réceptions chez Flixe quand il portait des costumes stricts. Ce dimanche-là, David était comme Julia habillé de façon décontractée d'un pantalon de flanelle et d'une vieille veste de tweed.

« Je vais très bien, répondit Ming en constatant que l'un et l'autre étaient plus ouverts que d'habitude. M'évader de Westminster m'a réussi !

— Ça se voit. Je ne vous connaissais pas cette mine épanouie. Il faut que vous me parliez de votre magazine, dit David. J'ai été intrigué par ce que Julia m'en a rapporté.

— Ce n'est pas le moment, répliqua fermement son épouse.

Vous aurez tout loisir cet après-midi de parler du magazine pendant l'interview. Pour l'heure, à table ! David, peux-tu appeler les enfants pendant que Ming et moi apportons les plats ? »

Les deux jeunes femmes allèrent à la cuisine. Ming s'attendrit de la maladresse de Julia à manier les casseroles et les poêles. Cette femme en un sens idéale devenait touchante par son incompétence dans la vie domestique. Enfin, les légumes furent disposés dans leurs plats, le poulet tenu au chaud sous un couvre-plat et le jus en ébullition versé dans une saucière.

« Voulez-vous que j'apporte les légumes à table ? demanda Ming.

— Ça ne vous dérange pas ? Vous me rendriez service. Où est passée cette fichue cuillère ? marmonna Julia en remettant en place une mèche folle. Il doit y avoir un autre gant isolant quelque part sur cette table. »

Ming le trouva sans peine et demanda où elle devait apporter les plats.

« Mais moi, je vais vous montrer, dit Amanda en prenant un air important, et en insistant tout particulièrement sur le moi. Venez, c'est par ici », poursuivit-elle.

Amanda fit entrer Ming dans la salle à manger dont les murs étaient recouverts d'un beau papier Regency à rayures roses et blanches. On ne pouvait douter que le mobilier fût d'époque, même si les toiles étaient résolument modernes. L'argenterie rutilait sur la table d'acajou.

« J'ai déjà mis la table », dit Amanda en désignant à Ming les napperons sur lesquels on posait les plats. Elle gloussa, puis reconnut : « Je dis n'importe quoi, c'est maman qui l'a mise, mais je l'ai bien aidée. »

Ming ne pouvait plus la faire taire. Elle parla de l'école, de ses amis, de son petit frère, de ses lectures, de ses vêtements et de son parrain hongrois. Ming ne savait trop comment départager le vrai du faux jusqu'à ce qu'Amanda lui montre du doigt son portrait.

« Mon parrain, il est peintre et c'est lui qui l'a fait.

— C'est très beau », dit Ming en s'approchant du tableau.

Il se dégageait de cette petite toile lumineuse une impression de ravissement qui laissait penser que le peintre avait dû être enchanté par les réflexions de son modèle. Amanda avait l'air charmant et son portrait était si bien rendu qu'on imaginait aisément qu'elle venait juste d'être interrompue dans ses jeux pour poser un instant. Il n'y avait rien d'affecté dans ce tableau.

« C'est un très beau tableau. Ce peintre doit beaucoup t'aimer, dis-moi ?

— Pourquoi ? demanda Amanda à qui cette question faisait visiblement plaisir.

— Parce que personne ne pourrait peindre une telle image de bonheur sans aimer son modèle.

— Qu'est-ce que vous allez dire de celui-là, alors ?

— J'ai la même impression devant ce tableau », affirma Ming après avoir pris le temps d'examiner le portrait de Julia.

Simplement vêtue, les cheveux lâchés, les yeux baissés, Julia souriait. On retrouvait sa force de caractère mais autre chose s'y révélait aussi. Un je-ne-sais-quoi que Ming ne lui connaissait pas et qui la surprenait chez cette jeune femme : la retenue et l'étonnement que donne l'expression de la tendresse.

« C'est un grand peintre, remarqua Ming. Comment s'appelle-t-il ?

— Tibor Smith. »

Ming reconnut la voix de David et se retourna sous le coup de l'émotion.

« N'est-ce pas que c'est une toile étonnante ? Julia ne l'aime pas trop mais moi je l'aime beaucoup.

— Je vous comprends. »

Ming vit qu'Amanda faisait la moue. Pour faire sourire l'enfant, elle ajouta :

« Le portrait d'Amanda est également très réussi. »

Aussitôt, Amanda, excitée comme une puce, ne tarit plus de détails sur le studio du peintre et les séances de pose.

« Baisse d'un ton, Amanda ! Si tu continues, tu vas donner à Ming une otite parlementaire comme elle n'en a plus eu depuis longtemps ! » s'exclama David.

Il posa son fils à terre et serra sa fille dans ses bras.

« Dis, qu'est-ce que c'est une otite parlementaire ? demanda Amanda fascinée.

— On en souffre à la Chambre des communes quand on est obligé d'écouter trop de bêtises à la fois et qu'on ferait mieux de faire un bon repas, de rentrer chez soi ou de prendre un bon livre », dit-il plaisamment d'un ton docte.

Ming et Amanda s'esclaffèrent.
« Jonathan, dis bonjour à mademoiselle Alderbrook. »
L'enfant, qui ressemblait peu à Amanda, retira son pouce de sa bouche pour sourire à Ming. Il semblait moins gaillard et moins effronté que sa sœur. Il s'accrocha à la jambe de son père et suça son pouce à nouveau. Ses cheveux châtain foncé s'éclaircissaient à la lumière. Ses traits étaient plus fins que ceux d'Amanda.
« Jonathan a quatre ans, commença Amanda, et...
— Du calme !
— Excuse-moi, papa », répondit Amanda. Mais son petit visage potelé fit bien vite la grimace et elle demanda à son père : « Tu as mal aux oreilles ?
— J'ai atrocement mal », répondit David.
Ming rit de nouveau. La connivence du père et de sa fille la touchait. Elle pensa alors à ses propres problèmes causés par les personnalités fortes de ses sœurs. Elle se demanda ce que ferait Jonathan pour ne pas tomber sous la coupe d'Amanda.
Julia apparut alors sur le seuil, le poulet et la sauce dans les mains, à deux doigts de tout faire tomber. David lui prit le poulet des mains et Ming se chargea de la saucière.
« Oh, merci bien ! T'es-tu passé les mains à l'eau, Jonathan ? demanda Julia.
— Oui, maman.
— Il ne ment pas. Le carrelage de la salle de bain peut le prouver, précisa David. Pas d'inquiétude, j'ai épongé la mare. Nous avons pris un peu de retard. L'aile ou la cuisse, Ming ? »
Au cours du déjeuner, Julia se sentit plus à son aise. Elle semblait heureuse de se décharger sur son mari de la responsabilité de faire obéir les enfants. David parvint à les faire manger à force de cajoleries. Il fit taire Amanda qui parlait la bouche pleine et nettoya le bel acajou de la table quand Jonathan renversa son orange pressée.
« David le fait mieux que moi », remarqua Julia quand elle vit que Ming les observait.
Ming leva les yeux vers la jeune mère et retrouva sur son visage un peu de cette mélancolie que le tableau avait révélée. Julia semblait à la fois rajeunie et vulnérable.
« David s'en tire très bien. Rien à voir avec Peter que j'ai vu à l'œuvre, dit Ming en souriant à son hôtesse.

— Ce n'est pas du tout le même genre d'hommes, poursuivit Julia avec plus de calme encore, Dieu merci. Je trouve que Flixe est une vraie sainte qui prend beaucoup trop sur elle-même.

— Je ne crois pas qu'elle s'en chagrine, répondit Ming qui s'était déjà posé la question. On se rend compte qu'elle est heureuse rien qu'à la voir et à l'écouter. Peter adore Flixe et ils s'entendent très bien.

— Je le crois. D'ailleurs, ne dit-on pas qu'on juge de l'amour de nos amis comme un aveugle des couleurs ?

— Et toi, qui c'est que tu aimes ? s'enquit une petite voix flûtée qui ne perdait pas une miette de ce qui se disait.

— C'est sans importance, Amanda. Occupe-toi plutôt de ce qu'il y a dans ton assiette », coupa David en lançant un regard noir à sa femme.

Le déjeuner terminé, David conduisit Ming dans son bureau. Il la fit s'asseoir dans un fauteuil confortable près d'une fenêtre donnant sur le jardin.

« Puis-je vous demander une faveur ? s'inquiéta David en prenant sa pipe. La fumée vous incommode-t-elle ? Le tabac me décontracte.

— La fumée ne m'est pas désagréable, répondit Ming. Vous êtes ici chez vous.

— Je suis prêt. »

Pour commencer, Ming l'interrogea comme on pouvait s'y attendre sur la nature même de son engagement politique : son credo passionné pour la décolonisation de l'Empire britannique sur le déclin, le droit des peuples nouvellement indépendants à se gouverner eux-mêmes, ses inquiétudes quant aux conséquences de l'immigration illégale, sa résolution à pérenniser le moratoire de cinq ans sur la peine de mort et autres chevaux de bataille qui étaient les siens aux Communes. David lui donna des réponses vivantes et intéressantes, mais somme toute peu originales par rapport à ses déclarations passées. Au bout d'un certain temps, Ming reposa son carnet de notes et lui posa quelques questions sur ses enfants.

David retira sa pipe de sa bouche et se carra plus confortablement dans son fauteuil. Ils conversèrent tout l'après-midi. Ming prit des notes de temps à autre et le pria parfois d'expliciter une réponse inattendue. Au bout du compte, elle vit se profiler le portrait d'un homme remarquable. A l'occasion, David ne craignait pas de se démarquer de la doctrine socialiste lorsqu'il exposait ses ambitions pour la Grande-Bretagne ou qu'il formulait des réserves. Il se situait aussi bien sur le plan théorique que sur le plan pratique. Ses idées étaient réalistes tout en restant humaines. Sa philosophie personnelle était très convaincante car elle se fondait sur quelques grands principes : chaque droit suppose des devoirs ; la propriété induit la répartition équitable des richesses ; l'accès au savoir est un droit pour tous, sans considération de sexe, de classe sociale, de race ou d'âge, et doit être rendu effectif.

«Je me réjouis que Julia travaille et connaisse le succès, affirma David.

— Quelles en sont les conséquences sur vos enfants ? demanda Ming en laissant son stylo en suspens au-dessus du papier.

— Du fait que leur mère travaille ? » demanda David d'une voix moins ferme.

Ming fit oui de la tête. David se passa les mains dans les cheveux pour les ébouriffer dans un geste plein de charme.

«Dieu seul pourrait vous répondre. Et nous n'en saurons jamais rien car, quoi qu'ils deviennent en grandissant, nous ne pourrons jamais savoir ce qu'ils seraient devenus si Julia avait été femme au foyer. Tout ce que je puis vous dire, c'est que je n'aurais jamais pu me résoudre, personnellement, à nier les ambitions et la valeur de Julia, au seul nom de l'éducation conventionnelle des enfants.

— Ce doit être une situation difficile pour vous, remarqua Ming.

— On pourrait sans excès affirmer que c'est même une situation impossible, précisa David. Lorsque je constate l'attitude d'Amanda à l'égard de sa mère, je vous assure que je me pose la question... et quand je vois comment Jonathan s'accroche à elle certains matins à l'heure où elle part au cabinet. Mais je me dis que l'autre prix à payer serait exorbitant, et parce que ce ne serait pas à moi de payer, il est hors de question que je l'exige de Julia», dit-il en regardant les roses du jardin par la fenêtre.

Toujours assise, Ming se dit, en regardant le profil de David, qu'elle avait rarement rencontré un homme pour qui elle ait immédiatement éprouvé autant d'estime. En se retournant, David remarqua cette expression sur le visage de Ming. Il eut une sorte de moue et haussa les épaules.

« Vous n'avez pas idée, dit-elle posément pour mieux choisir ses mots, de l'impression que cela fait sur moi de rencontrer quelqu'un qui répugne autant que vous à se décharger sur autrui de ses propres responsabilités.

— Je ne comprends pas.

— Tant de gens considèrent sans vergogne que les lois ne sont jamais bonnes que pour les autres. Est-ce que je me fais mieux comprendre ? demanda-t-elle malicieusement. Vous ne leur ressemblez pas. Pour être tout à fait franche, je trouve ça rassurant. »

Le visage de David se fit plus doux.

« J'en suis heureux », dit-il, mais en baissant les yeux sur le bloc-notes de Ming, il s'empressa d'ajouter : « J'espère bien que vous n'avez pas le projet de mentionner ce que je pense de la carrière de Julia ? »

Pour la première fois, sa voix grave eut une inflexion plus aiguë.

« Je trouve ça intéressant, répondit Ming d'une voix neutre. Rien ne m'oblige à l'évoquer en vous nommant. Seriez-vous d'accord pour que je m'en serve d'un point de vue général pour mon enquête sur les carrières des femmes mariées ? Oh, soyez chic !

— Si vous ne nommez ni ma femme, ni mes enfants, j'accepte bien volontiers. Je suis navré d'avoir malmené vos scrupules, Ming, ajouta-t-il en souriant. Vous êtes si... sensible.

— Cela m'a déjà joué bien des tours, répondit-elle en refermant son bloc-notes. Mon Dieu, avez-vous vu l'heure ? Et je ne vous ai pas posé la moitié des questions que j'avais préparées...

— Nous avons encore quelques minutes. Que voulez-vous savoir de plus ?

— Eh bien, par exemple, quelle est votre position vis-à-vis de l'égalité des salaires ? »

David reprit sa pipe et sacrifia au cérémonial qui consiste à vider les restes de tabac à moitié brûlé, bourrer une nouvelle prise qu'il faut tasser puis allumer. Quand tout fut prêt, David garda le fourneau dans sa main droite en tirant sur sa pipe de temps à autre.

« C'est une question délicate, dit-il en manière de préambule.

— Je devine », répondit Ming, avec dans les yeux une lueur de moquerie.

Ming avait l'impression que David utilisait sa pipe comme une protection.

« Je reconnais le principe du salaire égal à travail égal. Je ne conçois d'ailleurs pas qu'on puisse arriver à une conclusion différente. En revanche, le principe de l'égalité de salaire est plus difficile à définir quand on le rapporte à la notion de la valeur du travail. En effet, comment peut-on juger de la valeur du travail de quelqu'un si ce n'est en termes platement économiques ? A l'exception de cas nets et précis, la question reste bien difficile à trancher.

— Et dans le cas où il y a égalité de salaire entre une mère célibataire et un père de famille qui nourrit une femme et trois enfants en bas âge ? demanda Ming qui était curieuse de voir David aux prises avec ses engagements. Quel est votre sentiment devant l'indignation des instituteurs qui se fâchent tout rouge dès qu'on leur parle de ces enseignants célibataires qui, grassement payés, partent en vacances en Italie et tutti quanti ? »

David n'ouvrit pas la bouche tant que Ming énuméra ses questions.

« Faites-vous vôtre la maxime : "De chacun selon ses moyens, à chacun selon ses besoins" ? »

David s'efforça de sourire.

« La maxime est de Bakounine, précisa-t-il. Et pour être tout à fait exact, il vaudrait mieux traduire ainsi : "De chacun selon ses capacités". »

Ming ne prêta pas attention à la chicane.

« Une fois encore, en théorie, oui, je la fais mienne. Cependant, il me semble très injuste de sous-payer quelqu'un eu égard à son sexe. On pourrait de la même façon se demander pourquoi l'homme célibataire est payé autant que l'homme marié ? Je suis prêt à soutenir tout mouvement en faveur de l'égalité salariale dès que l'on me démontrera qu'elle entraîne un accroissement de l'aide aux plus démunis.

— Si je comprends bien, vous voulez le beurre et l'argent du beurre ? répliqua Ming en souriant pour qu'il ne le prenne pas mal. Mais, pour vous, les gens ne sont-ils pas maîtres de leur destin ? Celui qui décide d'avoir plus d'enfants que son voisin peut-il s'étonner que son voisin ait de plus gros revenus que lui et qu'il les dépense en vacances, en bateau et tout le reste ? »

David tapota sa pipe toute chaude dans le cendrier posé sur la table à ses côtés. Il prit sa tête entre ses mains.

« Vous me posez des questions impossibles, marmonna-t-il.

— Impossibles ou pénibles ?

— Pénibles, répondit-il, en levant les yeux vers elle et avec sur les lèvres un sourire ravageur. Certes, les individus doivent être responsables de leur condition et de leur destin. Mais..., précisa David en prenant un temps de réflexion, on ne peut étendre ce principe à l'infini. Par exemple, on ne pourra jamais affirmer que seuls les riches ont le droit de se reproduire.

— Tout raisonnement poussé à l'extrême devient absurde, ne croyez-vous pas ? demanda Ming.

— Tout à fait, répondit David.

— J'allais vous demander ensuite si vous pourriez affirmer par là qu'il n'existe aucun choix qui ne soit ni absolument bon ni absolument mauvais ? Ce qui doit représenter pour l'homme politique une ligne directrice à laquelle il est sans doute bien difficile de se tenir ?

— C'est vrai, mais alors le compromis devient une seconde nature.

— Sur ce, je ferais mieux de me retirer, remarqua Ming en jetant une fois de plus un coup d'œil à sa montre. J'ai abusé de votre dimanche. J'en suis honteuse.

— Si pénibles que furent certaines de vos questions, croyez bien que j'ai passé un très agréable moment, ce qui devient de plus en plus rare à notre époque. Je vous raccompagne chez vous.

— Non, vous êtes très aimable, je vais prendre un taxi.

— Il n'en est pas question », dit-il en se levant. Dans le couloir, il appela : « Julia, ma chérie ?

— Oui, qu'y a-t-il ? » répondit Julia en sortant de la cuisine où les enfants prenaient leur goûter.

Julia avait l'air très fatiguée. Sa patience avait été mise à bout par les singeries d'Amanda. Elle avait encore plusieurs heures de lecture pour préparer une plaidoirie.

La voix de David prit un ton vif qu'elle n'avait pas eu depuis des semaines. Quand Julia vit son visage, elle remarqua ses yeux singulièrement brillants qui avaient perdu leur lourdeur habituelle. En s'avançant vers lui, l'air épanoui comme jamais, elle en oublia sa propre fatigue.

« Je raccompagne Ming chez elle. Elle ne trouvera jamais de taxi. J'espère que cela ne t'ennuie pas.

— Pas le moins du monde », répondit-elle après un moment d'hésitation.

Ming sortit rayonnante du bureau de David.

« Je vous remercie, Julia, pour ce merveilleux déjeuner, dit-elle en lui tendant la main. Vous avez été si aimable avec moi. David m'a donné des informations vraiment très utiles. »

Julia se sentit tout à coup mise en danger par un sentiment d'exclusion. Ne voulant pas y prêter attention, elle serra la main de Ming et lui dit combien elle aussi avait apprécié sa visite.

Elle les regarda s'éloigner : David, grand, large d'épaules, superbe dans sa vieille veste de tweed gris-vert, et Ming, élancée, élégante, serrée dans sa robe de lin bleu marine à col blanc ouvert. Julia se souvint que les dieux de l'Antiquité, à en croire la légende, entendaient les prières des mortels. Ils exauçaient leurs vœux, mais souvent avec malice. Julia tressaillit. Les aveux qu'elle avait pu faire à Flixe dans son jardin d'hiver pesèrent alors sur elle comme une épée de Damoclès.

8

Une semaine plus tard, Ming prenait son petit déjeuner en lisant une lettre de Jack Hazeldene qui venait de rentrer sans ses enfants à Chypre.

Ta sagesse et ta gentillesse m'ont été d'une grande aide à un moment critique. J'ai bien peur de m'être épanché sans même t'avoir remerciée. Tu m'as communiqué un sentiment de paix qui est toujours en moi. J'ai l'impression que je pourrai tout te dire désormais.
Si je puis jamais faire quoi que ce soit pour toi, je t'en prie, Ming, demande-le-moi. Je te dois beaucoup.
La situation est assez inquiétante. Ne serait-ce que pour le maintien de l'ordre dans l'île, il faut faire encourir aux hommes des risques qui dépassent de loin leurs fonctions policières. Mais je me rends compte également que je ne tiens plus à rien. Je crois que Caroline, de son vivant, s'en chargeait pour nous deux.
J'ai suivi ton conseil en ne m'interdisant pas de penser à elle. La douleur reste la même. Mais je continue, car tu m'as dit que cela t'avait aidée à la mort d'Annie. Écris-moi quand tu en auras le temps. Depuis que je sais que je peux te parler, cela va mieux. Merci du fond du cœur.
Jack.

PS : La dernière lubie de la famille est je ne sais quelle vieille fille, nièce de je ne sais qui, gouvernante chez des Américains à Athènes. Dieu m'en garde ! Je crains le pire et qu'on la fasse venir en vacances à Chypre.

Je reste poli mais intraitable. Même si cela me déprime, mieux vaut en rire. C'est de toi que je le tiens.

Le post-scriptum fit sourire Ming. Le téléphone sonna.

« Vous êtes bien matinal », dit Ming d'un ton enjoué, après que Max l'eut saluée avec entrain. Sans raison, elle était d'humeur joyeuse.

« Le magazine devait être imprimé ce matin, expliqua Max tout fébrile, mais il est inconcevable que nous ne consacrions pas quelques lignes aux événements du canal de Suez.

— Quels événements ? demanda Ming qui, absorbée par la lettre de Jack, n'avait pas encore pris le temps de lire le journal.

— Nasser a nationalisé le canal hier. Nous ne pouvons pas passer outre, même si vous avez réussi à pervertir les missions les plus nobles du magazine au profit de l'argent ou du succès.

— Eh bien, même s'il l'a fait, je ne vois pas ce que nous pourrions en dire, répondit Ming en riant des railleries de Max. Après tout, poursuivit-elle en imitant sa prononciation de savant snob, vous savez parfaitement que ce que nous écrirons aujourd'hui ne sera plus d'actualité quand nos lecteurs le découvriront.

— Ma prononciation des voyelles vous pose encore quelques problèmes, remarqua Max, mais vous vous débrouillez plutôt bien.

— Merci mille fois.

— Je vous en prie. Redevenons sérieux : nous ne pouvons passer sous silence, sans paraître honteusement partisans, l'annexion par le président égyptien de notre premier atout international. »

Max était plus moqueur que jamais. Ming fit la grimace. Elle n'était pas disposée à changer d'avis.

« Mais tout ce que nous pourrons écrire aujourd'hui sera daté à la parution du magazine.

— Pas si nous nous faisons l'écho d'un échantillon d'opinions. C'est tout ce que je vous demande. Je fais mettre le tirage en veilleuse jusqu'à demain. Si vous en mettez un coup, vous y arriverez.

— Max, je...

— Attention, Ming, si vous voulez devenir journaliste, il faut vous comporter comme une journaliste. Si cela ne vous convient pas, vous pouvez toujours vous occuper des ventes de charité comme une gentille petite dame.

— Allez au diable, Max ! »

La voix de Ming se fit plus chaleureuse. Max comprit qu'elle allait céder.

« J'y pense, dit-il, votre entrevue avec David Wallington est excellente. Je crois qu'elle va lui plaire. Cela devrait nous être utile. Bien joué !

— C'est ça, oui, espèce de grand manitou ! Je ne sais pas pourquoi je suis si charitable aujourd'hui. Entendu, je vais le faire.

— J'en suis bien content. Vous pourrez aussi bien m'apporter l'article demain à la première heure que me le dicter ce soir au téléphone. N'oubliez pas que je prends très mal en sténo. Vous ferez comme bon vous semblera.

— Je verrai le moment venu, répondit Ming d'une voix radoucie. Merci, Max. Au fait, est-ce que tout va bien ?

— Parfaitement. D'ailleurs, pourquoi en irait-il autrement ? »

La réponse de Max était suffisamment cassante pour couper court à toute autre manifestation de sympathie. Ming se contenta donc de le saluer.

Ayant bu son café, Ming se passa les doigts dans les cheveux et posa ses coudes sur la table. Elle essaya de trouver lesquels de ses amis pourraient lui donner des points de vue pertinents. Puis elle se leva et serra la ceinture de son déshabillé pour aller prendre de quoi écrire dans son secrétaire. Elle était en train de griffonner et de barrer des noms sur sa liste quand sa femme de ménage arriva.

« J'espère que vous n'êtes pas malade, mademoiselle ? »

Ming fit signe que non, un grand sourire aux lèvres.

« Non. Je me suis mise au travail avant même de faire ma toilette. Mais dites-moi, que pensez-vous de la nationalisation du canal de Suez ?

— Ce n'est pas normal », répondit Mme Crook en retirant son pardessus pour enfiler une blouse à fleurs mauves. Elle noua sur sa tête un chiffon propre en guise de fichu avant d'ajouter : « Le canal est à nous. C'est nous qui l'avons construit. C'est nous qui le possédons.

— Savez-vous que ce sont les Français qui l'ont conçu et les Égyptiens qui l'ont réalisé ? Nous nous sommes contentés d'acheter la majorité des parts de la société qui le gère, précisa Ming en se rappelant ce que le vieux pasteur lui avait appris en Égypte.

— Pour moi, je dis que c'est la même chose. Il est à nous. Et ce Nasser n'avait aucun droit de s'en emparer. Jamais de la vie ! Préférez-vous vous habiller maintenant ou que je fasse votre chambre en premier, mademoiselle ?

— Je vais m'habiller, répondit Ming en riant. Je suis désolée de vous chasser. »

Elle mit ses notes en ordre. Puis elle passa un vieux pantalon bleu marine et un chandail. Enfin, elle s'assit à son bureau et prit le téléphone.

En fin de matinée, Ming avait pu parler avec la quasi-totalité des personnes dont elle avait relevé le nom sur sa liste. Elle avait ainsi des pages et des pages de notes à transcrire. Pour la plupart, les points de vue qu'elle avait recueillis valaient celui de Mme Crook même si l'expression en était plus châtiée. Quelques-uns pourtant se distinguaient de la masse.

David Wallington estimait que Nasser avait certes agi de façon très autoritaire mais sans sortir des limites de son droit. Il affirmait ne voir guère de différence entre la nationalisation du canal et celle des mines de charbon anglaises, possédées partiellement par les Français, à l'instigation de son parti. Il eut à cœur de rappeler qu'il s'exprimait en son nom propre. Hugh Gaitskell, le président du parti travailliste, appelait à des mesures de représailles immédiates contre Nasser.

Il en allait de même pour le père de Ming et pour Roger Sillhorne. L'un comme l'autre comparaient le geste de Nasser à l'annexion de la Tchécoslovaquie par Hitler. Pour eux, il fallait arrêter Nasser comme il aurait fallu le faire pour le Führer. Cette remarque glaça Ming.

« Rien de tout cela n'aurait eu lieu si cet imbécile d'Eden n'avait accepté le retrait de nos troupes le long du canal. Cela nous fait une belle jambe qu'il ait clamé l'inutilité des forces conventionnelles face aux armes nucléaires. Que va-t-il faire de sa bombe atomique maintenant ? Certainement pas la lâcher sur l'Égypte.

— J'espère bien que non ! » s'écria Ming.

Son père eut un gros rire. Après avoir donné à sa fille, sans mâcher ses mots, son sentiment sur le gouvernement britannique, il ajouta :

« Au moins, il nous reste une consolation, ma chérie. Ces va-nu-pieds de bougnoules ne pourront pas naviguer sur le canal sans toucher le fond. La grande victoire de Nasser va bientôt sentir le roussi. Tu te souviendras de ce que je dis.

— J'imagine. Je te remercie, papa, répondit Ming en continuant de prendre des notes. Tu m'as donné un sacré coup de main. Il faut que je m'y mette maintenant car l'article doit être bouclé ce soir.

— Quand nous donneras-tu le plaisir de ta visite ? Ta mère se languit de toi. »

Ming ressentit un coup au ventre.

« J'en suis désolée, répondit-elle, mais je suis venue il y a peu de temps. Nous avons eu beaucoup de travail au magazine et...

— Je sais bien, dit son père. Je croyais que nous ne devions plus en parler. Promets-moi de ne pas nous oublier, c'est tout.

— Bien sûr que non. Je...

— Il me semble que tu commences à bien te débrouiller professionnellement. As-tu des nouvelles de tes sœurs ?

— Oui, répondit-elle, satisfaite de pouvoir rapporter que Gerry comme Flixe se portaient bien.

— Parfait, parfait. Eh bien au revoir, ma chérie. Ne te laisse pas dépasser par les événements, entendu ? Tu n'avais pas l'air en grande forme la dernière fois que nous t'avons vue.

— Je vais bien mieux. Cette semaine-là, j'étais débordée de travail. Au revoir », dit-elle.

En raccrochant, les yeux fixés sur le téléphone noir, Ming se dit qu'elle aimerait pouvoir se scinder comme certains micro-organismes. Une part d'elle-même pourrait satisfaire ses parents en rédigeant des articles à leur convenance, tandis qu'une autre collaborerait avec Connie et Max au magazine ; une troisième tomberait amoureuse de Mark ; et une quatrième deviendrait la petite sœur tant désirée par ses aînées.

Le téléphone la fit sursauter.

« Allô ? demanda maladroitement Ming en décrochant.

— Ming ? Mark à l'appareil. Je téléphone pour savoir à quelle heure je passe vous prendre demain.

— Demain ? répondit Ming qui ne comprenait pas le sens de sa question. J'ai promis à Max de terminer un article ce soir.

— Je voulais seulement savoir si le dîner de demain tenait toujours. La soirée ne commencera pas avant dix heures, ajouta Mark qui semblait un peu surpris.

— La soirée ? » répéta Ming d'une voix blanche. Cette soirée lui était complètement sortie de la tête. Chose absurde puisque le carton était ouvert en grand, face à elle, sur le plateau de la cheminée. « Mais bien sûr, la soirée ! Est-ce que vous pourriez passer vers huit heures ?

— Très bien. Je viendrai vous prendre. Au revoir.

— Avant de raccrocher, Mark..., dit Ming avec précipitation.

— Quoi donc ?

— Que pensez-vous du geste de Nasser ?

— Ming, dit-il d'une voix qui trahissait son impatience, je suis fonctionnaire et vous êtes journaliste. Je ne peux pas vous répondre. Téléphonez plutôt à vos amis qui font de la politique. A demain. »

Ming resta le combiné à la main en pensant à tout ce qui lui restait à faire dans les vingt-quatre heures. Après avoir pris rendez-vous chez le coiffeur, elle retourna exploiter ses amis de façon éhontée.

La conversation qui lui fit le plus grand plaisir fut celle qu'elle eut avec la sœur de Peter Suvarov installée à Paris.

« Oh, Ming ! répondit en français Natalie Bernardone, la politique ! Tout le monde sait qu'ils font beaucoup de bruit pour ne rien changer.

— Les guerres font un peu changer les choses », répliqua Ming, qui devait faire un effort de concentration pour comprendre ce que Natalie disait. Elle maîtrisait parfaitement le français mais mettait toujours un certain temps à le parler de nouveau.

« Personne ne commettra la bêtise de déclarer la guerre », affirma Natalie qui avait vécu à Paris pendant l'occupation allemande, connu enfant la Révolution russe, et partageait avec Ming la haine de la guerre. « Les politiciens en savent trop long là-dessus pour faire une chose pareille. Sans compter que le bail d'exploitation de la société de Suez expire dans treize ans. Nasser finira bien par avoir son canal. Cela fait beaucoup d'agitation pour pas grand-chose. »

Ming aurait aimé pouvoir croire Natalie. Mais, forte des affirmations de Roger Sillhorne et de son père, elle ajouta :

« Les gens sont plutôt belliqueux en Grande-Bretagne.

— Certains le sont toujours plus que d'autres. A Paris, on trouve en ce moment des personnes qui clament que Nasser a volé notre bien, sans tenir compte de sa proposition de dédommagement. Ils affirment qu'on ne pouvait s'attendre à rien d'autre de la part d'un homme qui a incité les Algériens à se rebeller contre nous.

— Qu'en pense Bertrand ?

— Mon mari, pour ne pas changer, attend d'en savoir plus avant de se prononcer, répondit Natalie. Mais la politique est si ennuyeuse ! Quand aurons-nous le plaisir de vous revoir ? Vous n'êtes pas venue à la maison depuis une éternité.

— Ce n'est pas l'envie qui m'en manque », répondit Ming. Elle se rappelait le merveilleux appartement dans l'île Saint-Louis de Natalie et Bertrand Bernardone. Elle se souvenait également de la gaieté que Natalie répandait autour d'elle.

« Nous partons en août mais nous serons de retour en septembre. Venez à ce moment-là. Je vous écrirai quand nous rentrerons. Au revoir, Ming. »

En fin de journée, Ming avait contacté quatorze personnes. Il lui fallait maintenant en tirer un article. Elle jugeait inutile et dangereux de chercher la polémique, préférant établir une mise au point qui ne fût ni hystérique ni antipatriotique.

En rentrant à Londres après avoir remis l'article bouclé à Max, Ming ressentit une satisfaction soudaine et inattendue. Elle avait mené à bien un travail urgent qui semblait répondre aux exigences de Max. Si Ming avait pu craindre un temps que Connie l'ait employée par altruisme, elle n'était plus aujourd'hui taraudée par l'inquiétude.

En garant sa voiture près du salon de coiffure, Ming regretta d'avoir accepté l'invitation des Attinger. A la différence de ses sœurs, elle n'avait jamais officiellement fait ses débuts dans le monde. Elle avait eu quinze ans au début de la guerre et vingt et un ans à l'armistice. Elle s'était alors estimée trop âgée pour ouvrir la chasse au mari.

Un peu plus tard, ses cheveux blonds bien crantés, Ming était rentrée chez elle se maquiller et passer la robe qu'elle venait d'acheter. Debout devant la psyché de sa chambre, elle leva le menton, ajusta sa tenue et eut un sourire de satisfaction en contemplant son reflet.

D'une boutique à l'autre, Ming avait traqué la robe qu'elle voulait. Chaque fois, les vendeuses lui avaient présenté des robes qu'elles estimaient convenir à sa blondeur et à sa silhouette élancée : rose, blanche ou bleu pâle, la taille très cintrée et la jupe trop large. Toutes lui donnaient un ridicule air juvénile. Pour finir, dans une petite boutique de Belgravia, on lui avait montré une robe toute simple en soie noire à gros-grains. Sans manches, le décolleté profond, cette robe était simple à pleurer : mais elle allongeait Ming et la vieillissait. Elle s'était consolée du prix élevé en pensant qu'elle lui serait bien utile, avec sa petite veste assortie.

Ses longs gants de chevreau, un diamant en sautoir que Connie lui avait prêté, ses propres pendants d'oreilles en brillants, tout concourait à la parer d'un charme irrésistible. Elle savait bien qu'elle ne pourrait jamais rivaliser avec l'éclat de Flixe car elle n'était tout simplement pas faite pour cela. Pourtant, ce soir-là, Ming découvrait en elle-même une femme élégante et intelligente. C'en était fini de la fragile jeune fille.

Le cœur léger, elle ouvrit à Mark et vit à son expression que ses efforts n'avaient pas été vains. Il passa le pas de la porte et l'embrassa sur les joues.

« Vous êtes en beauté, Ming.

— Vous aussi, répondit-elle, en l'examinant de la tête aux pieds. C'est la première fois que je vous vois porter l'habit. Ça vous va à ravir. »

Mark la remercia. Il l'emmena dîner au Relais du Lierre où ils passèrent deux heures fort agréables à faire bonne chère et à converser gaiement.

« Avez-vous bouclé votre article ? demanda Mark au moment où le serveur apportait les desserts.

— C'est fait, répondit Ming. Excusez-moi d'avoir cherché à connaître votre opinion. Je ne pensais pas vous poser une question importune.

— C'est sans importance, répondit-il. J'espère que je ne vous ai pas paru trop brusque.

— Seulement un peu vif, c'est tout. D'ailleurs, je le comprends très bien. » Ming sourit et ajouta : « Quelle tournure les événements vont-ils prendre selon vous ? C'est l'amie qui pose la question, pas la journaliste, s'empressa-t-elle de préciser en voyant l'œil de Mark.

— Seul Dieu le sait. Je n'ai sincèrement aucune idée sur la question. Il sera intéressant de voir ce qui en sortira.

— Oh, c'est délicieux », dit Ming pour changer de sujet. Pour quelque obscure raison, elle ne pouvait supporter l'idée que Mark se fît l'écho des propos belliqueux de son père. Goûtez-moi cela. »

A l'aide de sa cuillère en argent, Mark fit craquer le glacé de la crème brûlée et sentit sur sa langue une impression de fondant et de moelleux.

« C'est un délice et l'un de mes desserts favoris », remarqua Mark.

Ils parlèrent des plaisirs de la table et des pays qu'ils avaient visités. Peu à peu, Ming se sentit plus à son aise. Mark avait le projet de passer une quinzaine de jours l'été suivant à Ischia avec des amis et se demandait s'il ne devrait pas annuler ce voyage en raison des événements de Suez. Ming avoua qu'elle ne pouvait plus prendre de vacances cette année-là et qu'elle pensait travailler sans arrêt jusqu'à la fin d'août.

« En revanche, poursuivit Ming en se souvenant de l'invitation de Natalie, il est possible que j'aille à Paris en septembre.

— Je n'y suis pas allé depuis des siècles, observa Mark l'air rêveur. Septembre est la plus jolie saison. Vous avez bien de la chance.

— C'est vrai, reconnut Ming, mais je suis tellement accaparée par le magazine que je vais sans doute devoir lier à Paris plaisir et journalisme pour ne pas me sentir coupable. A propos de culpabilité, nous devrions peut-être y aller.

— Quel dommage, dit Mark, la mine piteuse. J'aimerais mieux rester seul avec vous et parler de Paris ou d'autres choses. »

Sans mot dire, Ming posa sur lui un long regard, puis elle détourna les yeux. Mark la regarda pensivement avant de faire signe au serveur.

Plus tard, alors qu'ils étaient côte à côte dans la voiture, Ming dit :

« Moi aussi, j'aimerais mieux rester seule avec vous.

— Vraiment? demanda-t-il d'une voix émue, qui surprenait de la part d'un homme si sûr de lui. Cela me touche. »

Il roula doucement jusqu'à Belgrave Square où la famille Attinger louait un hôtel particulier. Les salons de réception se trouvaient au premier étage. En arrivant sur la place, Ming perçut à travers le rideau d'arbres la mélodie ténue et flottante d'une valse de Strauss. Avec ses fenêtres grandes ouvertes et ses rideaux tirés qui laissaient filtrer des flots de musique, la maison en imposait. Ming ressentit un frisson d'émoi qui la surprit.

« N'est-ce pas très romanesque ? » demanda Mark en garant la voiture.

Ming acquiesça d'un signe de tête. Mark fut toutefois étonné de l'entendre dire en riant :

« Quel intérêt y a-t-il à jouir de la réalité, qui n'est après tout qu'ennui, corps moites, fumée de tabac et désir de luxure ?

— Je ne vous savais pas si cynique, répliqua Mark en ouvrant la portière de Ming.

— Mon cynisme vous déplairait-il ? demanda Ming, restée assise.

— Le vôtre ? Pas du tout. Il me surprend et il me plaît. Ou plus exactement, vous me surprenez. Ne tardez plus : il faut descendre dans l'arène ! »

Ming laissa sa veste au vestiaire. Ils montèrent aux salons de réception et prirent leur tour dans la file pour saluer leurs hôtes. Ming fit les compliments d'usage aux Attinger qui l'embrassèrent très cérémonieusement.

« Vos sœurs sont arrivées », dit Mme Attinger en se tournant vers de nouveaux invités.

Mark donna le bras à Ming pour entrer. Des jeunes gens tournoyaient gaiement tandis que des couples plus âgés conversaient, assis ou debout, un verre à la main.

Pas sûre d'appartenir à l'un ou l'autre de ces deux groupes, Ming s'immobilisa pour observer les invités. Elle se sentit singulièrement exclue. Cette étrange sensation disparut lorsque Mark toucha son bras nu pour la presser d'avancer.

Parmi la foule des invités, elle reconnut en premier Flixe et Peter Suvarov en compagnie de Julia Wallington. Elle décida de leur présenter Mark.

Flixe, qui ne pouvait plus dissimuler sa grossesse, était superbe dans sa robe longue de soie lamée or. En grand décolleté, elle portait une magnifique broche de saphirs et de diamants qui rappelaient la limpidité de ses yeux. La lumière tombait avec éclat sur sa chevelure blonde. A ses côtés, l'allure svelte et la mine réservée dans sa tenue de soirée, Peter Suvarov parlait avec Julia Wallington. Ayant remarqué sa sœur, Flixe lui fit un signe de la main.

« Tu as l'air très bien, dit Ming en l'embrassant. Bonsoir, Peter. Comment allez-vous, Julia ? Une fois encore, je tiens à vous remercier de votre délicieuse invitation à déjeuner.

— Je vous en prie. Comment vous portez-vous ? » demanda Julia.

Julia Wallington portait une robe marron de coupe classique. Ses bijoux en or étaient discrets. En plus de son alliance, elle avait à l'annulaire un énorme rubis. Une fois de plus, elle était très élégante et pleinement maîtresse d'elle-même. Julia Wallington n'était plus du tout la mère d'Amanda à bout de forces dans sa maison de Kennington.

« Je vais te chercher un verre », dit Peter en envoyant un baiser à sa belle-sœur. Ming lui fit un petit signe de tête avant de se retourner vers Julia pour répondre à sa question.

« Je me porte comme un charme même si j'ai appris aujourd'hui une décision regrettable. En raison des événements du Proche-Orient, le rédacteur en chef remet à l'automne la publication de notre entretien.

— Ne soyez pas ennuyée, répondit Julia en faisant une mimique. Je vous avouerai que ce n'est pas pour me déplaire. »

Ming demanda des nouvelles de David.

« David n'est pas encore arrivé. Il viendra après le vote à la Chambre », répondit Julia avant de se retourner vers Mark qui, par politesse, n'avait pas laissé seule Flixe. Se rappelant que Julia était très à cheval sur l'étiquette, Ming lui présenta Mark.

« Gerry a tout à fait raison : il est très bien. Sans compter qu'il est intelligent et séduisant, chuchota Flixe en aparté.

— Oui, je sais, répondit Ming assez froidement. Mais j'aimerais assez que vous cessiez de jouer les entremetteuses, toi et Gerry, maman aussi d'ailleurs.

— Non ? Qui a-t-elle dégoté ? demanda Flixe, les yeux brillants de malice. Elle n'a tout de même pas cru qu'elle tirerait quelque chose de ce bonhomme qui a acheté le domaine de Church Hall ? Rassure-moi ! »

Ming fut prise de fou rire au seul souvenir de ce célibataire quinquagénaire, propriétaire de quatre chats et grand collectionneur devant l'Éternel d'habits sacerdotaux.

« Non, maman ne l'a jamais fait entrer en compétition. Je ne crois pas qu'il soit à son goût.

— Qui donc alors ? Je ne vois pas à qui l'on peut penser d'autre au pays.

— Maman avait misé sur Jack Hazeldene, dit Ming en redevenant sérieuse.

— C'est un peu choquant, réagit Flixe. Je comprends ta colère. As-tu vu Jack quand il est venu accompagner ses enfants ?

— Oui. Maman l'avait invité à déjeuner mais j'ai eu la surprise de le rencontrer un peu avant et de parler avec lui. Il lui faudra beaucoup de temps avant de pouvoir envisager de se remarier. Le pauvre, il est complètement désemparé.

— On le serait à moins », remarqua Flixe qui, croyant bon de changer de sujet, ajouta : « As-tu vu Gerry et Mike ?

— Non, pas encore. Où sont-ils ?

— Ils doivent être dans les parages. Gerry est fringuée à l'as de pique dans une sorte de grande blouse d'écolière. J'aimerais m'asseoir si cela ne t'ennuie pas. Je commence à avoir mal au dos. »

Ming acquiesça, puis effleura l'avant-bras de Mark pour le prévenir qu'elle accompagnait sa sœur. Elles s'assirent sur des chaises dorées à l'écart de la piste de danse. Ming remarqua Gerry en train de valser avec son mari les yeux dans les yeux.

« J'avoue ne pas savoir comment notre pauvre Charlie Berderley se remettra de tes coups et blessures », affirma Flixe pour amuser sa jeune sœur.

Ming eut un sourire forcé. Au même moment, Peter se dirigeait vers elles, des coupes de champagne à la main. A mi-chemin, il fut arrêté par une ravissante jeune femme à la tignasse rousse. Cette silhouette extravagante, moulée dans une robe vert pomme, était d'une beauté détonnante. En se penchant vers elle pour lui baiser la main, Peter eut aux lèvres un sourire que Ming lui connaissait bien. Flixe soupira.

« Est-ce que cela te fait du mal ? demanda Ming à sa sœur pour la toute première fois, sans oser la regarder.

— Que Peter soit un irrésistible homme à femmes ? Oui, cela me fait du mal », répondit Flixe. Elle rejeta la tête en arrière, autant pour détendre son cou que pour éviter d'assister au déploiement de charme de son mari. « Mais je ne me laisse pas aller. »

Flixe se redressa pour observer son mari. Il avait l'air d'un vrai gamin, aux anges devant sa beauté rousse.

«Il l'a toujours été et le sera toujours. Lorsque j'ai du mal à l'accepter, je me répète que c'est toujours vers moi qu'il revient et qu'il me désire plus, ou du moins depuis plus longtemps, qu'aucune autre.

— Et cela en vaut-il la peine ? » demanda tout doucement Ming.

Flixe ne se contenta pas de regarder sa sœur droit dans les yeux, elle lui caressa également la main.

«Oui, Ming, cela en vaut la peine, dit-elle. Je suis toujours aussi folle de lui, même après des années de mariage. Comment pourrais-je m'étonner que d'autres femmes en soient aussi folles que moi ? Il faut faire avec.

— Sans doute, répondit Ming.

— Champagne ? » interrompit Peter qui n'avait pas perdu le charme d'un léger accent russe.

Les deux sœurs acceptèrent bien volontiers.

«Le champagne est tiède, veuillez m'en excuser, mais j'ai été retenu. Tu es en beauté ce soir, Ming. Tu n'as aucune inquiétude à avoir au sujet du papillon qui sortira de la chrysalide dont nous parlions l'autre soir. Et le travail, ça marche ? »

Ming avait à peine eu le temps de lui parler de ses articles qu'ils furent interrompus.

« Ming ? » appela la voix familière de Roger Sillhorne.

Elle se leva pour lui serrer la main et le présenter aux autres.

Blond, les traits épais, Roger Sillhorne aurait pu avoir un certain charme s'il avait été moins corpulent et moins prétentieux. Flixe sourit de ses manières empruntées. Il était surprenant de lui découvrir une voix flûtée et traînante qui ne lui ressemblait pas.

« M'accorderez-vous cette danse, Ming ? » demanda-t-il avant d'ajouter, pour éviter un très probable refus : « Et me donnerez-vous l'occasion de vous faire toutes mes excuses ? »

Ming ne pouvait répondre que par un sourire à ce bras qu'il lui tendait.

« N'en faites rien, Roger. Je vous retrouve tout à l'heure », dit-elle à Flixe et à Peter.

Roger tenait Ming avec raideur. A le voir danser, on aurait pu croire qu'il craignait de glisser et de s'écrouler lamentablement. Il mit Ming mal à l'aise mais elle fit son possible pour n'en rien laisser paraître.

« Je le pense sincèrement, dit-il après un temps de silence. Je vous dois des excuses.

— Mais pour quelle raison ? » demanda Ming, soudain affolée à l'idée qu'il puisse être l'auteur des lettres anonymes.

— Parce que je vous ai jetée dans les bras de ce pervers, répondit-il.

— Je vous demande pardon ?

— Vous étiez souffrante quand vous avez cessé de travailler pour moi et il était assez maladroit de chercher à vous faire revenir.

— Je préfère cette seconde version.

— Vous aviez perdu à l'évidence votre sens des valeurs, ajouta-t-il, en la tenant serrée et en dansant à contretemps.

— Pas si vite ! Nous avons perdu le rythme », affirma-t-elle en l'obligeant à ralentir.

Ils valsèrent dès lors sans plus échanger une parole. Ming s'efforça en vain d'oublier ce qu'il venait de dire.

« Qu'entendez-vous par pervers ? demanda-t-elle, déclenchant le rire de Roger Sillhorne.

— A votre avis ? Il est bien naïf de croire qu'on devient un honnête homme en changeant de nom. »

Ming s'arrêta et recula d'un pas.

« De qui parlez-vous ?

— Du soi-disant M. Hillary, répliqua Roger Sillhorne en riant du désarroi de Ming. Choisir pour pseudonyme un nom de fille en dit bien assez long.

— Vous êtes comme mon père ! Que cherchez-vous à me dire, enfin ?

— Pour l'amour de Dieu, cessez ce petit jeu, vous n'êtes pas une oie blanche ! Vous savez aussi bien que moi qu'il a passé un an et demi à la prison de Wormwood Scrubs.

— Le pauvre ! » s'écria Ming qui s'expliquait un peu mieux la vie secrète de Max.

La musique cessa. Ming savait qu'elle devait se détourner de Roger Sillhorne qui prenait un malin plaisir à la toiser.

« Alors, vraiment, vous n'en saviez rien ? Pauvre petite Ming, comme vous devez vous sentir misérable ! Ne me dites pas que vous éprouviez de l'amour pour lui ? Ma pauvre Ming... »

Ming retira sa main de celle de Roger Sillhorne.

« Ne dites pas n'importe quoi. Il pourrait être mon père. »

Ming vit au loin sa sœur aînée. Elle planta là son cavalier. Gerry, qui avait remarqué l'émotion de Ming, vint vers elle.

« Que se passe-t-il ? Est-ce que tu te sens mal ? On crève de chaud ici. »

Ming fit non de la tête et fixa son attention sur la robe bleue de Gerry pour ne pas s'abandonner à la confusion des sentiments qui l'assaillaient.

« Qu'as-tu donc ? demanda à nouveau Gerry en s'asseyant.

— Roger Sillhorne vient juste de m'apprendre que... — Ming se sentait incapable de répéter les mots qu'il avait employés — que Max a fait de la prison. »

Ming prit un mouchoir en dentelle pour s'essuyer la lèvre supérieure.

« Et alors ? Tu ne le savais pas ? Pour quelle raison crois-tu que Connie a créé le magazine ? Si elle ne l'avait pas fait, Max serait aujourd'hui sans emploi.

— Je me sens tellement bête. Je n'aurais jamais pu imaginer qu'il soit un... enfin, tu vois ce que je veux dire... un...

— Ne fais pas l'enfant, je t'en prie, Ming ! Père ou Flixe t'en auront sans doute déjà parlé. C'est un sujet tabou dont elle raffole.

— Flixe ? s'écria Ming, qui était comme une enfant que les sujets scabreux intimident.

— Oui, répondit Gerry qui ne décolérait pas. Elle est persuadée que ce sont des malades que la médecine et la psychiatrie doivent soigner.

— J'ai le sentiment... Il est bien difficile de croire qu'une personne qu'on a aimée et en qui on a eu confiance... puisse être... enfin, une telle chose. Je ne m'étonne plus que père ait été si choqué que je puisse m'investir autant dans le magazine.

— Quelle réaction idiote, Ming. Ce n'est pas parce que tu connais maintenant son passé que Max a changé pour toi. Il n'y a aucune raison que tu cesses de l'aimer et d'avoir confiance en lui.

— Tu ne crois pas que ces gens sont dangereux ? Et que fais-tu des espions russes ? »

Gerry leva les yeux au ciel. Elle fit de son mieux pour garder son calme. Après un moment de réflexion, elle regarda de nouveau sa jeune sœur et comprit que celle-ci était aux prises avec une notion toute nouvelle pour elle.

« C'est comme si tu affirmais que les hétérosexuels libertins sont tous des peintres de grand talent pour la seule raison qu'une poignée de génies ont été des coureurs. Si la loi ne définissait pas les homosexuels comme des criminels, ils ne feraient pas l'objet de chantages ou de ces sortes de pressions. »

L'émotion de Ming retomba peu à peu.

« Je m'excuse mais je n'y avais jamais réfléchi. Tu as certainement raison, Gerry.

— Ne te tracasse pas pour cela. Ne pense jamais plus qu'à ce que tu as toujours connu et aimé en Max.

— Gerry ! Comme cela me fait plaisir de vous voir ! »

Les deux sœurs se tournèrent vers Mark et Julia qui les rejoignaient. Gerry sourit à Julia et embrassa Mark. Julia s'adressa à Ming :

« Je viens de décider Mark à vous emmener au pique-nique que nous projetons de faire au bord de la rivière à Oxford. C'est dimanche prochain, viendrez-vous ? David et moi pensons y aller avec les enfants en fin de matinée. Nous remonterons la rivière en barque et nous trouverons un endroit où pique-niquer.

— Quel beau programme ! répondit Ming distraitement.

— Je trouve aussi, ajouta Mark.

— Parfait, conclut Julia. Je suis certaine que vous mourez d'envie de danser maintenant. Je vous abandonne. A dimanche. »

Julia partie, Mark offrit son bras à Ming.

« Qu'en dites-vous ? M'accorderez-vous la prochaine valse ? »

Ming jeta vers Gerry un rapide coup d'œil pour s'assurer qu'elle ne répugnait pas à rester seule.

« Je vais rejoindre Mike, dit-elle en souriant. Oublie les imbécillités de ton ex-patron. »

Ming se leva. Mark la prit dans ses bras et la fit entrer dans la danse.

Mark était un merveilleux danseur qui avait le rythme dans le sang. Dans ses bras, Ming en oublia son émotion et son désarroi. Très vite, elle se laissa guider. Il sentit combien elle s'abandonnait et il serra plus fort sa main. Elle percevait en lui la force qu'il dissimulait la plupart du temps. Elle éprouva soudain pour lui une vive admiration car il savait tenir cachés ses qualités et ses talents.

« Vous êtes un très bon danseur, Mark. Vous me surprenez.

— Comme vous, je suis un être à mille facettes, répondit-il avec un grand sourire.

— Je commence à le croire, répliqua Ming avec sérieux. Je me rends également compte de votre générosité. »

Ils étaient alors en train de longer l'une des trois grandes fenêtres ouvrant sur le jardin. Mark posa le regard sur ce visage aux lignes si pures.

« On étouffe. Voulez-vous sortir un instant ?

— Bien volontiers », répondit Ming en se frayant un passage à travers les rideaux de soie lamée or.

A l'extérieur, l'air était aussi lourd que dans les salons. Chose rare, la voûte céleste était dégagée. Les étoiles se détachaient sur le fond indigo de la nuit. Ming respira profondément et leva les yeux vers le firmament. Elle aurait aimé pouvoir nommer chacune des constellations.

« Je comprends seulement maintenant que j'aurais dû attendre un moment comme celui-ci pour vous demander en mariage, dit Mark sur un ton badin. On se croirait dans un roman.

— Oui, mais on m'a toujours appris à ne pas croire l'homme qui fait sa déclaration à la sortie d'un bal, répliqua Ming. Je trouve plus romantique une déclaration faite autour d'un plat d'œufs au bacon. »

Mark resta silencieux. Ming craignit de l'avoir blessé par sa plaisanterie. Il posa avec douceur sa main sur son épaule nue.

« Me le diriez-vous si vous changiez d'avis ?

— Mark, je... » Mais la voix de Ming se brisa. Elle se mordit les lèvres. Ses yeux semblèrent plus grands et comme chavirés d'inquiétude en se posant sur Mark. « Je ne sais pas comment m'y prendre... C'est que je ne suis pas...

— Sûre de vous ? N'ayez pas peur, ma chérie. J'aurais dû me taire mais je guettais comme un fou le moindre geste qui trahirait en vous un changement d'attitude à mon égard. »

Le visage de Mark était pâle au clair de lune. Ses yeux semblaient sombres.

« Je crois que je suis en train de..., dit-elle dans un impossible effort, mais...

— C'est un sentiment fragile, Ming », dit Mark dans un sourire qui effaça sur ses traits toute trace de gravité.

Il se pencha vers elle et posa un instant ses lèvres sur celles de Ming.

Celle-ci ressentit intensément en elle une telle vague de plaisir qu'elle en fut presque effrayée. Étonnée qu'un geste aussi simple et familier qu'un baiser pût avoir sur elle un effet aussi puissant, Ming posa sa main sur l'épaule de Mark afin de reprendre son équilibre et de répondre à sa caresse. Il recula et la dévisagea gravement. Mark était sans voix.

« Nous ferions mieux de rentrer. Je crains de perdre la tête », parvint-il à dire.

Alors seulement une silhouette raide d'arrogance se découpa contre la fenêtre illuminée. Ming retint un cri. Mark lui prit la main pour la conduire. Il ne reconnut pas Roger Sillhorne en le dépassant.

« Qui était-ce ? demanda-t-il quand ils furent loin de l'intrus.
— Mon ex-patron, répondit-elle.
— Ah ! » La seule interjection de Mark en disait long. « Savez-vous que je passe une excellente soirée ? Que diriez-vous d'une coupe de champagne ? »

9

Le mardi suivant, Ming se rendit chez Max à Etchingham pour la réunion hebdomadaire du magazine. Bien que Gerry l'ait exhortée et qu'elle-même ait décidé de se faire à cette nouvelle image de Max, elle était nerveuse à l'idée de le rencontrer.

Max se rendit compte de l'état de tension de Ming dès qu'elle franchit la porte d'entrée et il ne sut tout d'abord comment l'interpréter. Mais quand il la vit reculer parce qu'il l'avait effleurée en lui tendant une tasse de café, il comprit aussitôt. Il ne pensa plus qu'à sa seule surprise de constater qu'elle avait mis si longtemps à découvrir ce que tout le monde savait. Toutefois le dégoût de Ming était si visible que Max en souffrit.

Connie fut irritée de le remarquer également. A l'issue de la réunion, qui fut brève, elle insista pour que Ming l'accompagnât au petit manoir.

« Qu'est-ce qui vous a pris ? » demanda Connie aussitôt qu'elles furent dehors. La colère de son amie fit frissonner Ming.

« Je suis navrée. Je cherchais seulement à dissimuler mon... mon émotion.

— Vous vous y êtes très mal prise. »

Ming s'immobilisa sur l'allée de graviers qui conduisait chez Connie.

« Est-ce que Max s'est rendu compte de quelque chose ?

— Bien évidemment. Il est tellement sensible. Ce n'est pas

votre petit visage poliment fermé qui aurait pu cacher ce que vous ressentiez en vous écartant délibérément de lui.

— Je suis navrée, répéta Ming désespérée. Je n'ai pas cherché à le blesser. C'est si difficile. Est-ce que cela n'est pas difficile ?

— Cela ne l'est plus, répondit Connie d'une voix radoucie. Venez chez moi que je vous explique. Comment l'avez-vous appris ? J'étais pourtant certaine que vous n'en saviez rien.

— Roger Sillhorne était chez les Attinger la semaine dernière et m'en a parlé. J'aurais pu ne pas en croire un mot car il était d'humeur massacrante. Cependant, Gerry m'a tout confirmé et m'a priée de me ressaisir, expliqua Ming avec un faible sourire.

— J'en suis certaine. Elle s'est toujours montrée très sensible, votre grande sœur, parfois à l'excès », remarqua Connie en poussant la porte qu'elle n'avait pas fermée à clef.

Ming entra la première dans le vestibule. Très haut de plafond, il était recouvert d'un damier blanc et noir de marbre et décoré de portraits de famille.

« Est-ce que je peux vous offrir quelque chose ? demanda Connie en pointant du doigt une desserte située à gauche de la porte d'entrée.

— Rien, merci. Je dois rentrer vite à Londres. Connie, est-ce que vous voudrez dire quelque chose à Max pour moi ?

— C'est hors de question », trancha Connie en se versant un verre de sherry.

Elle alla s'asseoir près de la cheminée.

« Venez vous asseoir, Ming. »

Elle obéit et vint s'asseoir dans l'un des deux fauteuils bleus près du feu éteint.

« Je ne sais pas ce qu'on a pu vous raconter, mais vous devez seulement savoir que Max a aimé un homme, un artiste peintre, et rien d'autre. Il n'a jamais détourné un mineur et il n'a jamais poursuivi des gardiens dans les parcs. Tout ce que vous avez pu lire dans les journaux est un tissu de mensonges. Max n'a jamais été que l'homme intelligent et bien élevé que vous connaissez.

— Vous répétez ce que Gerry m'a déjà dit. Je le comprends intellectuellement, mais je ne puis m'empêcher d'éprouver pour lui des sentiments très curieux, expliqua Ming. Je crois que cela vient de mon éducation. Gerry est différente.

— C'est ce que je vois.

— Mais si Max est tel que vous me le décrivez, comment a-t-il pu faire une chose pareille ? Il m'a dit un jour qu'il avait été marié.

— C'est exact. » Le visage de Connie se durcit. « Il avait épousé une vieille amie à moi qui avait un caractère exécrable. Max lui a été fidèle pendant des années jusqu'à ce qu'il tombe amoureux de ce peintre.

— Je comprends », répondit Ming tout doucement. Elle ne comprenait rien mais voulait rassurer Connie qui semblait au désespoir.

« Ça m'étonnerait. Je pense que Gerry s'est montrée très discrète. La femme de Max était venue passer un week-end chez moi. Elle n'arrêtait pas de se moquer de moi parce que j'étais encore célibataire. » Ming ne reconnaissait pas la voix de Connie. « Elle le faisait souvent. Mais, ce jour-là, je ne sais pourquoi, je crois qu'elle avait touché le point sensible. Elle répétait que l'amour d'un homme était une chose merveilleuse et que Max lui était dévoué corps et âme. Il acceptait tout pour pouvoir vivre avec elle.

— C'était une vraie folle », interrompit Ming, la voix outrée. Sa remarque eut le mérite de faire rire Connie.

« Elle n'était pas folle. Elle était seulement idiote et vaniteuse », précisa Connie en buvant une gorgée. Dans un soupir, elle ajouta : « Dans ma colère, je lui ai tout révélé de la vie de Max.

— Ah ! fit Ming qui commençait à y voir plus clair.

— Oui, dit Connie, les yeux noirs et la bouche dure. A cause de moi, elle a fait suivre Max par des détectives, et elle l'a dénoncé à la police. A cause de moi, à cause d'une vanité blessée, Max a passé dix-huit mois à Wormwood Scrubs. »

Ne trouvant aucune parole réconfortante, Ming garda le silence. Le regard de Connie semblait à la fois plus sombre et plus fermé que jamais.

« Pouvez-vous imaginer un homme comme Max en cellule avec des voleurs et des assassins ? Une seule douche par semaine. Pas plus de trois livres par semaine. Un courrier censuré. Des visites limitées. Rien pour écrire. Des gardiens bornés. Tout cela par ma faute.

— Cela ne sert à rien de vous le répéter. Connie, je vous demande de bien vouloir m'excuser si je vous ai blessée. Je n'imaginais rien de pareil.

— Pourrais-je vous prêter un livre ?

— Un livre ? Mais pour quelle raison ? Je veux dire...

— Ming, inutile de vous affoler aussitôt ! s'écria Connie qui dans son énervement faisait penser à Gerry le soir du bal. Je ne me propose pas de vous faire découvrir les joies de la pornographie. Je pense à un roman français. Est-ce que vous lisez le français ? »

Ming fit oui de la tête. Connie se leva et s'absenta quelques minutes. En revenant, elle avait à la main un petit ouvrage. Ming le prit.

« Je vous promets de le lire. Merci. Je dois partir.

— Soyez prudente sur la route.

— C'est mon habitude. »

Ce soir-là, Ming commença au lit à lire le livre. Elle s'attendait à une lecture déplaisante, voire pénible, mais elle fut emballée dès le deuxième chapitre. *Histoire d'un amour perdu* était le récit fort bien écrit d'une histoire d'amour entre deux jeunes gens qui s'étaient rencontrés pendant la guerre. Ming le lut d'une traite sans prendre garde au temps, murmurant de temps à autre : « Je vois », ou : « Je comprends maintenant. »

Elle avait les larmes aux yeux en terminant. Tout à fait émue par ce tableau sensible d'un amour entre deux hommes, elle fut bouleversée de lire la maladie puis la mort de l'un. Sur le moment, ses propres émotions prenant le dessus sur sa raison, Ming ne fut en rien choquée par la description de cette intimité mentale et physique.

Le lendemain matin, elle mit à la poste pour Connie le livre accompagné de ce mot :

Vous aviez raison, Connie. Je comprends mieux désormais. Je regrette amèrement de vous avoir blessée, vous et Max. Vous, comme Gerry, m'avez dit que trop de gens ignoraient la réalité de cette question. Croyez-vous que nous pourrions publier dans le magazine un extrait de ce roman ?

Tout y est si bien décrit. Cela ouvre les yeux. On ne peut douter que cela aiderait à changer les préjugés de bien des personnes.
Votre amie.

Ming.

Ming alla poster le colis. C'était une belle journée chaude de juillet. En rentrant chez elle, elle apprit de sa femme de ménage que M. Suddley l'avait demandée au téléphone. Il la priait de le rappeler pour confirmer le pique-nique du samedi. En composant le numéro de Mark au bureau, Ming eut un sourire aux lèvres.

Ils convinrent de se retrouver chez Ming avant de prendre sa voiture pour aller à Oxford.

« A moins qu'il ne pleuve, remarqua Mark. S'il tombe des cordes, autant faire une croix sur notre pique-nique.

— S'il pleut, cela m'étonnerait que Julia n'annule pas. Si c'était le cas, nous pourrions peut-être faire autre chose à Londres. »

Il marqua une pause avant de répondre :

« Alors je prierai pour qu'il pleuve. Quoi qu'il en soit, je vous retrouve samedi. »

Au réveil le samedi suivant, Ming fut plutôt rassurée de voir percer les rayons d'un grand beau soleil à travers les rideaux vert pâle de sa chambre. Peu à peu la chaleur vint tandis qu'ils roulaient vers la location de barques. Ils y retrouvèrent la famille Wallington qui les attendait avec deux embarcations. Julia prit place entre ses enfants dans la première barque que dirigeait David.

Au bout d'une heure d'une paisible remontée, David fit signe à la seconde barque qu'il venait de remarquer une clairière dans un bois de saules.

« Arrêtons-nous ici. »

Ming, qui était en train de manier la perche, s'empressa d'acquiescer d'un signe de tête. Elle avait la sensation d'être littéralement enchâssée dans une coque translucide de chaleur. Elle plongea sa main dans l'eau pour se rafraîchir le visage. Manœuvrant avec précaution sa barque peu maniable, elle accosta en venant se placer le long de celle de David. Mark fixa alors le bout aux racines d'un saule.

« Auriez-vous chaud ? demanda Mark, visiblement amusé, tandis qu'il observait Ming en train de ranger la perche dans la barque.

— Je suis en nage. Heureusement pour le mauvais batelier que je suis que je plonge la main dans l'eau chaque fois que je remonte la perche ! Cela a le mérite de me rafraîchir ! »

Mark rit de bon cœur et lui tendit un bras plein de force pour l'aider à mettre le pied sur la berge. Le col de sa chemise était ouvert et ses manches étaient remontées. Au moment où il se pencha vers elle, Ming put voir le mouvement de ses muscles se dessiner sous la peau bronzée de son avant-bras. Les rayons du soleil jouaient dans ses fins cheveux blonds. Il dégageait une puissance masculine épanouie que masquaient à Londres ses vêtements de ville.

Mark souleva Ming pour l'aider à se hisser jusqu'au pré. Elle sentit sa main fraîche et puissante. David et Julia étaient déjà en train de sortir d'une petite malle d'osier les assiettes de papier et les gobelets de plastique.

Ming se proposa aussitôt d'aider David à étendre les couvertures et les petits tapis qu'ils avaient apportés. Mark retourna à la barque pour prendre un panier dans lequel il avait préparé une bouteille de vin d'Anjou. Julia étendit une nappe blanche en coton léger sur le tapis de sol, avant de dresser la table.

Il y avait des petits pains briochés au jambon et au fromage pour les enfants. Quant aux adultes, Julia leur avait préparé un assortiment de saumon fumé et de pâté en croûte. Elle avait également prévu du fromage, des biscuits, des fruits, des carrés de chocolat belge et un énorme plum-cake.

Ming s'allongea dans l'herbe, appuyée sur un coude, de plus en plus sensible à la présence de Mark. Il était adossé au tronc lisse d'un saule. Même s'ils étaient éloignés l'un de l'autre d'un bon mètre, Ming pouvait sentir son souffle. En remarquant une veine battre sur son cou, elle eut l'impression de ressentir en elle la régularité de son pouls. Elle respirait difficilement. En croisant le regard de Mark, Ming vit combien il prenait sur lui pour garder une pose nonchalante. Quelque chose en elle la poussait vers lui pour le toucher.

Au contraire, elle lui tourna le dos pour prendre une fraîche gorgée de vin.

« Un peu de gâteau, Ming ? demanda Julia qui avait observé avec amusement leur petit manège.

— Volontiers », répondit Ming en prenant l'assiette que Julia lui tendait.

Elle prit une cuillerée du très riche plum-cake. Elle mordit dans l'aigre-doux des amandes grillées, des raisins secs et des cerises confites.

« Un vrai délice ! L'avez-vous fait vous-même ?

— Non, c'est Janice qui l'a fait », coupa net Amanda.

Les deux jeunes femmes échangèrent un sourire. Ming respirait à nouveau normalement. Elle se sentit alors la force de se retourner vers lui. Il lui lança un regard noir qui peu à peu s'adoucit. Il accepta également une part du gâteau et y ajouta une fine tranche de fromage amer de Wensleydale. A ce même moment, David lui demanda brutalement :

« Mark, pouvez-vous nous confirmer qu'un plan complet d'invasion de l'Égypte est déjà au point ? »

Surpris, Mark fit tomber la tranche de fromage qui se brisa dans l'herbe. Ming se baissa pour la ramasser, surprise que David ait abordé un sujet aussi déprimant. Julia coupa en silence une autre tranche de fromage pour Mark.

« Je n'en ai pas la moindre idée, répondit Mark d'une voix blanche. Vous autres politiciens en savez toujours plus que nous autres, pauvres membres des cabinets gouvernementaux. »

David fit la moue avant d'ajouter :

« Je n'en crois pas un mot mais je vous donne raison : je n'aurais pas dû essayer de vous tirer les vers du nez.

— Ils ne peuvent pas faire la guerre pour une raison aussi futile », laissa tomber Ming avec une telle émotion que Mark en fut surpris.

Elle jeta dans la rivière la tranche de fromage et resta un moment à regarder se former et se briser les ronds dans l'eau. Les yeux baissés sur cette eau verte couverte de moucherons, elle pensait aux corps mutilés, aux âmes brisées, aux trahisons et aux tourments causés par la dernière guerre.

Quand elle revint vers les autres, Ming s'allongea dans l'herbe fraîche, les yeux levés vers les motifs que le soleil dessinait en jouant dans les feuillages. Elle s'efforça de faire taire ses souvenirs et d'ignorer sa compassion pour les régiments britanniques de Chypre qu'on enverrait au front en cas de conflit.

« Ils ne prendront pas le risque de nous faire vivre à nouveau une telle chose, poursuivit-elle quand elle s'en sentit capable, surtout pas pour le canal et la flambée des cours du pétrole. »

Amanda, fatiguée d'être encore à table et que la conversation des grandes personnes ennuyait, se laissa glisser jusqu'à son père pour lui poser la main sur l'épaule.

« Papa, est-ce qu'on peut aller jouer ?
— Julia ? demanda David en levant les sourcils.
— Très bonne idée, répondit-elle en souriant à ses enfants. Mais promets-nous de surveiller Jonathan. Et n'allez pas dans l'eau.
— D'accord », soupira la petite fille.

Elle prit Jonathan dans ses bras et courut avec lui pour explorer la rive. Ming les entendait pointer du doigt les terriers qui devaient abriter selon eux des taupes, des rats d'eau et des crapauds. Ming se sentait plus à son aise. En suivant d'une oreille les jeux des enfants, au moins ne pensait-elle plus au Proche-Orient. Peu à peu, les cris de joie des enfants se turent dans le lointain.

« Même si on passait à l'action militaire, le conflit se limiterait à l'Égypte », dit tout doucement Julia, qui avait appris par Flixe l'engagement de Ming pendant la guerre.

Ming se tourna vers son amie avec reconnaissance et lui sourit. Elles entamèrent une conversation moins sérieuse. Peu à peu, les propos furent de plus en plus décousus autour des reliefs du pique-nique. Tous quatre se laissaient aller à la langueur que le vin et la chaleur leur avaient prodiguée.

Le soleil les caressait à travers les feuillages. La brise faisait bruire les feuilles des saules le long de la rivière. Les oiseaux chantaient au loin, et parfois le bruit d'un moteur parvenait d'un champ voisin.

« C'est le paradis », dit Ming en se relevant. Puis elle s'allongea de nouveau en croisant ses mains sous sa tête. Elle observait le mouvement des feuilles au-dessus d'elle.

Elle portait la tenue blanche qu'elle avait achetée pour son voyage en Égypte. Le visage tourné vers le soleil, un sourire aux lèvres, Ming avait l'air détendue. Les trois autres la regardaient tout en fumant. Mark avait une expression de tendresse désabusée. David ne cachait pas le plaisir qu'il prenait à la regarder. En tournant le visage vers David, Ming vit qu'il lui souriait.

« Je suis bien contente que cet endroit vous plaise, remarqua Julia, en chassant un taon qui venait de se poser sur sa jambe nue.

— Quelle excellente idée vous avez eue là, n'est-ce pas, Mark ?

— C'est une pause merveilleuse dans le tourbillon routinier des réunions, des notes, des discussions et des synthèses ! Il est difficile de croire que nous sommes seulement à une heure de Londres. Pouvez-vous m'expliquer pourquoi nous nous enfermons toute la journée dans des bureaux à nous préoccuper de ce qui se passe à l'autre bout du monde, alors que nous pourrions rester allongés ainsi ? » dit Mark rêveur en montrant d'un geste le paysage or et vert des arbres et des eaux dormantes.

Une libellule irisée, pareille à un hélicoptère miniature, voleta au-dessus de ce déjeuner sur l'herbe, puis resta en suspens face à Ming, avant de filer comme une flèche vers la rivière et de disparaître.

« C'est insensé en effet, acquiesça David tout en mâchant un brin d'herbe qu'il recracha après avoir jeté un coup d'œil à sa montre. Mais nous y sommes obligés, même si parfois cela nous sort de la tête. A ce propos, il faudrait penser à redevenir sérieux, Julia.

— Pas déjà », gémit-elle, en pensant au long trajet de retour par cette chaleur et à la corvée de faire prendre leur bain aux enfants avant de les coucher. En théorie, Julia aimait l'idée d'avoir à s'occuper elle-même des enfants pendant les weekends ; mais, dans la réalité, c'était une autre paire de manches. « Comme l'a dit Ming, nous sommes au paradis ici. L'occasion est si rare.

— Je crois que si nous tardons trop, la circulation sera bien pire dans Londres, répliqua David. Jonathan risque d'être malade. Mieux vaudrait l'éviter. »

Julia se releva et retira les quelques brindilles qu'elle avait dans les cheveux.

« Tu as raison. Je vais chercher les enfants, dit-elle d'une voix lasse. Je suis toujours étonnée de constater que la chaleur ne les épuise pas.

— Restez ici, interrompit Mark avec gentillesse, je vais y

aller pour vous. J'ai envie de me dégourdir les jambes. »

Il s'éloigna à grandes enjambées. Les autres vidèrent les assiettes, plièrent les tapis et rangèrent le tout dans la petite malle en osier de Julia.

« J'attends l'Écosse avec impatience ! s'écria Julia en attachant les lanières de la malle. Est-ce que vous partez cet été, Ming ?

— Je ne crois pas. Si la chaleur devient étouffante à Londres, j'irai sans doute passer quelques jours chez mes parents et prolonger mes week-ends de travail chez Connie Wroughton. Quand partez-vous ?

— Julia part la semaine prochaine avec les enfants, répondit David en lui donnant la main pour l'aider à se relever. Je les rejoindrai au plus vite. Nous tenons beaucoup à passer entièrement le mois d'août en Écosse. Durant les quinze premiers jours, nous rechargeons les batteries. Puis nous chassons. C'est une région magnifique même si vous ne chassez pas. Vous devriez venir quelques jours, n'est-ce pas, Julia ?

— Oui, tout à fait, répondit son épouse après un temps de réflexion. Venez donc chez nous si l'envie vous en prend. C'est une vraie détente après la vie trépidante et les soucis de Londres. Peter et Flixe sont venus avec leurs enfants l'année dernière. Je crois qu'ils s'y sont plu.

— C'est très aimable à vous, remercia Ming qui avait remarqué avec surprise l'hésitation de Julia, mais je ne puis me le permettre cet été alors que nous nous battons pour la survie du magazine. J'ai peur de ruiner le modeste acquis dont nous bénéficions désormais depuis que je me démène pour augmenter nos ventes.

— Ce sera donc pour l'année prochaine, dit Julia avec un grand sourire. Vous viendrez peut-être avec Mark ?

— Peut-être », répondit Ming qui se disait qu'il était fort possible qu'à ce moment-là, en cas de guerre, ils ne puissent plus prendre de vacances ni les uns ni les autres.

Ils virent alors revenir Mark avec Jonathan exultant de joie sur ses épaules et Amanda, intarissable, gambadant joyeusement à ses côtés. David s'empressa d'aller à leur rencontre.

« Et en plus, il plaît aux enfants, murmura Julia, dans un sourire, les yeux brillants.

— Oui, je sais, répliqua Ming d'un ton cassant. Mark est

tout simplement trop beau pour être vrai. Flixe vous a-t-elle demandé de me pousser dans ses bras ?

— Elle m'a fait part de son désir de vous voir mariée et heureuse, reconnut Julia, regrettant de ne s'être pas tue. Il est bien difficile, à la vérité, de ne pas reconnaître que vous êtes complémentaires. Mais je sais trop bien que cela ne me regarde pas.

— Non, en effet, rétorqua Ming avec franchise. Si jamais Flixe vous interroge sur cette journée, peut-être pourriez-vous lui rappeler que je ne suis pas du genre à me marier ? » L'intonation mordante de Ming, mais aussi son œil dur et le pli résolu de ses lèvres ne furent pas sans causer une certaine émotion en Julia.

« Je vous ai mise en colère, ajouta-t-elle aussitôt. Je le regrette. Mais c'est seulement parce que nous sommes tous si attachés à vous que nous souhaitons votre bonheur.

— Le mariage est-il une chose si merveilleuse que cela ? interrogea Ming, qui n'avait pas oublié les souffrances de certaines de ses amies.

— Je n'en connais pas de plus importante », conclut Julia. Elle garda les yeux fixés sur la longue silhouette de son mari qui venait d'alléger Mark de son fardeau. Par un violent désir de sincérité, elle se sentit tenue de préciser : « Pourtant, il arrive que ce soit infernal à vivre. »

La colère de Ming tomba d'elle-même quand elle vit sur le visage de Julia se dessiner une expression d'affliction et d'effroi. Sentant en elle le besoin de réconforter, elle sourit et ajouta :

« Je suis navrée. Je ne cherchais pas à jouer les ingrates. Je suis touchée que vous vous préoccupiez de moi. Seulement, je n'arrive à croire à aucune forme de permanence. »

Julia ne put dissimuler qu'elle se raidissait. Elle croyait en la sincérité de Ming et voyait que sa jeune amie était inconsciente de l'état d'esprit de David. Ming n'était pas responsable du sentiment de désillusion et de l'obsession d'échec qui l'affligeaient. Et cependant, elle venait d'entrer dans sa vie en lui redonnant courage en lui-même : elle n'avait pas caché son admiration pour lui. Julia s'efforçait de ne rien imaginer d'autre.

En présence de Ming, le visage de David passait de la tristesse à la curiosité. Julia assistait à ce changement d'humeur. Elle devait écouter également les louanges que David faisait de Ming pour son intelligence, sa douceur et sa sensibilité.

Julia comprit que cet enthousiasme, qu'il exprimait sans honte, ne révélait pas chez lui le désir d'une aventure amoureuse. Et pourtant, elle voyait bien que, d'une certaine façon, David était amoureux. Moins vulnérable, Ming aurait sans doute paru moins dangereuse. Par conséquent, si Julia n'avait pas vu en elle une telle menace, elle aurait pu lui savoir gré de redonner à son époux un certain appétit de vivre. Mais parce qu'elle n'en était pas capable elle-même, elle en souffrait.

« On ne peut jamais avoir aucune certitude de permanence, affirma Julia avec la plus grande douceur. Pourtant, si quelqu'un respire la loyauté, c'est bien Mark.

— C'est vrai, reconnut Ming. En cela, il ressemble à David. »

Elles se turent, rangèrent les paniers et les tapis dans les barques et attendirent à l'ombre le retour des deux hommes.

Pendant le trajet du retour, Ming parla peu. On roulait difficilement et la chaleur était pesante. Mark ne savait pas si ce silence exprimait le ravissement ou l'ennui de Ming. Il craignit également qu'elle ne souffrît d'une migraine. En arrivant dans la banlieue de Londres, il était inquiet. A Shepherd's Bush Green, au feu rouge, Ming tourna la tête vers Mark et lui dit :

« On ne peut terminer si tôt une aussi belle journée. Que diriez-vous de venir souper chez moi à Cheyne Walk ? »

Le feu passa au vert avant que Mark pût répondre. En roulant vers Kensington, il répondit lentement :

« Avec grand plaisir, si vous le souhaitez. »

Elle se tourna vers lui en souriant. Miraculeusement, la circulation devint meilleure. Ming appuya sur l'accélérateur et passa en quatrième.

En arrivant chez elle, Ming fit passer Mark au salon. Elle lui demanda ce qu'il aimerait boire.

« Tout me convient », répondit-il, en l'observant, mince et détendue, devant la desserte en marqueterie, sur laquelle plusieurs bouteilles d'alcool étaient rangées.

« Ah oui, vraiment ? » remarqua-t-elle en se moquant de lui.

Elle avait l'air si heureuse, si sûre d'elle-même et de lui, que Mark eut le sentiment qu'une barrière entre eux venait de céder. Il s'approcha de Ming et toucha de la main ses cheveux. Le vent en voiture les avait emmêlés. Il les caressa doucement. Alors, elle se tourna vers lui et Mark prit son visage entre ses mains.

« Je suis navrée d'avoir des nœuds dans les cheveux », dit-elle d'une voix humble qui émut Mark.

Ming avait l'air si confiante que Mark sentit en lui le désir de bâtir autour d'elle des fortifications pour la protéger de toute souffrance. Depuis leur rencontre, il avait compris que Ming avait été terriblement blessée par quelqu'un.

« Ces nœuds ne comptent pas, mon amour, dit-il, en la prenant dans ses bras et en posant sa joue contre ses cheveux. Tu es adorable quand tu es décoiffée. Lorsque tu étais allongée dans l'herbe cet après-midi, des brindilles dans les cheveux, sous la surveillance de tes chaperons, j'aurais tout donné pour t'embrasser. »

De ses mains douces et fraîches, il leva vers le sien le visage de Ming. Elle souriait timidement en se rappelant le dernier baiser qu'ils avaient échangé. Elle attendait. Ses beaux yeux bleus étaient étonnamment limpides et semblaient refléter l'amour.

Mark se pencha vers elle et posa un baiser sur chacune de ses paupières, sur son petit nez, enfin sur ses lèvres entrouvertes.

Ming se rapprocha un peu plus près encore, se hissa sur la pointe des pieds en posant ses mains sur les bras de Mark. Un instant, elle fut incroyablement sereine. Elle crut trouver enfin dans la tendresse et l'affection de Mark ce qu'elle attendait depuis toujours.

Voyant qu'elle répondait à son désir, les mains de Mark glissèrent le long du cou de Ming sur sa peau douce. Entre les revers de son chemisier de lin, il caressa d'un doigt l'arrondi d'un sein. La respiration de Mark se fit plus pressante.

Ming fit un pas en arrière et vit sur son visage l'image de l'irrépressible désir qu'elle provoquait en lui.

« Non, Mark, dit-elle, comprenant qu'il s'était mépris sur la nature de son invitation à venir souper chez elle.

— Ming ? fit-il, interdit et inquiet. Vous ai-je blessée ? »

Elle s'efforça de sourire, incapable de lui expliquer pourquoi elle lui avait demandé de cesser de la toucher. Elle craignait de s'être trompée à son tour.

« Mais qu'y a-t-il ? Quel est le problème ? demanda-t-il d'une voix que l'anxiété rendait métallique, ce que Ming prit pour de la colère.

— Je ne peux pas... répéta-t-elle en hochant la tête, je suis navrée. »

Mark recula d'un pas. Ming vit qu'il serrait les lèvres et que ses yeux se durcissaient. Elle alla regarder par la fenêtre. Une main posée sur le rideau, elle dit :

« Je suis navrée, Mark. Je n'ai pas cherché à ce que cela se produise.

— Que voulez-vous dire par ''je n'ai pas cherché'' ? » Il restait calme mais sa voix trahissait sa colère. La main de Ming se crispa dans les plis du chintz.

« Vous n'avez pas cessé de me regarder de toute la journée comme si vous étiez amoureuse de moi. Vous m'avez invité à venir chez vous. Et là, à l'instant, en vous tenant dans mes bras, j'ai pu sentir que vous aviez envie de moi. » Il se tut, respira profondément et poursuivit : « Et maintenant vous dites que vous n'avez pas cherché à ce que je vous embrasse, comme si moi, je voulais une chose qui vous fasse horreur ? Mais vous n'en avez pas eu horreur. Je ne peux pas me tromper sur la façon que vous avez eue de vous approcher de moi, sur la tendresse que vous avez eue pour m'embrasser. Qu'est-ce que vous voulez au juste, Ming ? »

Sur cette interrogation, Ming se tourna vers lui. Il ferma les yeux en croisant son regard.

« Ne prenez pas cet air, dit-il, tout à fait désespéré. Dieu sait que je ne cherche pas à vous rendre malheureuse.

— Ni moi à faire votre malheur », parvint-elle à lui répondre malgré les larmes qui lui brouillaient les yeux. Elle voulut en vain cacher ses pleurs.

« Au nom du ciel, pouvez-vous m'expliquer ce qui se passe ? Si seulement je pouvais comprendre ce que vous voulez, je ne ferais pas d'erreur.

— Oh non, Mark, je vous en prie, ne vous mettez pas en colère, s'écria-t-elle.

— Ming, dit-il avec résolution, je ne suis pas en colère. En revanche, je suis inquiet et... perdu. Vous savez que je vous aime et que je ferais pour vous tout ce qui est en mon pouvoir pour vous protéger. Mais je ne comprends pas ce que vous cherchez ni ce que vous attendez de moi. »

Il attendit mais elle-même, ne sachant ce qu'elle désirait, ne put répondre.

« Si vous voulez que je disparaisse de votre vie, vous n'avez qu'à me le dire. » Comme elle continuait à se taire, il ajouta d'une voix plus dure : « Alors ? »

— Je ne comprends rien moi-même, dit-elle dans un effort. La seule chose que je sache, c'est que je vous aime beaucoup et que je ne pourrais pas supporter de ne pas... vous voir de temps en temps.

— C'est donc tout. Je vois. Je suppose que je ne peux pas vous en tenir rigueur, puisque c'est à peu près ce que vous m'avez déjà expliqué le jour où je vous ai demandée en mariage. Que vous ayez paru être d'un autre avis la semaine dernière n'y change rien. » Mark haussa les épaules avec mépris. « Mais je me sens incapable de continuer ainsi plus longtemps. »

L'image du visage pâle et défait de Ming le bouleversa mais il était lui-même trop ému pour lui venir en aide. Pour le moment, il ne pouvait plus rien faire pour elle.

« J'imagine bien, poursuivit-il avec tant d'amertume qu'elle se sentit coupable, que ce n'est pas parce que je brûle de désir pour vous que vous êtes obligée de m'aimer en retour. Ming, je m'en vais.

— Non, Mark... » balbutia-t-elle.

Mais il était parti avant qu'elle ait terminé sa phrase.

10

Durant les cinq jours que Ming passa dans l'attente d'une nouvelle lettre anonyme, elle fut dans l'angoisse d'y trouver une référence à Mark. Certaines lettres avaient déjà mentionné ses sœurs, Connie et Max. La perversité de son correspondant anonyme s'était complu à évoquer le travail de Ming, sa personnalité, ses attitudes et même la robe qu'elle portait chez les Attinger. Mais il n'avait encore jamais été question de Mark.

Lorsque Ming reçut la lettre, elle se vit accusée une fois de plus de paresse, de malhonnêteté et de cupidité. Elle apprit également que le charme qu'elle exerçait sur les autres entraînerait un jour ou l'autre sa déchéance. Elle en sourit malgré elle : Mark était bien la seule personne dont elle ait jamais abusé et il était le seul à ne pas être nommé parmi ses victimes...

Son travail se ressentit de ses sentiments confus vis-à-vis de lui. Elle n'était plus capable d'écrire ses articles avec humour. Elle se contenta de recevoir des directives de Max qui lui demanda de suivre au jour le jour la crise de Suez.

Ils eurent des preuves partielles que des négociations secrètes avaient bien eu lieu entre plusieurs pays dont la France et les États-Unis.

Les Français, qui avaient dans le canal autant d'intérêts, si ce n'est plus, que les Anglais, défendaient l'option de l'intervention armée contre l'Égypte. Les Américains, plus riches et infiniment plus puissants, préféraient une solution diplomatique. Nasser avait joué contre eux la carte soviétique, mais, la veille de la nationalisation du canal, l'URSS avait annulé sa proposition de financer la construction du barrage d'Assouan. Ce qui n'empêchait pas l'Union soviétique de mépriser l'impérialisme de la France et de la Grande-Bretagne car, même si elle utilisait peu le canal, elle restait hostile au principe de l'ingérence militaire.

On proposa tout d'abord une conférence réunissant dix-huit pays qui aboutit à l'échec de la négociation auprès de Nasser par le Premier ministre australien. Il en fut de même des démarches élaborées par l'Association des Utilisateurs du Canal de Suez qui jusque-là avait assuré la gestion du canal et la répartition des dividendes entre les différents actionnaires et l'État égyptien.

A la lecture de la presse, Ming espérait que le point de vue américain l'emporterait et qu'on parviendrait à une solution pacifique. Malheureusement, le point de vue français était massivement soutenu.

Tandis que les efforts des négociateurs se poursuivaient et que les juristes du monde entier se prononçaient pour ou contre la légitimité de l'offensive, le Premier ministre Anthony Eden[1] préparait la guerre au cas où Nasser ne céderait pas à la pression diplomatique. On transférait les corps d'élite assurant la sécurité à Chypre dans les camps d'entraînement de Malte. Les réservistes étaient en état d'urgence. Le cabinet du ministre de la Guerre préparait un plan d'attaque de l'Égypte débutant par un débarquement au nord d'Alexandrie, suivi d'une attaque au sol par le sud, puis d'une attaque maritime à Port-Saïd. Le ministère des Finances tentait de mettre au point un financement possible des efforts de guerre sans conséquences sur la livre sterling.

Le cabinet d'Anthony Eden était sujet à d'âpres affrontements internes encore tenus secrets, entre les fidèles du Premier ministre qui soutenaient le recours à la force pour détruire

---

1. Anthony Eden, lord comte d'Avon, né en 1897 et mort en 1977. Plusieurs fois ministre des Affaires étrangères depuis 1931. Premier ministre (1955-1957). Il engage la Grande-Bretagne dans l'expédition de Suez aux côtés de la France mais doit céder devant les pressions conjuguées de l'URSS, des USA et de l'opposition travailliste.

l'armée égyptienne et déposer Nasser, les partisans de la guerre si le Conseil de sécurité des Nations unies la votait, enfin les opposants à toute forme d'intervention militaire pour des raisons à la fois politiques et humanitaires.

La crise gouvernementale n'avait pas éclaté au grand jour même si elle ne trompait plus personne : en réalité, elle était l'exact reflet des tensions qui divisaient le pays. La presse britannique à grand tirage était furieuse qu'on tardât tant à donner une bonne leçon à Nasser. Les autres journaux fulminaient de voir s'intensifier l'effort de guerre.

Les rares lettres de Jack Hazeldene restaient volontairement vagues. Pourtant, elles étaient postées de Malte, ce qui signifiait qu'en cas de conflit il serait l'un des premiers à partir au front.

De plus en plus effrayée par cette perspective, Ming aurait aimé pouvoir en parler avec Mark, mais il avait coupé les ponts. Elle ne le vit pas de tout l'été jusqu'à ce dimanche d'octobre où elle devait déjeuner chez Gerry et Mike.

En sortant de l'ascenseur, devant la porte de l'appartement de sa sœur, à une heure moins le quart, elle se trouva nez à nez avec lui. Il venait de poser le pied sur la dernière marche de l'escalier. Il l'appela par son nom, elle se retourna et faillit perdre son équilibre.

Sous le coup de l'émotion, incapable de se contenir, elle tendit vers lui ses deux mains ouvertes.

« Mark, dit-elle, j'ignorais que Gerry vous avait invité. Est-ce que vous vous sentez bien ? »

A l'évidence surpris par la spontanéité de Ming, Mark la serra dans ses bras avant de reculer d'un pas pour lui sourire. Son regard restait pourtant fermé. Il avait l'air malade et soucieux.

« Je vous en prie, Mark, ne soyez pas en colère. Je sais que je le mérite mais...

— Je n'éprouve aucune colère, Ming. Il y a beaucoup de tensions au bureau en ce moment. Voilà tout.

— Je m'en doute. »

Il aurait aimé pouvoir lui dire le combat des conseillers pour éviter cette guerre qui les outrait autant qu'elle. Ils enrageaient de voir les manœuvres secrètes des partisans d'Anthony Eden autour du Comité pour l'Égypte. Certains membres du gouvernement et quelques hauts fonctionnaires qui s'étaient déclarés hostiles à la guerre étaient tenus à l'écart.

« L'orage peut ne pas éclater, dit-il sans conviction.

— Vraiment ?

— Nul ne peut dire ce qu'il adviendra mais il est inutile de s'effrayer. Au pire, le conflit restera régional. Vous n'en serez pas affectée.

— Ce n'est pas tant ça que…, balbutia-t-elle, les conséquences en cas d'escalade. Ne craignez-vous pas que l'Union soviétique prenne fait et cause pour l'Égypte ? Cette guerre serait alors bien pire que la Seconde Guerre mondiale.

— Je ne le crois pas. Nous ne sommes pas en mesure de nous engager dans une nouvelle grande guerre, les Français encore moins, je doute que les Soviétiques le puissent et les Américains y auraient bien du mal. Quoi qu'il advienne, les choses ne prendront pas cette tournure. De plus, nous avons la bombe atomique. Personne ne viendra s'y frotter.

— Je l'espère », répondit Ming, en se retournant pour frapper à la porte de Gerry.

Ils n'avaient pas mis un pied dans l'appartement que Mike insista pour que Mark l'accompagnât au pub du coin boire une bière avant le déjeuner. Pendant ce temps-là, Ming donnerait un coup de main à Gerry.

« Que se passe-t-il ? » demanda Ming en entrant dans la cuisine.

Gerry, qui portait un sweater bleu et un pantalon de marin, leva les yeux vers elle tout en continuant à pétrir la pâte. Elle avait l'air jeune et heureuse. Les deux sœurs se ressemblaient plus que d'habitude. Gerry avait de la farine dans les cheveux et sur le bout du nez. Ming n'avait pas vu sa sœur de si bonne humeur depuis longtemps.

« Mike est nommé adjoint du secrétaire général. Sa promotion avait pris un tel retard que nous commencions à nous inquiéter. Je crois qu'il veut demander conseil à Mark pour l'avenir.

— Ah ! répondit Ming. J'en suis très heureuse. Mike le mérite bien. Toi aussi d'ailleurs.

— Je n'y suis pour rien, mon chou, répondit Gerry en mettant le fouet dans l'évier. La pâte doit reposer. Puis-je t'offrir un verre ?

— Je ne dis pas non. »

Après un temps de réflexion, Ming se rappela qu'une des lettres anonymes avait établi une comparaison entre Gerry la travailleuse et Ming la paresseuse. Elle ajouta :

« Gerry ?
— Mm ?
— Trouves-tu injustes les dispositions d'Anna ?
— Parce que tu es sa seule héritière ? » demanda Gerry, la bouteille de sherry à la main. Son visage n'avait rien perdu de sa joie. « Bien évidemment que je n'en suis pas jalouse. J'ai toujours pensé que c'était une merveilleuse chose. Que voudrais-tu que j'en pense ?
— Il est injuste que toi et Mike travailliez tant alors que moi j'ai reçu l'héritage de ma marraine. »

Gerry tendit à Ming un verre de sherry.

« Écoute bien, mon chou, c'est certain, à moi aussi cela m'aurait fait plaisir, mais une telle aubaine, tu l'as bien méritée. Je me réjouis que ça te soit arrivé. La vie t'a réservé bien assez de coups durs pour qu'enfin elle te fasse un cadeau. »

Gerry se servit un verre. Puis, en s'asseyant sur le canapé, elle tapota le coussin jaune à côté d'elle. Ming obéit et vint s'asseoir près d'elle.

« Cet argent te libère de tout ce qui t'a rendu la vie difficile, affirma Gerry en remarquant le regard sombre de Ming. Le jour où tu décideras d'épouser Mark, tu pourras vivre avec lui comme bon te semblera. Quoi qu'il puisse t'arriver, tu seras toujours capable d'assurer un toit et un couvert à tes enfants.

— Mais je n'ai jamais dit que j'allais épouser Mark, répliqua Ming d'une voix blanche.

— Et pour quelle raison ? demanda Gerry qui n'avait jamais semblé aussi impatientée par sa sœur. Il est fou d'amour pour toi. Il s'est merveilleusement comporté envers toi depuis que tu as manifesté pour lui un certain attachement.

— Ce n'est pas ce que tu crois.

— Ming, réfléchis un instant. Mark est l'homme idéal pour toi : il est intelligent, doux, patient, tendre et curieux de tout. Pourquoi vas-tu chercher des complications ?

— Dieu seul le sait, répondit Ming désabusée. En un sens, je te donne raison. Je l'aime beaucoup, et depuis que par ma faute nous sommes fâchés, il me manque énormément. Mais,

Gerry, je n'épouserai pas Mark pour la seule raison qu'il est l'homme idéal, qu'il me désire et que je l'aime bien.

— Il y aurait bien pire comme raison pour ne pas l'épouser, remarqua Gerry. Je ne savais pas que vous aviez cessé de vous voir. Mais, écoute-moi bien : il ne doit pas être très en colère. En l'invitant à déjeuner, je lui ai dit que tu viendrais. Il aurait très bien pu refuser l'invitation. Et puisqu'il n'a pas dit non, il doit avoir envie de te voir. Après Mike, je tiens Mark pour la meilleure personne que je connaisse, remarqua-t-elle avec beaucoup de douceur. Ne te détourne pas de lui tant que tu n'es pas certaine de ne pas le désirer. Tu ne trouveras pas mieux que lui. »

Avant que Ming pût ajouter un mot, les deux amis rentrèrent du pub avec des bouteilles de cidre. La satisfaction de Mike faisait tellement plaisir à voir que Ming comme Mark décidèrent de s'y associer en oubliant leurs propres problèmes.

Le rôti de bœuf fut excellent, le pudding croquant sous la dent et la tarte aux pommes un merveilleux régal pour le palais. Mike, qui par nature était toujours de compagnie agréable, se montra particulièrement exubérant ce jour-là, tandis que Mark semblait plus réservé.

Gerry ne pouvait s'interdire d'observer Mark et Ming en train de discuter. Elle aurait aimé pouvoir obliger sa sœur à prendre la bonne décision avant qu'il ne fût trop tard. Il était tellement visible que Mark était amoureux de Ming. On ne pouvait douter ni de sa patience ni de sa loyauté envers elle. Toutefois, Ming dépassait les bornes en osant s'amuser de lui comme elle le faisait en ce moment même, alors qu'il traversait professionnellement une période très pénible. Gerry espérait que Mark comprenait comme elle que Ming n'agissait pas de façon délibérée. Celle-ci n'avait en rien conscience du mal qu'elle faisait à Mark.

Mark croisa le regard de Gerry et lui envoya un baiser en remarquant son inquiétude.

« Vous êtes un fin cordon bleu et la meilleure des amies », dit-il.

Gerry et Mark parlèrent d'un film récent qu'elle souhaitait voir. Il écouta, fit quelques remarques et proposa de faire la vaisselle avec Gerry tandis que Ming et Mike finiraient la bouteille de cidre.

Gerry accepta en riant de bon cœur. Ils revinrent un peu plus tard avec le café. Vers cinq heures de l'après-midi, l'enthousiasme général sembla tomber quelque peu. Alors seulement, Ming retrouva pour sourire à Mark l'expression qu'elle avait toujours eue. Elle se tourna vers sa sœur et dit :

« Je crois qu'il faut que je parte.

— Je vais prendre le métro avec vous, dit Mark. Gerry, je vous remercie pour ce merveilleux déjeuner qui nous a permis de célébrer le succès de Mike. Encore une fois, toutes mes félicitations, mon vieux ! »

Ming et Mark partirent donc ensemble et marchèrent en silence jusqu'à Tottenham Court Road. En haut des escaliers de la station, Mark se retourna vers Ming car il venait de se souvenir qu'il n'y avait pas de station de métro à Chelsea.

« Ne feriez-vous pas mieux de prendre le bus ? demanda-t-il.

— En effet, c'est beaucoup plus pratique, reconnut Ming.

— Puis-je vous accompagner ? »

Ming fit non de la tête.

« C'est inutile et ce n'est pas du tout votre chemin. Je peux très bien me débrouiller toute seule, répondit-elle en lui tendant la main droite.

— J'aime beaucoup votre sœur, dit-il en gardant les yeux baissés.

— Moi aussi, répondit-elle avec émotion. J'aime aussi Mike. Ils ont de la chance d'aller si bien ensemble.

— Il n'y a pas que la chance. Il y a aussi mille marques d'affection entre eux », répondit Mark en jouant avec les doigts de Ming.

Ming sentit en elle un étrange revirement qui n'était ni de la peur ni de l'amour mais les deux à la fois. Regardant droit devant elle, elle prononça le prénom de Mark. Sa voix suppliante le mettait en garde.

« J'ai compris, dit-il. Je ne cherche pas à vous harceler. Je sais trop bien que vous ne désirez pas ce que je désire. Rien d'ailleurs ne vous y contraint. J'ignore si je serais capable, et pour combien de temps, de n'être pour vous qu'un ami. Pourtant, si vous le souhaitez, je veux bien essayer une fois encore.

— Mark, dit Ming, son sourire éclairant son visage, je ne désire rien d'autre si vous ne devez pas trop en souffrir. »

Il baissa les yeux vers ce visage lumineux.

« Je peux le craindre. Mais vous avez l'air tellement heureuse, dit-il avec amertume. En vous promettant de ne plus vous aimer, j'ai droit à nouveau à votre sourire. »

Il dévala l'escalier avant qu'elle pût rien dire, s'immobilisa un instant au milieu de sa course comme pour rebrousser chemin, puis disparut. Ming retourna lentement à l'arrêt du bus en regrettant de ne pouvoir l'aimer simplement.

Elle mit du temps à s'endormir. Le lendemain, elle fit son possible pour travailler de façon un peu constructive. Incapable de rien manger de la journée, elle se mit au lit à la tombée du jour. Elle dormait encore quand Mme Crook arriva le lendemain matin pour faire le ménage.

« Oh, je n'aurais jamais…, balbutia-t-elle en ouvrant la porte de la chambre de Ming. Comme nous sommes mardi, je pensais que vous seriez déjà partie à votre réunion. Je ne savais pas que vous faisiez la grasse matinée.

— Quelle heure est-il ? » demanda Ming qui n'avait rien compris à ce que Mme Crook venait de lui dire. Elle se frotta les yeux et rejeta ses cheveux en arrière. Ming se sentait à la fois hébétée et malade.

« Il est neuf heures trente, répondit Mme Crook. Que diriez-vous d'une bonne tasse de thé ?

— Ce serait très gentil à vous, dit Ming en passant son peignoir. Je prends un bain en vitesse avant de filer. »

Mme Crook posa l'aspirateur contre le mur de la chambre pour aller mettre l'eau à chauffer.

Dans sa hâte, Ming oublia son malaise. Elle but son thé tout en se brossant les cheveux. Elle ramassa son sac, ses clefs, ses lunettes de soleil, salua Mme Crook et courut à sa voiture.

La circulation sur la route d'Etchingham n'était pas trop difficile ce matin-là. En entrant chez Max, Ming trouva la maison vide. Les fenêtres étant ouvertes en grand, Max ne devait pas être bien loin. Le salon offrait à Ming un peu de fraîcheur par cette canicule. Ming posa ses dossiers sur la table à abattants. Elle s'assit pour retrouver son souffle.

Les bouquets de roses blanches ajoutaient une note fraîche aux parfums naturels du salon : le tabac préféré de Max, les boiseries et le cuir des reliures.

Ming se dit qu'il était tout de même curieux que de tous les intérieurs qu'elle connaissait, celui de Max était le seul lui donnant pleinement le sentiment de se retrouver elle-même. L'horreur qu'elle avait ressentie en apprenant le passé de Max la surprit. En baissant les paupières, Ming s'efforça de ne plus penser à la migraine qui la taraudait.

Lorsqu'il entra au salon, du café et des biscuits à la main, Max comprit aussitôt que quelque chose venait de lui arriver. Malgré la nonchalance de sa pose, elle avait gardé les lèvres pincées. Max posa la cafetière et vint s'asseoir aux pieds de Ming. Elle ouvrit les yeux.

« Quelque chose ne tourne pas rond ? demanda Max.

— Je suis complètement perdue », confia-t-elle d'une voix légèrement tremblante. Il était assez étrange de confier de tels secrets à un homme comme Max. Mais elle avait confiance en lui.

« Ça nous arrive à tous, remarqua-t-il. Qu'est-ce qui se passe ? »

Sa voix n'avait rien de particulièrement chaleureux, mais Ming avait besoin de se confier à quelqu'un qui ne lui était pas trop proche.

« Je sais que j'ai blessé quelqu'un que j'aime et que je lui ai... — sa voix se brisa — je l'ai mis en colère. Je ne peux rien y changer, affirma-t-elle en regardant Max droit dans les yeux.

— Vous pouvez avoir confiance en moi », dit-il en lui prenant les mains.

Max s'assit à côté de Ming. Elle lui raconta tout ce qui s'était passé avec une franchise qu'elle n'avait jamais eue auparavant, pas même avec ses sœurs. Elle lui dit les pressions de Gerry et de Flixe pour qu'elle rencontre quelqu'un et qu'elle puisse se marier.

« Elles sont persuadées qu'il est malsain pour une femme de mon âge de ne pas avoir de vie sexuelle. Je ne peux tout de même pas faire l'amour comme on fait une partie de tennis. Il ne s'agit pas de garder la forme ! »

Elle évoqua les conseils directs de Flixe, les suggestions plus subtiles de Gerry, la gentillesse de Mark et son attachement pour lui.

« Je vois, dit Max quand Ming se tut, mais vous ne me dites pas tout. Mark a-t-il fait quelque chose d'impardonnable ? »

Ming regarda Max en se sentant coupable.

« Non. Il s'est mis une seule fois en colère. Mais c'était ma faute. Dernièrement, j'ai pu lui faire croire que je voulais coucher avec lui. Mais ce n'est pas ce que je voulais lui faire comprendre. Il faudrait que je l'aime pour que nous fassions l'amour. Il a cru que je m'étais moquée de lui.

— Je crois que vous êtes en train de jouer gros, Ming.

— En me moquant de lui ?

— Non, en l'aimant, gros bêta ! Pourquoi êtes-vous si en colère ? Croyez-vous qu'on se mette dans tous ses états pour quelqu'un qu'on n'aime pas ? »

Ming se leva pour regarder par la fenêtre.

« Ce que je ressens n'est malheureusement pas de l'amour. Je suis incapable d'aimer Mark. Je ne sais pas pourquoi. Mes sœurs ont raison, il est parfait. Mais je ne l'aime pas. Mon Dieu, voici Connie ! Max, pas un mot, je vous en prie.

— Vous pouvez lui faire confiance. »

Ming se souvint que c'était Connie qui avait levé un voile sur le passé de Max. Elle sembla l'interroger du regard.

« Vraiment, et quoi qu'on ait pu vous raconter à son sujet », dit-il.

Connie eut une expression de triomphe sur le visage en leur annonçant que le tirage du magazine était relancé. Le dernier numéro avait même rapporté un peu d'argent.

« Hip, hip, hip ! hourra ! s'écria Max.

— Je suis très contente, dit Ming.

— Je ne suis pas étonnée de vous voir cette mine défaite. Vous n'avez pas ménagé vos efforts cet été, remarqua Connie.

— Je crois qu'elle devrait partir en vacances. Qu'en pensez-vous, Ming ? »

Les larmes lui montèrent aux yeux. Ming était sensible à l'affection de ses amis.

« J'avais envie de faire un saut à Paris, avoua-t-elle. La sœur de Peter m'a offert l'hospitalité. Je pourrais mettre à profit mon séjour pour le magazine. »

Cette remarque fit rire les deux autres.

« Je savais bien que nous avions mis le doigt sur une mine d'or en prenant Ming au piège. Je n'ai jamais rencontré quelqu'un d'aussi consciencieux dans son travail, dit Max.

— Il y a quelque chose que vous pourriez faire, ajouta

Connie. Nous n'avons publié aucun récit de voyage dans nos deux derniers numéros. Paris jouit d'un grand prestige. Je crois qu'un article de trois cents mots ferait l'affaire.

— Je me sens un peu comme vous après l'incident sur le Nil, répondit Ming. A mon tour, j'ai envie de dire que je ne suis pas certaine de trouver le ton juste. »

Connie et Max échangèrent un regard. Ming sourit faiblement.

« Vous avez gagné : j'essaierai.

— D'accord, conclut Connie. Au fait, Max et moi-même avons décidé de publier un extrait d'*Histoire d'un amour perdu* dans le numéro d'octobre. Je l'ai fait traduire. »

Ming sourit timidement à Max. Ils se comprirent sans parler.

« Si j'étais vous, je prendrais au moins dix jours de vacances à Paris. Je crois que vous avez besoin de couper les ponts avec Londres et ceux qui aiment à vous donner des conseils. Est-ce que je me fais bien comprendre ? »

Ming acquiesça. Elle proposa à nouveau d'acheter des parts du magazine. Connie, en la raccompagnant à sa voiture, lui dit :

« J'accepte avec joie d'autant plus que nos problèmes d'argent sont réglés. Je ne pourrais pas trouver un meilleur associé que vous.

— Je suis très touchée. Je demanderai à mon notaire comment procéder.

— Ming, je suis très heureuse que vous travailliez pour nous. »

11

En arrivant à l'aéroport de Paris, le vendredi 12 octobre, en fin d'après-midi, Ming avait les nerfs à fleur de peau. Elle redoutait d'avoir à prendre seule le métro. Alors qu'elle rangeait son passeport, elle entendit qu'on l'appelait par son nom. Elle leva les yeux mais ne reconnut personne. Pourtant, une jeune fille brune vint à sa rencontre.

« Êtes-vous Ming Alderbrook ? demanda-t-elle en souriant.
— Oui, pourquoi ? Oh, mais ne seriez-vous pas Danielle ?
— Maintenant, on m'appelle Dannie, corrigea-t-elle en prenant la valise de Ming. Maman est retenue par une amie, elle n'a malheureusement pas pu m'accompagner. Nous nous sommes dit que vous auriez oublié le chemin de la maison.
— C'est gentil à vous, remercia Ming. Vous avez tellement grandi, poursuivit-elle en remarquant les fuseaux et le polo noirs, le mascara et les chaussures plates. Je suis sûre que vous êtes une existentialiste ?
— Ça s'impose ! répondit-elle tout sourire. Nous sommes tous existentialistes à la Sorbonne. Suivez-moi. »

Une fois dans le métro, Ming se réhabitua vite au français : elle n'eut bientôt plus besoin de tendre l'oreille pour comprendre Dannie. La dernière fois qu'elle avait séjourné à Paris, Dannie était encore une enfant. Ming fut amusée de l'écouter parler de philosophie et de l'homme qu'elle aimait. Nostalgique, elle mesura aussi l'étendue du changement en si peu d'années.

Dans l'île Saint-Louis, après avoir traversé la Seine, Dannie offrit une Gauloise à Ming qui fit non de la tête. Elle en prit une, rangea le paquet dans la poche arrière de son pantalon et alluma son briquet d'une pichenette. Ming fut amusée de voir Dannie si maniérée.

« A mon tour de porter la valise », s'écria Ming.

Dannie ne se fit pas prier. Elle retira un morceau de tabac de sa bouche. En arrivant devant la maison de ses parents, elle écrasa sa cigarette.

« Ne leur dites rien ! » dit-elle avec un sourire de connivence.

Ming promit.

Natalie la serra fort dans ses bras. On voyait tout de suite qu'elle était la sœur de Peter Suvarov. Ils avaient les mêmes sourcils et les mêmes yeux. La forme de son visage était pourtant différente avec ses pommettes saillantes et son petit menton. Il était curieux de trouver chez cette femme très classique la sensualité d'un chat. Elle n'avait perdu ni sa taille fine ni ses beaux cheveux noirs de jeune fille.

Son mari et elle occupaient les deux premiers étages d'un immeuble situé sur la rive la moins en vogue de l'île. Exposé au nord, l'appartement n'était pas lumineux. Il était même l'exact contraire de ce que Ming avait souhaité faire du sien. Elle aimait les tons pastel et la lumière : les Bernardone avaient choisi des couleurs sombres qui s'accordaient dans la journée à la pénombre des pièces. La nuit venue, à la lumière des lampes et des chandelles, on était alors plus sensible à la magnificence du lieu.

Bertrand, le mari de Natalie, participait ce soir-là à une réunion politique et Dannie sortait avec des amis. Ming et Natalie dînèrent donc ensemble. Elles échangèrent des nouvelles de famille. A la fin du repas, Ming se sentait chez elle.

Bien que Natalie eût quinze ans de plus que Ming, elle n'avait jamais fait jouer un quelconque droit d'aînesse dans leurs relations. Ce soir-là, Ming ressentit le besoin de se confier mais elle ne put s'y résoudre sans l'encouragement de son amie. Son mutisme s'était renforcé avec les années depuis la mort de sa sœur jumelle. Au début, elle ne pouvait prononcer le prénom d'Annie sans éclater en sanglots. Par la suite, ses sœurs ayant la fâcheuse tendance de répéter ce qu'elle leur confiait, Ming jugea préférable de se taire. Depuis, le silence était devenu une habitude.

Au lieu d'évoquer Mark, Ming parla du magazine et du malheur qui avait frappé Max Hillary. Natalie, qui ne l'avait jamais rencontré mais qui avait entendu parler de son histoire, fut outrée.

« C'est monstrueux, dit-elle avec une expression de dégoût. Chacun sait que les Anglais sont des monstres d'hypocrisie... Comme dirait Peter, là, c'est le pompon ! On enferme en prison un homme accusé d'aimer les hommes, sans une seule femme à l'horizon ! Quelle bêtise et quelle cruauté ! »

Les remarques pleines de bon sens de Natalie firent sourire Ming qui se dit que ses préjugés ne tenaient pas debout.

« La vie de Max est brisée. Il se cache dans un cottage sous un faux nom et ne met jamais les pieds à Londres.

— Il ferait mieux de venir vivre ici librement, remarqua Natalie. Nous n'avons pas persécuté des hommes comme lui depuis la Révolution. Ne pourrait-il devenir votre correspondant ?

— Je ne crois pas que le magazine puisse se le permettre, dit Ming en jugeant préférable de changer de sujet. Nous arrivons tout juste à rentrer dans nos frais. Je sais que Connie ne touche pas de salaire et je suis très peu payée. Et puis c'est moi qui me charge de couvrir Paris dans notre prochain numéro », conclut-elle dans un grand geste théâtral.

Natalie la félicita. En allant prendre la bouteille d'armagnac, elle demanda à Ming quels aspects de la vie parisienne l'intéressaient.

« Oh, le Paris de la romance. Il s'agit d'écrire sur un ton personnel un article de voyage. Vous savez bien, les feuilles des marronniers à l'automne, la brume couvrant la Seine, l'odeur de la baguette qui sort du four, l'élégance, la séduction...

— Je vois. Ce qui nous promet un afflux de touristes. Pas un mot sur l'île Saint-Louis !

— Je vous le promets. J'ai envie de demander à Dannie de m'emmener dans un club de jazz. Je pourrais écrire quelque chose sur la vie d'une jeune existentialiste. A Londres, nous n'avons pas ce genre d'étudiants débraillés qui passent leurs journées à boire du café. Vos étudiants ont plus de charme que les nôtres ! C'est dire ! »

En observant Ming, Natalie fut surprise de la trouver si désabusée : ses sourires dissimulaient mal un profond désarroi. Elle semblait avoir vieilli depuis son dernier séjour. Autour de la bouche et des yeux, les rides s'étaient accentuées. Le regard avait mûri. Natalie y voyait le signe d'une personnalité qui s'affermit.

Elle remarqua également que Ming était plus séduisante et mieux habillée. Toutefois, elle n'était pas aussi élégante qu'elle pouvait se le permettre désormais. Natalie eut envie de proposer une visite chez les grands couturiers, se rappelant que Ming venait d'hériter de la fortune de sa marraine. Alors qu'elle cherchait une façon diplomatique de le lui proposer, Ming croisa son regard et rougit.

« J'ai l'impression que vous allez m'annoncer quelque chose, dit Ming en se forçant un peu à rire.

— Non, pas vraiment, je me demande seulement ce qui a bien pu vous rendre si malheureuse à Londres, répondit Natalie un peu prise de court.

— Ce n'est pas tant Londres que tout un ensemble de choses. Depuis la guerre, l'hypocrisie est devenue générale. On vit dans la crainte d'une nouvelle guerre. Je ne veux pas jouer les casse-pieds mais j'y pense tout le temps.

— Je vous comprends. Depuis l'échec des dernières négociations, Bertrand pense que le conflit est inévitable.

— Croyez-vous que Bertrand pourrait m'aider à écrire un article sur ce qui se trame en France en ce moment ? »

Natalie haussa les épaules. Elle avait l'air particulièrement jeune et jolie, assise dans un fauteuil Louis XV.

« Il faudra le lui demander. Il croit comme vous qu'il est idiot de risquer la guerre. Mais tant de gens ici la souhaitent. Vous pourrez lui poser la question demain au petit déjeuner.

— Merci. Je dois vous avouer que je tombe de sommeil. M'en voudrez-vous si je vais au lit maintenant ?

— Bien sûr que non. Dans quelques jours, vous vous sentirez bien mieux. Vous allez pouvoir flâner et courir les couturiers. »

Natalie conduisit son invitée à sa chambre sombre, et l'embrassa en lui conseillant de faire la grasse matinée.

Le lendemain matin, devant un café noir et des croissants,

Bertrand promit à Ming de faire tout son possible pour l'aider à réunir de l'information. Elle décida alors de se mettre en quête de documents sur les monuments de Paris.

Natalie s'excusa de ne pouvoir l'accompagner de la journée, Dannie travaillant de son côté à la Sorbonne. Ming expliqua qu'il ne lui déplaisait pas de revoir seule les quartiers de Paris qu'elle aimait.

Elle se rendit tout d'abord à Notre-Dame qu'elle avait visitée enfant. Là, entourée des gargouilles, elle embrassa tout Paris d'un regard et eut un sentiment de liberté. Elle reconnut aisément les monuments parmi lesquels le Sacré-Cœur, d'une irréelle blancheur sous un ciel d'orage. Puis, tournant le dos à Montmartre, elle aperçut le dôme doré des Invalides.

Elle reconnut des voix d'Américains qui montaient l'escalier. En admirant l'île Saint-Louis, elle apprit des touristes qui l'entouraient qu'il y avait tout près de là, sur la terrasse d'un grand magasin, une carte permettant d'identifier les monuments de la capitale.

Ming ne fit ni une ni deux et délaissa les tours de Notre-Dame. En arrivant sur la terrasse, elle vit qu'une autre femme était déjà là. Elle semblait indifférente à la présence de Ming qui sans bruit se pencha sur la carte colorée datant de 1922. Ravie de pouvoir reconnaître tous les monuments, Ming fit lentement le tour de la terrasse en prenant des notes pour son article.

Alors qu'elle se retournait vers Notre-Dame, reconnaissant la flèche de la Sainte-Chapelle, l'autre femme fit un mouvement.

« Ming ! »

Ming leva les yeux au son de la voix de... Natalie.

« Ça va ? demanda-t-elle pour cacher sa surprise.

— Oui, ça va, répondit Natalie, assez honteuse d'être prise sur le fait. Je viens ici une fois par semaine.

— Pourquoi ? »

Natalie montra du doig une indication portée sur la carte. Ming lut : Direction de Saint-Pétersbourg.

« Oh, Natalie, dit Ming qui regrettait d'avoir justement choisi ce moment pour venir profiter du panorama. Je suis désolée de vous avoir dérangée.

— Je vous en prie. C'est purement sentimental. C'est le seul contact que j'ai avec mon pays. Je ne peux pas y aller. Ma famille ne peut pas m'écrire. Nous ne savons pas qui est vivant et qui est mort. C'est... difficile. »

La pudeur de Natalie émut Ming.

« Est-ce que vous vous souvenez de la Russie ?

— A peine quelques détails, de vagues souvenirs, des impressions. Nous avons dû fuir quand j'avais sept ans. Depuis, je me suis toujours sentie dépossédée. Si mes parents avaient pu nous rejoindre, la chose aurait peut-être été moins douloureuse. Mais cela fait si longtemps. Excusez-moi, je ne veux pas vous retenir.

— Ne dites pas cela. Croyez-vous que la Russie manque autant à Peter ?

— J'en mettrais ma main au feu. Peter n'a pas seulement perdu la Russie et notre famille, il a perdu ses idéaux révolutionnaires. Lorsqu'il voit l'état du bloc de l'Est, il ne peut que haïr ce à quoi il a participé.

— C'est une chose que j'oublie toujours », confia Ming qui avait du mal à imaginer en révolutionnaire fougueux l'homme du monde qu'était Peter.

« Cela explique sans doute pourquoi il se comporte si souvent mal avec les êtres qu'il aime le plus. Ayant tout perdu une fois, il doit craindre de tout perdre à nouveau. Il se protège lui-même en faisant mine de se moquer de tout. »

Ming resta pensive un long moment.

« Vous vous sentez bien, Ming ?

— Oui. Mais je n'y avais jamais pensé. Tout s'éclaire.

— Je dois m'en aller. Êtes-vous sûre d'aller tout à fait bien ? Parfait, je vous retrouverai donc à l'heure du dîner.

— Entendu, Natalie. Ne vous inquiétez pas pour moi. J'ai seulement été un peu surprise », répondit Ming.

Le reste de la journée, Ming repensa aux remarques de Natalie sur son frère. Assise dans la pénombre de la Sainte-Chapelle, elle se demanda si elle pouvait expliquer elle aussi ses propres problèmes par la peur qu'elle avait de tout perdre. Une apparente contradiction était à l'œuvre dans ce monde : la chose qui lui faisait le plus peur dans la vie, ce n'était pas l'hostilité déclarée d'un correspondant anonyme, c'était l'amour que lui vouait Mark.

En flânant dans les rues de Paris, Ming commença peu à peu à porter un regard neuf sur les derniers mois vécus à Londres. Elle trouva absurde d'avoir refusé à Mark ce qu'il avait si ardemment désiré après la journée de pique-nique. Elle s'y était refusée parce qu'elle savait ne pas pouvoir épouser Mark : elle comprenait seulement maintenant que les deux choses n'étaient pas inextricablement liées. Elle se jugea rétrospectivement bien naïve.

Quel mal y aurait-il eu à ce qu'elle fasse l'amour avec Mark ? se demanda-t-elle.

Un peu plus tard, dans une brasserie du Marais, Ming prit dans son sac son carnet de notes.

Mais, au lieu de noter ses réflexions sur les hôtels de la place des Vosges et du Marais, elle décida d'écrire à Mark.

Mon très cher ami,

Quel gâchis j'ai causé entre nous ! Veuillez m'en excuser. Si je n'avais pas été moi-même bouleversée comme je l'étais, peut-être aurais-je vu un peu plus clair en moi. Je suis si malheureuse depuis que nous nous sommes séparés.

L'idée de mariage me semble encore bien compliquée. Mais je ne puis supporter l'idée de vous savoir en colère ou malheureux à cause de moi. J'ai compris que je m'étais comportée comme une idiote le jour du pique-nique avec les Wallington. Je crois que mon éducation m'interdit d'accepter ce que nous désirons l'un et l'autre. J'ai compris bien des choses depuis. J'ai hâte de vous revoir à mon retour.

Je devrais rester encore une bonne dizaine de jours ici. Je suis logée chez la sœur de Peter Suvarov. Vous pouvez me téléphoner au numéro indiqué sur le premier feuillet de cette lettre. Je serais si contente de recevoir de vos nouvelles.

Ming.

Les jours passèrent, sans appel ni lettre de Mark. Pendant ce temps, Ming travailla à son article sur Paris. Elle écrivit à ses parents et à Jack Hazeldene qui poursuivait son entraînement à Malte. On attendait toujours la décision du gouvernement britannique.

Dannie se donna du mal pour introduire Ming dans les lieux les plus divers de Paris : un club de jazz à Saint-Germain-des-

Prés, le théâtre de Jean-Louis Barrault, une projection de *Et Dieu créa la femme* de Roger Vadim. Le caractère franchement érotique de la première scène, montrant la jeune Brigitte Bardot nue dans les vagues, fut un choc pour Ming.

Parfois, alors qu'elle marchait seule dans les rues de Paris, elle imaginait que Mark pourrait tout à coup sortir d'une bouche de métro ou d'un restaurant. Elle ne commandait jamais un café sans dévisager tout d'abord les clients du bar, dans l'espoir de le reconnaître. En visitant les églises et les galeries, il lui arrivait de se retourner sur un inconnu.

Le dernier jour que Ming passa à Paris, elle crut bien l'avoir vu. Un homme grand, les épaules carrées, traversait devant elle le pont Saint-Louis. Il avait la chevelure en désordre et l'allure nonchalante de Mark. Le souffle coupé, folle de joie, Ming l'appela.

Il ne se retourna pas. Ming le rattrapa en courant. Ce n'était pas lui. Elle s'excusa, déçue, puis rebroussa chemin. Son œil droit sautait nerveusement. Elle avait les jambes coupées. Elle se sentait bête et blessée.

Accoudée au parapet de l'île, les yeux perdus dans l'eau grise, Ming se dit que Mark n'avait pas dû recevoir sa lettre. Il devait attendre son retour à Londres pour lui téléphoner. Il préférait peut-être la revoir avant de répondre à cette lettre qui l'avait surpris. Il pouvait également en avoir eu assez de la valse-hésitation de Ming.

A cette pensée, Ming se redressa et se mit à marcher vers Notre-Dame. En arrivant devant la cathédrale, elle avait oublié ce qu'elle était venue y faire. Elle traversa alors la Seine pour chiner Rive gauche chez les bouquinistes.

Elle parvint à ne plus penser à Mark en examinant les livres et les gravures. Elle trouva pour Gerry une édition illustrée de contes russes et pour Flixe un lot de gravures de mode du XIXe siècle.

Ce soir-là, Natalie et Bertrand l'invitèrent à assister à un ballet : deux créations de Manuel de Falla. Ne connaissant pas la musique, elle eut grand plaisir à découvrir *Le Tricorne* dont les décors étaient signés Picasso. A l'entracte, Ming était d'humeur joyeuse en rejoignant le foyer.

Bertrand, qui avait commandé une bouteille de vin, les attendait un verre à la main au milieu d'une foule élégante. Il demanda à Ming si elle était au courant des démarches entreprises à Paris par des émissaires britanniques.

Ming fit signe que non. Selon les sources de Bertrand, un petit groupe d'Anglais avait participé à Sèvres à des réunions secrètes envisageant une attaque conjointe de l'Égypte par la Grande-Bretagne, la France et Israël. Au terme des négociations, un protocole venait d'être signé.

Le plaisir qu'elle avait pris au ballet fit place à la surprise puis au dégoût. Il était apparemment convenu que les Israéliens attaqueraient l'Égypte par le Sinaï. Afin de contrer la destruction de Tel-Aviv par les bombardiers égyptiens, l'aviation anglaise détruirait les aéroports ennemis dès le début du conflit.

Lorsque l'armée israélienne entrerait dans la zone du canal, les gouvernements français et britannique lanceraient un ultimatum aux Israéliens et aux Égyptiens, demandant le cessez-le-feu et le recul des positions à quinze kilomètres en retrait du canal. Au cas peu probable où les Égyptiens refuseraient de se retirer, les armées française et britannique donneraient l'assaut sous prétexte de protéger le canal.

« Je ne peux pas le croire, dit Ming.

— Prenez garde à votre verre qui penche », lui fit-il remarquer alors qu'un peu de vin venait de s'écouler.

Bertrand sourit de voir Ming se lécher les doigts comme un enfant.

« Qu'y a-t-il de si incroyable ?

— Je ne peux pas croire que le gouvernement britannique se résolve à des manigances pareilles.

— C'est pourtant très habile, rétorqua Bertrand avec cynisme. Ils veulent déposer Nasser. Sans l'aide des Américains, les Anglais et les Français sont incertains de remporter la victoire. Nous avons besoin de l'appui des Israéliens. De cette manière, votre gouvernement n'est pas tenu d'informer le peuple de cette alliance.

— C'est impossible, dit Ming en se mordant les lèvres. En êtes-vous sûr ?

— Non, mais c'est ce qu'on m'a dit. Mes sources sont en général bien informées. Si vous divulguez cette information dans votre magazine, inutile de mentionner de qui vous la tenez.

— Évidemment », assura Ming.

La sonnerie retentit. Ils retournèrent à leurs places pour assister au second ballet de la soirée, *L'amour sorcier*. La musique envoûtante de Falla ne parvenait plus à divertir Ming qui pensait à ce que Bertrand venait de lui révéler. Elle suivait d'un œil distrait les péripéties de l'héroïne qui tentait d'échapper au fantôme d'un ancien amant pour se donner à un nouveau. En voyant les danseurs évoluer sur scène selon des figures compliquées, Ming ne pensait à rien d'autre qu'aux figures que les cadavres composeraient bientôt dans les sables du désert égyptien.

Elle se souvint du sentiment d'identification qu'elle avait ressenti avec les jeunes gens qui avaient attaqué à coups de pierres le bateau sur le Nil. Une nouvelle vague de fureur la submergea.

12

Ming rentra à Londres complètement démoralisée d'être sans nouvelles de Mark et de savoir la guerre inévitable. Rétrospectivement, elle jugeait ridicule de s'être offerte à Mark, dont le silence était humiliant. Pour couronner le tout, il lui était pénible de savoir qu'elle trouverait chez elle une nouvelle lettre anonyme.

Durant le vol pour Heathrow, elle parcourut d'un œil distrait des magazines. Elle fut incapable de lire attentivement les articles concernant la répression soviétique en Hongrie.

A peine avait-elle posé un pied chez elle que Ming s'empara du courrier. Elle remarqua l'enveloppe blanche postée dans le centre de Londres et l'ignora rageusement pour examiner les autres lettres. Elle reconnut alors l'écriture énergique de Mark. Elle ouvrit l'enveloppe les mains tremblantes et vérifia aussitôt la signature. Elle ferma les yeux de soulagement.

Ma très chère Ming,
Ce petit mot pour vous dire que je prends enfin quelques jours de vacances. Je pars en compagnie d'un ancien ami de l'université. Je vous téléphonerai à mon retour.
J'espère que vous excuserez mon comportement après le déjeuner chez Gerry. J'ai dépassé les limites.
Mark.

En vérifiant la date sur l'enveloppe, Ming comprit que Mark avait quitté Londres sans avoir reçu sa lettre à temps. Ce mot lui confirmait qu'elle n'avait pas détruit tout ce qu'il avait patiemment tenté de construire. Elle se sentit alors capable de lire l'autre lettre et prit un coupe-papier.

Depuis le temps qu'elle recevait des lettres anonymes, Ming n'avait jamais pu ouvrir du doigt une seule des enveloppes blanches. Elle était dégoûtée à l'idée de toucher la colle qu'on avait léchée. Elle avait acheté un coupe-papier de plastique qu'elle réservait à ce seul usage.

Alors, ma petite Ming, on croyait pouvoir s'enfuir à Paris l'air de rien ? Tu ne pourras jamais te débarrasser de moi. Je sais toujours ce que tu fais et qui tu vois.

Je sais aussi que tu te conduis toujours aussi mal où que tu ailles. Pour ne pas changer, tu fais le malheur des autres.

Faudrait pas pousser le bouchon trop loin.

L'enveloppe rejoignit dans la boîte à chaussures toutes les preuves de l'acharnement haineux de ce correspondant anonyme. Ming se persuada que ces quelques lignes ne pouvaient en rien la blesser, que son départ à Paris n'avait été un secret pour personne, que cette lettre ne révélait rien d'important sur sa vie et surtout qu'il n'y avait aucune référence au mal qu'elle avait pu faire à Mark.

Plus que jamais, Ming désirait se faire pardonner. Mais tant que Mark ne répondrait pas à sa lettre, elle ne pouvait rien faire.

Elle se mit au travail pour noter les informations qu'elle tenait de Bertrand Bernardone et fit le plan de l'article qu'elle pourrait en tirer. Puis elle téléphona à Connie.

« J'ai tellement de choses à vous raconter que je ne pouvais pas attendre mardi.

— Ah bon ! répondit Connie, déçue d'entendre à la voix de Ming qu'elle semblait toujours aussi fatiguée. Alors, ce séjour à Paris ?

— Très beau mais un peu triste... triste n'est pas le mot. C'est difficile à expliquer. L'article est écrit et je vous le donnerai mardi. Je vous appelle pour autre chose.

— Je ne suis pas sûre de vous suivre. »

Ming répéta ce que Bertrand lui avait appris. Connie ne dit pas un mot jusqu'à ce que Ming eût terminé.

« Nous devons faire un papier. Il est révoltant de penser que certains membres du gouvernement concluent secrètement de tels accords.

— J'ai du mal à y croire, dit Connie. Nous ne pouvons rien publier sans confirmation. Nous n'avons pour le moment que des informations invérifiables de source française. Trop dangereux.

— Vous avez raison, répondit Ming.

— Pourquoi ne pas essayer de vérifier l'information à Londres ? Ce serait un scoop. Dans notre situation, on ne nous passerait pas la moindre erreur. Vous voyez ce que je veux dire ?

— Oui, répondit Ming, apparemment ragaillardie. Je vais voir ce que je peux faire d'ici mardi. Comment allez-vous ? Et Max ?

— Très bien. Mais on a senti votre absence lors des deux dernières réunions. L'extrait d'*Histoire d'un amour perdu* nous a valu un courrier abondant. Heureusement, des réactions favorables en général.

— J'en suis ravie. Embrassez Max pour moi.

— Promis. Ça lui fera plaisir. Au revoir, Ming. Ne travaillez pas trop. »

Ming lirait plus tard le reste de son courrier. Elle défit sa valise et prit un bain pour se délasser. Le téléphone sonna.

Elle noua autour de sa taille une serviette en sortant de la baignoire et marcha précautionneusement jusqu'à la cuisine pour répondre.

« Allô, Ming ? »

C'était la voix de Mark. Il ne pouvait mieux tomber.

« Je suis si contente que vous m'appeliez, Mark.

— Et moi si content que vous m'ayez écrit. Votre lettre m'a fait très plaisir, ma chérie. Est-ce vrai que vous regrettez que nous n'ayons pas...

— C'est vrai, répondit Ming en rougissant. Je sais que j'ai agi cet été de façon égoïste, mais je ne me suis jamais moquée de vous. Je ne savais plus où j'en étais, voilà tout.

— Je comprends. Quand puis-je vous voir ?

— Pourquoi pas maintenant ?

— Vraiment ? Puis-je venir chez vous ?
— Je vous attends », conclut Ming.

Ming enfila une robe bleue et choisit d'agrafer à son épaule une broche sertie de perles. Elle pensa à ce qu'elle était sur le point de faire et fit taire en elle les quelques derniers doutes.

Une fois prête, Ming jeta un dernier coup d'œil à sa chambre pour s'assurer que tout était en ordre. Elle voulait à tout prix rendre les choses faciles. Elle tira les rideaux et alluma les lampes de chevet. Elle eut un peu l'impression de mettre la dernière main au décor d'une pièce de théâtre.

Pour oublier cette sensation déplaisante, elle vérifia que Mme Crook avait bien mis des draps frais. Elle les trouva si froids qu'elle se demanda s'il ne vaudrait pas mieux préparer des bouillottes. Elle rit du ridicule qu'il y avait à se soucier de ce genre de chose dans l'attente d'une nuit de passion illicite.

Elle fila à la salle de bain pour jeter au panier une paire de bas qui traînait. On sonna à la porte. Elle alla ouvrir à Mark avec un sourire radieux aux lèvres.

« Vous êtes divine ! » dit Mark en prenant Ming dans ses bras. Son visage semblait amaigri et plus pâle. Ming se dressa sur la pointe des pieds pour lui caresser la joue. Il lui sourit et elle sentit sous sa main se contracter les muscles du visage de Mark. Des images du pique-nique de Julia lui revinrent en mémoire. Ming savait qu'elle avait raison de faire ce que Mark voulait.

« Comment allez-vous, Mark ?
— Bien mieux maintenant, répondit-il en prenant la main de Ming. Êtes-vous sûre de ne pas vous tromper ?
— Je vous jure que je ne m'enfuirai pas cette fois-ci », dit-elle en souriant. Avec difficulté, elle ajouta : « J'ai envie de vous. Depuis toujours, d'ailleurs. Mais je ne le savais pas. Vous devez me prendre pour une idiote.
— Pas du tout », répondit Mark.

Mark eut l'impression qu'il retrouvait Ming, ou plus exactement qu'il la voyait à nouveau pour de vrai. Il la serra contre lui et posa ses lèvres dans ses cheveux.

« Vous tremblez, remarqua-t-il avec inquiétude. Ma chérie, faire l'amour ne doit pas être pour nous une épreuve de plus. Nous avons tout le temps.
— Je le sais bien. Mais il y a si longtemps que je n'ai pas... Je ne sais pas si...

« — Ne vous inquiétez pas, dit-il, certain de pouvoir venir à bout des tout derniers obstacles. Tout se passera bien. N'ayez pas peur. »

Mark ouvrit la porte de la chambre. Ming entra la première.

« Regardez-moi dans les yeux », dit-il en la prenant par les épaules.

Ming leva vers lui ses grands yeux bleus.

« Voilà qui est mieux, ma chérie. Seul compte le plaisir. Si vous n'y prenez pas de plaisir, alors je n'en aurai pas non plus, car ce n'est pas ce que je désire. D'accord ?

— D'accord », répondit Ming.

Tout se passait pour le mieux. Ils s'allongèrent sur le lit. Mark dit combien il l'aimait et ce qu'il désirait faire pour elle. Il attendit que Ming fût détendue pour cesser de maîtriser totalement son propre désir.

Il lui fit comprendre combien elle était aimée. Alors, confiante, Ming se tourna vers lui. Délicatement, il retira les boucles d'oreilles et la broche de Ming. Il prit son visage entre ses mains.

Plus tard, après que Ming eut donné à Mark ce qu'il avait si furieusement désiré et qu'il l'eut comblée, ils restèrent enlacés, échangeant sur l'oreiller des mots d'amour. Elle ne comprenait pas pourquoi les romanciers parlaient toujours de l'abandon de la femme : elle ne pouvait concevoir de plus grand abandon que celui de Mark. Il reposait sans force entre ses bras et elle ressentit un sentiment de protection devant sa vulnérabilité. Elle était heureuse de lui avoir enfin donné une part d'elle-même.

« Ming, ce soir tu as fait de moi le plus heureux des hommes. Merci, mon amour.

— Oh, Mark ! dit-elle. Je regrette d'avoir attendu si longtemps. Je n'ai jamais voulu te rendre malheureux.

— Bien au contraire, tu m'as comblé. »

Ils s'assoupirent. Une heure plus tard, ils se réveillèrent affamés. En sortant du lit, Ming proposa de faire des œufs au bacon. Mark rit aux éclats.

« Ce serait épatant, ma chérie !
— Mais, qu'est-ce que j'ai dit de drôle ? » demanda Ming en nouant la ceinture de son déshabillé.

Elle était tellement heureuse de voir les yeux gris de Mark s'éclairer de bonheur qu'elle répondit par un sourire à ses moqueries.

« Je constate qu'on élargit ses compétences culinaires ! dit Mark. Quand nous serons mariés, il faudra peut-être que nous prenions des cours de cuisine. »

Ming, les lèvres serrées, observa Mark en se demandant s'il plaisantait ou non. Le doute lui était insupportable. Mark, qui avait remarqué son silence, se leva d'un bond pour se planter devant elle.

« Qu'est-ce qu'il y a ? Qu'est-ce que j'ai dit ? Ming, est-ce que je t'ai blessée ? Ma chérie, dis-moi quelque chose.

— Mark, je croyais que tu avais reçu la lettre que je t'avais écrite à Paris.

— Je l'ai reçue. Sinon, je ne serais pas ici.

— Mais j'ai écrit noir sur blanc que je ne pouvais pas t'épouser. »

Perplexe, il la considéra un moment sans mot dire avant de se rendre compte de sa nudité. Il lui tourna le dos pour s'habiller à la hâte. Lorsqu'il se retourna vers elle, elle avait gardé le même visage défait. Il avait les yeux brillants.

« Tu as voulu que je te fasse l'amour, dit-il lentement. Tu... Je pensais que tu avais fini par changer d'avis. »

Il se laissa tomber sur le lit. La voix blanche et le regard fermé de Mark firent sortir Ming de sa torpeur. Elle vint s'asseoir à côté de lui sans le toucher.

« Je pensais que tu voulais seulement faire l'amour avec moi », dit-elle en espérant éviter les problèmes qu'elle pressentait.

Les premières impressions de Ming avaient été les bonnes. Étant incapable de l'épouser, elle aurait mieux fait de ne plus voir Mark.

« Je le pensais depuis que tu m'avais avoué ton amour le soir du bal chez les Attinger et le jour du déjeuner chez Gerry. C'est pourtant bien ce que tu voulais dire ?

— Dans un certain sens oui..., dit-il d'un ton désespéré.

— Je ne comprends rien, avoua Ming avec tristesse. Nous

nous comprenons toujours de travers. Je viens juste de réaliser que je m'étais mal comportée envers toi pendant des mois en acceptant tes cadeaux, en sortant avec toi, en me réjouissant de ta présence sans jamais te donner ce que tu désirais le plus. Est-ce que je me suis trompée une fois encore ? »

Mark cacha son visage dans ses mains. Puis il respira profondément en relevant la tête. Les yeux fixés sur le portrait du père de Ming, il dit en retrouvant tout son calme :

« Ce doit être ma faute. Je t'ai certainement induite en erreur. J'avais terriblement envie de toi mais pas dans ces conditions... Je te voulais pour... la vie. Je voulais tout partager avec toi. Je voulais prendre envers toi un engagement qui l'emporterait sur tous les autres. Et je pensais que tu en ferais autant. Si j'avais seulement voulu coucher avec une femme, j'aurais pu... »

En se brisant, la voix de Mark donna à Ming le sentiment de sa propre médiocrité.

« Quel gâchis ! Je voulais être honnête avec toi. Comme je ne pouvais pas t'épouser, je savais qu'il y avait quelque chose que tu désirais et que j'étais capable de te donner. »

Ming ressentit à son tour la douleur qu'elle avait infligée à Mark.

« Je te déteste si tu imagines que je me suis donnée à toi à la légère ou que je puisse me donner au premier venu. »

Mark se leva pour aller nouer sa cravate devant le miroir.

« N'empêche que tu as dit toi-même qu'il y avait longtemps que tu n'avais pas couché avec quelqu'un. J'ai l'impression que...

— Au lendemain de la guerre, interrompit Ming, plutôt mal en point, je me demandais comment j'arriverais à me dépatouiller de tout ce qui m'était arrivé. Je fréquentais un homme à cette époque qui sembla me donner une chance. J'acceptai de l'épouser. Mais après avoir couché avec lui, je me suis rendu compte que je ne voulais plus me marier. C'était fini. »

Mark se retourna. Une question terrible, qu'il ne pouvait décemment pas poser, le taraudait. Même s'ils s'étaient trompés l'un et l'autre, Ming restait la femme qu'il aimait. Il se dit que cet amour serait de piètre valeur s'il ne pouvait affronter le premier orage.

« Si je comprends bien, ce soir j'ai raté le test, moi aussi », conclut Mark froidement.

Ming était sonnée. Elle essaya en vain de lui répondre. Elle hocha la tête.

« Je ferais mieux de partir.

— En effet, c'est préférable. Oh, Mark ! Une fois encore, je t'ai fait du mal, dit Ming en sentant ses yeux se brouiller de larmes. Je ne l'ai pas fait exprès.

— J'espère bien, répondit-il. Au revoir.

— Je vois. Mark ?

— Qu'y a-t-il ?

— Je t'en prie, ne me méprise pas.

— Je te téléphonerai », dit-il avec un sourire forcé au moment de quitter l'appartement.

Au réveil, le lendemain matin, Ming se répéta qu'elle n'avait aucune raison de broyer du noir. Elle avait perdu un ami mais était désormais en plus responsable du vague à l'âme de Mark. Ils étaient quittes : Mark était parti et elle était libre de faire ce que bon lui semblait. Elle aurait dû se sentir soulagée.

Elle se leva et s'habilla. Elle prit la résolution d'oublier sa fatigue et ses sentiments en ayant une journée très occupée.

Elle prépara son emploi du temps en prenant son petit déjeuner à la cuisine. Il fallait tout d'abord vérifier les informations de Bertrand. Puis elle mettrait définitivement au point la décoration et l'ameublement de l'appartement.

Il y avait au courrier une lettre de Mlle Roseheath la félicitant pour son article sur les femmes et l'argent. Son ancien professeur l'invitait à venir donner une conférence au lycée un samedi de la fin janvier. Ming le nota sur son calepin et lui écrivit une lettre de confirmation.

Il était onze heures du matin quand Ming sut qui appeler pour vérifier son scoop. Elle composa le numéro de la secrétaire la plus intelligente qu'elle ait connue à la Chambre des communes.

« Diana ? Ming Alderbrook à l'appareil. Comment allez-vous ?

— Très bien. Quoi de neuf depuis que vous êtes en liberté ?

— Tout va pour le mieux. Je rentre juste de Paris.

— Veinarde !

— En fait, tout n'est pas si rose. Les bons copains me manquent. Je me demandais si nous ne pourrions pas déjeuner ensemble un de ces quatre ?

— Bonne idée ! répondit Diana avec enthousiasme. Aujourd'hui je suis libre car James est en déplacement. Est-ce que c'est trop tôt ? Mieux vaut sauter sur l'occasion.

— Ça me convient », répondit Ming qui suggéra un petit restaurant italien qu'elles connaissaient toutes les deux. Elles s'y retrouveraient à midi et demi.

Avant de changer de pantalon, Ming jeta un coup d'œil au cellier pour voir s'il serait possible de l'aménager en bureau. Elle n'aimait pas que le salon se transforme en salle de travail. Peu à peu, les piles de documents envahissaient tout. Petit et sombre, le cellier n'avait qu'une fenêtre ouvrant sur une cour intérieure. Se rappelant le parti pris décoratif que Natalie avait tiré de l'obscurité de son appartement, Ming se dit qu'elle pourrait faire quelque chose de cette pièce.

En choisissant des couleurs riches et chaudes, on pourrait rendre l'endroit confortable. Elle se demanda si un papier peint inspiré des fleurs de lis des piliers de la Sainte-Chapelle pourrait se trouver facilement.

Elle téléphona à plusieurs boutiques en décrivant ce qu'elle recherchait et demanda qu'on lui envoie des catalogues. Puis elle se changea. En bouclant sa ceinture, elle se demanda comment elle formulerait ses questions à Diana.

13

Arrivée la première au restaurant, Ming choisit une table à l'écart et s'assit en attendant son amie.

Plus jeune que Ming, Diana Frontwell était aussi plus grande et plus en chair. Très blanche, les cheveux blond vénitien, le nez busqué, elle était toujours coiffée comme la reine Elizabeth Ire. Cette ressemblance n'avait d'ailleurs pas été sans faire sourire lors de son arrivée au Parlement. Intelligente et bosseuse, Diana avait fait sur Ming une forte impression même si certaines vieilles barbes déploraient sa brusquerie.

En voyant Diana traverser la salle, Ming ressentit envers son amie la même exaspération que Connie envers elle-même en Égypte. Il semblait absurde qu'une fille aussi talentueuse que Diana ait été la secrétaire d'un député minable. Si elle avait été un homme, sa passion pour la politique lui aurait valu un siège. Bien née ou bien mariée, elle aurait pu obtenir ce même siège alors que, telle qu'elle était, Diana pourrait être tout au plus l'épouse d'un député.

Autour d'un plat de lasagnes et d'une bouteille de vin rouge, Ming pressa Diana de lui rapporter les derniers potins de Westminster : démissions et successions, liaisons entre parlementaires et secrétaires, rumeurs de divorces, éloge de Ming qui tintait constamment aux oreilles de sa remplaçante.

« Je ne crois pas aux compliments, dit Ming qui avait pris du recul depuis sa démission. Quand j'ai revu Roger Sillhorne cet été, il avait l'air de m'avoir prise en grippe. Je devrais peut-être passer saluer cette jeune femme. Je n'aime pas qu'on me trouve antipathique quand je n'y suis pour rien. »

Diana but un peu de vin, d'un geste qui la fit paraître plus royale que jamais.

« Je ne vois pas le mal qu'il y aurait à la rencontrer. Mais ne portez pas ce jour-là une de vos nouvelles toilettes. A mon avis, le chic parisien passerait encore moins bien que les regrets de Sillhorne. »

Ming baissa les yeux sur le tailleur noir qu'elle portait. Elle ne l'avait pas acheté à Paris mais à Knightsbridge sur les conseils de Flixe. La simplicité de la coupe, une veste épaulée et une jupe serrée, était le signe d'un vêtement coûteux.

« Bien sûr, répondit Ming gênée. Mais assez parlé de moi. Que dit Roger des événements de Suez? Il doit être tout à son affaire. »

Diana évoqua le traitement de la crise par le gouvernement et ses répercussions sur les parlementaires.

« Veronica dit que Roger ne se sent plus depuis que Nasser a mis la main sur le canal. Il fulmine contre l'interdiction d'intervenir en Égypte lancée par les Nations unies. Il en parle plus que de vous, c'est dire! Remarquez, il a aussi la Hongrie, maintenant.

— Je ne sais pas trop quoi en penser. Il est difficile de comprendre ce qui se passe là-bas en lisant les journaux. Qu'en dites-vous?

— Je sais ce que j'en ai lu. Lors des manifestations d'étudiants, les Soviétiques ont tiré dans le tas. Hier, on parlait de huit cents morts.

— C'est ce que j'ai lu. Rien que des femmes, des enfants et des étudiants sans armes. Mon Dieu, quelle horreur!

— Il ne faut pas s'attendre à autre chose de la part des Soviétiques, remarqua Diana en jetant un coup d'œil à sa montre. Il faut que je file. James n'est pas là mais j'ai du courrier à taper. Cela m'a fait très plaisir de vous revoir, Ming.

— C'était amusant, hein? C'est un peu curieux de parler en étranger de son ancien travail, dit Ming en se penchant pour ramasser ses gants et son sac. Je ne pensais pas que je me sentirais... exclue. J'étais si heureuse de tout quitter que je n'ai jamais supposé que cela me manquerait un jour. On se téléphone?

— Bonne idée. Vous avez eu raison d'arrêter : vous êtes bien mieux qu'avant. Et pas seulement parce que vous vous habillez mieux. L'héritage n'explique pas tout », dit Diana avec un franc sourire.

A cette remarque, Ming se rappela que Diana n'avait pas ses moyens. Elle fit signe au serveur et régla la note. En sortant du restaurant, elle décida de rentrer à pied. Il aurait été paradoxal de flâner dans Paris et de méconnaître Londres. Malgré sa fatigue, elle espérait que la marche lui éviterait de ressasser sa déception avec Mark. Elle longea la Tamise pour rentrer chez elle.

C'était une belle journée de froid soleil et de vent piquant. Les arbres avaient perdu leurs feuilles. Elle goûta avec une joie particulière l'odeur des feuilles mortes qu'on brûle à l'essence ; c'était pour elle le vrai parfum de Londres. Après avoir dépassé le lourd bâtiment de la Tate Gallery, la balade devint moins intéressante, même si les maisons délabrées de Pimlico, en allant vers l'Hôpital royal, valaient le détour.

Ming ne sentait plus ses jambes en parcourant les derniers cent mètres. Elle mit des mules et passa la tenue confortable qu'elle avait le matin avant de s'asseoir à son bureau.

Elle n'avait pas ôté le capuchon de son stylo que le téléphone sonna. Elle était incapable de ne pas répondre à un appel.

« Ming ? demanda Peter Suvarov d'une voix cassée par l'urgence.

— Que se passe-t-il ? demanda Ming en pensant aussitôt à la révolte hongroise et à l'engagement de Peter dans la révolution russe.

— C'est Flixe. Elle a ressenti les premières contractions il y a environ deux heures. Il y a des complications. L'ambulance arrive pour l'emmener à l'hôpital. Le temps presse. Pourrais-tu venir t'occuper des filles ?

— Évidemment ! J'arrive tout de suite. Combien de temps me donnes-tu ?

— Il n'y a pas le feu. Le sage-femme de Flixe et Brigitte sont avec les petites. Mais elles sont en larmes. Je préfère que leur tante soit avec elles.

— Ne te fais pas de souci, Peter. Dis à Flixe que je l'aime et téléphone-moi... dit Ming d'une voix tremblante. Téléphone-moi pour me tenir au courant.

— On verra. L'ambulance est ici. Au revoir. »

Peter raccrocha et Ming resta le combiné à la main. Elle essaya de mettre ses idées au clair. Elle décida de prendre des affaires et du travail pour plusieurs jours au cas où Flixe serait hospitalisée un certain temps.

Une demi-heure après avoir reçu le coup de fil de Peter, elle mettait sa valise dans le coffre de sa voiture. Elle emportait avec elle ses notes et sa machine à écrire portable. Elle refusait de penser à toutes les histoires horribles qu'on lui avait racontées à propos d'accouchements dramatiques et de bébés amochés. Elle roula lentement jusqu'à Kensington et gara sa voiture devant chez Flixe.

Fiona et Sophie jouaient sagement dans la nursery sous l'œil de Brigitte, une jeune Allemande au pair. La sage-femme préparait du thé à la cuisine. Elle était plus jeune et plus mince que celle qui avait accouché Flixe les fois précédentes. Étriquée dans son uniforme blanc, elle ne semblait pas tout à fait à sa place au milieu de cette cuisine campagnarde.

Il y avait une grande table de bois, des tommettes au sol et des ustensiles en cuivre rangés au-dessus de la cuisinière. Des bottes de fines herbes, des chapelets d'oignons, des chaînes d'ail et de champignons séchés pendaient au plafond. Plus d'une fois, Ming s'était gentiment moquée de Flixe en lui disant qu'elle s'étonnait de ne trouver ni jambon ni saucisses.

Ming s'assit à la table de la cuisine et demanda avec calme à la sage-femme de lui raconter ce qui s'était passé.

« En fait, il n'y a rien eu jusqu'à maintenant, répondit Mlle Jenkins en souriant. Le bébé s'est présenté par le siège dès le début et je n'ai pas pu le retourner. Mieux vaut pratiquer l'incision en milieu hospitalier. Il n'est pas impossible non plus qu'on ait recours à une césarienne.

— Est-ce vraiment sérieux ? demanda Ming qui n'y connaissait rien. Cela ne me semble pas très inquiétant.

— Non, mais on aurait pris un risque en ne l'hospitalisant pas. Voulez-vous une tasse de thé, mademoiselle Alderbrook ? demanda-t-elle en versant l'eau dans la théière.

— Volontiers. L'enfant est-il normal ?

— Je n'ai rien remarqué d'anormal. Ils vérifieront tout cela à St. Mary. Je vais prévenir les enfants que le thé est servi. »

Même si la jeune femme lui inspirait confiance, Ming se

demanda si on ne lui cachait pas la vérité. Elle ne pouvait rien faire d'autre que d'amuser les enfants en attendant l'appel de Peter.

Tout se passait bien. Après avoir pris le thé, Ming lut une histoire à Fiona pendant que Brigitte aidait Sophie à faire un puzzle. Pourtant, la lecture terminée, Fiona leva les yeux vers Ming et lui demanda :

« Quand maman reviendra, est-ce qu'elle sera vite guérie ?
— Sûrement.
— Et elle aura bien le bébé ? interrogea Fiona qui était le portrait craché de son père.
— Oui, répondit Ming qui ne voulait pas que le doute s'insinue dans l'esprit de l'enfant. Est-ce que cela te fait plaisir ?
— Ça dépend.
— De quoi ?
— Si c'est un garçon ou pas. Les filles, ça suffit comme ça. Sophie est tellement...
— Fiona, viens prendre ton bain, s'écria Brigitte. Va montrer ta salle de bain à tatie Ming. »

Ming fut contente de voir Fiona obéir. Il n'était plus question ni du bébé ni de Sophie. Une fois les enfants couchés, Brigitte s'excusa d'avoir interrompu leur discussion :

« En ce moment, Fiona supporte difficilement Sophie, qui parle comme une grande mais qui est encore trop petite pour jouer avec elle. Elle pleure quand sa grande sœur lui fait des remarques.
— Cela se comprend », dit Ming qui se rappelait son propre désarroi quand elle ne pouvait partager ni les jeux ni les rires de ses sœurs.

Brigitte se retira dans sa chambre après avoir expliqué que sa journée se terminait une fois les enfants au lit. Ming descendit prendre de quoi travailler au salon, où la sage-femme regardait la télévision.

Ming était pensive dans le bureau de Peter quand il téléphona. On en était toujours au même point. Les médecins n'envisageaient pas de césarienne. Flixe souffrait toujours autant.

« C'est tout de même curieux, dit-il en maîtrisant son inquiétude. Les autres naissances ont été si faciles. Sophie est née en une heure et demie à peine.

— Elle est plus âgée, Peter. Mais elle est dans de bonnes mains. Ils auraient déjà pratiqué la césarienne s'il le fallait.

— Tu es forte comme un roc, dit Peter. Comment vont les filles ?

— Elles vont bien. Elles sont au lit depuis deux heures. Tu me préviens au fur et à mesure, n'est-ce pas ?

— D'accord. Je dois te quitter. On m'appelle. »

Peter rappela une demi-heure plus tard pour annoncer que Flixe venait de donner naissance à un garçon.

« Est-ce qu'ils sont tous les deux hors de danger ?

— Tout semble maintenant rentré dans l'ordre. Flixe va bien. Elle est fatiguée, méchamment déchirée, mais ça va. Je vais pouvoir revenir à la maison.

— Entendu. Mais reste tant que Flixe a besoin de toi. »

Ensuite, Ming téléphona la nouvelle à ses parents et à Gerry. Enfin, elle rejoignit la sage-femme visiblement angoissée.

« Je suis très heureuse. Mme Suvarov va pouvoir se reposer maintenant. Elle a dû beaucoup souffrir. Je vais aller me coucher. Bonne nuit.

— Je vais attendre le retour de mon beau-frère, dit Ming. Dormez bien. »

Elle attendit Peter jusqu'à une heure et demie, les paupières lourdes de sommeil. Elle finit par se coucher mais dormit seulement par à-coups. Vers quatre heures, elle entendit le bruit d'une clef dans la serrure de la porte d'entrée. Elle se leva et passa son déshabillé. Le vestibule était dans le noir mais la lumière de la lune se reflétait dans le miroir mural face à la porte. Ming discerna la silhouette d'un homme sur le seuil.

« Peter ? C'est toi ?

— Oui, c'est moi », répondit-il en allumant.

Ming ne put réprimer un petit cri en découvrant son visage ravagé par la fatigue. Il avait les yeux rouges. Elle dévala les escaliers. Face à lui, Ming demanda :

« Que s'est-il passé ? »

La gorge de Peter se serra. Ming sentit qu'il avait bu.

« Flixe a eu une hémorragie. Elle a commencé à pisser le sang juste après avoir dit que tout allait bien. Il ne faut jamais faire confiance aux médecins. Tu m'entends, Ming ? »

Peter perdit l'équilibre et s'écroula dans les bras de Ming. Elle le serra fort en regardant droit devant elle. Elle répéta le nom de Flixe comme pour conjurer le mauvais sort. Les petits agacements entre Ming et sa sœur ne comptaient plus. Seul importait l'amour qu'elle avait pour Flixe.

« Elle a perdu des litres et des litres avant qu'ils parviennent à stopper l'hémorragie, dit Peter.

— Mais ils l'ont arrêtée ?

— Oui. Ils l'ont ensuite transfusée. Ils m'ont juré que Flixe était maintenant tirée d'affaire.

— Allons dans la cuisine. Je vais te préparer quelque chose de chaud. Tu en as bien besoin », dit Ming en le pressant d'avancer et en se demandant quelle quantité de cognac il avait bue.

Peter obéit comme un enfant docile. Il attendit assis à table que Ming fasse réchauffer du potage. Celle-ci se fit pour elle une tasse de thé. Elle le regardait reprendre des couleurs.

« Je me sens mieux, dit-il en repoussant son assiette vide. Je suis désolé. Est-ce que je t'ai fait peur ?

— Un petit peu. Ça va ?

— Ça va maintenant. J'ai honte de m'être évanoui à l'hôpital quand Flixe a commencé à perdre du sang. Il y avait au moins six personnes qui me marchaient dessus pour lui porter secours.

— J'imagine la scène. Ce devait être une vision d'épouvante.

— Curieusement, non. Mais j'avais en moi la certitude inébranlable que Flixe allait mourir. Oh, mon Dieu ! Ming, j'ai bien cru qu'elle allait mourir ! »

Ming lui passa la main dans les cheveux. Peter eut un mouvement de recul. Il se leva, fit le tour de la table et vint poser sa tête sur les genoux de Ming. Son cœur se serra quand elle sentit les larmes de Peter mouiller son déshabillé. Elle lui caressa la tête pour le calmer.

« Merci, Ming.

— De rien, Peter, dit-elle en lui tendant un torchon. Tiens, mouche-toi !

— J'ai l'impression d'entendre Flixe parler aux enfants. »

Il se leva pour se passer un peu d'eau sur le visage.

« Merci de ce que tu viens de faire. Il n'y a qu'avec toi que je pouvais me laisser aller. Tu es la seule personne à qui j'ai osé montrer combien... j'aime Flixe.

— J'en suis heureuse, répondit-elle.

— Pourquoi ? Tu en doutais ?
— Je me suis parfois posé la question. Mais je sais si peu de choses sur l'amour que je suis mal placée pour en parler.
— Comme c'est étrange, dit Peter en regardant le visage défait de Ming. Tu as été si souvent aimée que je te croyais experte en la matière.
— Moi ? Hélas ! non. J'ai besoin de quelqu'un comme toi pour me l'expliquer. Tu ne veux pas essayer ?
— Quoi ? Te dire ce qu'est l'amour ? C'est vouloir le bonheur de l'autre avant le sien. C'est vouloir protéger l'autre et chercher désespérément à comprendre ce qu'il pense.
— Je le croyais aussi, dit Ming.
— Si tu aimes, l'autre devient tout pour toi... à tel point que tu ne crains plus la douleur. Ming, je ne puis te décrire que des symptômes. Ce qui ne trompe pas, c'est que dans l'amour tes défenses contre la douleur tombent une à une. Je ne crois pas qu'on puisse exprimer ce qu'est l'amour. Pour le dire il faut être poète et non pas un révolutionnaire au rancart comme moi. Je ne peux te donner qu'une liste de symptômes.
— Ce qui est certain, c'est que tu viens de me confirmer ce que je pensais autrefois, avoua Ming avec des larmes dans les yeux.
— Qu'est-ce qui t'a fait changer d'avis ?
— L'homme que je croyais aimer ne m'aimait pas. En le voyant vivre avec quelqu'un d'autre, j'ai cru que mon amour pour lui était mort. Après, j'ai fini par douter de l'avoir jamais aimé.
— Était mort ? répéta Peter tout doucement.
— Je viens de me rendre compte que je l'aime encore, avoua Ming avec franchise.
— Ah, Ming ! Tu sais bien que je t'ai toujours aimée. »
Ming eut un geste de rage comme pour effacer la phrase qu'il venait de prononcer. Il lui prit les mains de force.
« Oui, je t'aime, Ming. Mais pas comme j'aime Flixe. Il y a une force que je n'ai trouvée qu'en elle et qui me lie à elle. Tu m'es très chère et je veux ton bonheur. Je t'aime mais pas de cet amour inexplicable. »

14

Tout le week-end, alors qu'elle s'efforçait de travailler, Ming repensa à ce que Peter lui avait révélé sur leurs sentiments. A une ou deux reprises, elle se demanda si elle n'aurait pas mieux agi envers Mark si elle avait eu plus tôt cette conversation avec Peter. Elle se demandait si elle pourrait encore tirer profit d'un tel échec. Elle ne pouvait s'empêcher de rêver à l'heureux dénouement qui restait malgré tout improbable.

Ming y pensait encore le lundi midi dans sa cuisine. Elle était en train d'écaler un œuf dur quand elle apprit à la radio que l'armée israélienne venait d'envahir l'Égypte par le Sinaï. Elle suivit les nouvelles attentivement.

Le téléphone sonna.

« Allô, Ming ? Ici Peter.

— Bonjour. Tu as une meilleure voix. Comment va Flixe ? Et le bébé ?

— Ils vont bien. Je te téléphone pour ça. Les visites sont maintenant autorisées. Elle a très envie de te voir. Peux-tu y aller cet après-midi ?

— Bien sûr. J'attendais d'en recevoir l'ordre ! Est-elle vraiment remise ?

— Tout à fait. Il n'y a plus aucun risque d'hémorragie et elle a bien meilleure mine. Au fait, nous aimerions savoir si tu accepterais d'être la marraine de notre fils ? »

Sous le coup de l'émotion, Ming resta sans voix.

« Tu as joué un rôle si important dans sa naissance que nous aimerions te le confier devant Dieu, poursuivit Peter.

— Cela me fait très plaisir, répondit-elle enfin. Merci.

— Je ne sais pas ce que je serais devenu sans toi vendredi dernier. Tu as été extraordinaire.

— Merci, Peter. J'ai fait ce que Gerry aurait fait dans la même situation, rien de plus... Tant mieux si j'ai pu me rendre utile. Quand puis-je venir à la clinique ?

— Quand tu veux. On se verra peut-être là-bas. Sinon, à bientôt. »

Ming sortit aussitôt acheter une énorme gerbe de roses avant de prendre un taxi.

En arrivant à la clinique, Ming trouva Flixe le dos calé contre une pile d'oreillers, dans une chambre croulant sous les fleurs. Elle était pâle et amaigrie. Malgré ses yeux creusés et son visage marqué, elle avait une expression sereine. Ming embrassa Flixe qui lui présenta son filleul.

Emmailloté dans un châle, l'enfant était petit, ridé et chevelu. Ming ne savait que dire.

« Dieu soit loué, tu es en bonne santé !

— Je vais bien. Peter m'a dit qu'il t'avait fait des frayeurs. J'en suis navrée.

— Ma pauvre, ce n'était vraiment pas ta faute. Quel cauchemar ça a dû être ! Peter était au désespoir.

— Je sais. Il m'a tout raconté. Je te suis très reconnaissante d'avoir été à ses côtés. Il avait besoin de toi. »

A en juger par le regard affectueux que Flixe avait pour elle, Ming comprit que Peter avait tout rapporté de leur conversation. Un an plus tôt, elle aurait certainement été humiliée d'apprendre que son amour pour Peter était connu de sa sœur. Désormais, tout lui était égal. Curieusement, ses aveux l'avaient libérée de quelque chose d'incompréhensible pour elle.

« Il s'est montré bon envers moi », dit Ming.

Avant que sa sœur ait eu le temps de lui répondre, Gerry poussa la porte les bras chargés de fleurs.

« Mince alors ! Il y en a encore plus ici que chez le fleuriste ! Bonjour, Ming. Tu as l'air d'être dans une forme épatante.

Tu es mieux que lors de notre dernier déjeuner. Que t'est-il arrivé ?

— C'est bien ce que je me disais aussi, il y a quelque chose, renchérit Flixe.

— Il n'y a rien, vraiment. J'imagine que c'est parce que je suis très occupée.

— Moi, ça me réussit moins en général ! remarqua Gerry en éclatant de rire.

— Arrête de dire n'importe quoi ! répondit Flixe. Je ne t'ai jamais vue raplapla. Est-ce que tu veux bien le prendre un peu ? J'ai les bras engourdis.

— Demande plutôt à Ming. Je ne sais pas y faire avec les bébés.

— Il risque de salir son bel ensemble. Je t'en prie, Gerry. »

Ming ne comprenait pas pourquoi Flixe s'entêtait à jouer les mères devant Gerry qui ne le serait jamais.

De fort mauvaise grâce, Gerry prit dans ses bras ce paquet de langes. Elle laissa tomber sur le visage fripé du nouveau-né un regard froid, et rendit le tout à sa mère après lui avoir susurré quelques mots doux à l'oreille.

« Tu sais, Flixe, le travail n'explique pas tout. Toi en chemise de nuit et moi dans mon vieux manteau, nous faisons plutôt pâle figure devant Ming. Tu as beaucoup de chien, Ming. Tu aurais fait plaisir à Anna.

— Vraiment ? » demanda Ming en jetant un coup d'œil à sa jupe.

Elle était toujours un peu tiraillée entre son puritanisme, les problèmes d'argent de Gerry et ses propres dépenses.

« Je t'assure, dit Gerry. Anna était très élégante. Tu fais bien. Je me réjouis que tu reprennes du poil de la bête. Mike sera content de l'apprendre. Mark aussi, je suppose... »

Gerry, qui blaguait, fut surprise de voir Ming lui lancer un regard noir.

« Quel prénom vas-tu lui donner ? » demanda Ming à la jeune mère.

Flixe se redressa avec précaution dans son lit. Avant de répondre, elle pressa ses lèvres contre la petite tête brune.

« Je voulais l'appeler Rupert mais Peter pense que Ruuupert Suuuvarov, ça fait beaucoup de "u". Notre choix est presque fait, ce devrait être Sylvester.

— Quoi! s'écria Gerry, ce qui fit hurler le bébé. Tu vois bien, il n'aime pas ce prénom.

— Mais tu ne vois donc pas que Flixe te fait marcher? demanda Ming.

— Je n'en suis pas certaine, répondit Gerry. J'ai toujours su que Flixe avait aimé ce roman de Georgette Heyer à cause du grand-père tyrannique. Je sais de quoi elle est capable.

— J'avais complètement oublié qu'il s'appelait Sylvester. Mais c'est Ludovic qu'aimait Flixe. En tout cas, tu ne vas pas l'appeler comme ça?

— En fait, non. Mais je ne résiste jamais au plaisir de mettre Gerry en boîte. Elle ne marche pas, elle court!

— Tu as de la chance d'être au fond de ton lit, sinon je t'aurais fait payer ça! répondit Gerry avec un grand sourire. Alors, tu vas nous le dire?

— Nicholas, répondit Flixe. On le prononce presque de la même façon en anglais, en français et en russe. Ce prénom nous plaît. Sans compter que le meilleur ami de Peter s'appelait Nikolai. Ming, est-ce que tu veux bien le prendre un peu?»

Ming obéit. En tenant l'enfant dans ses bras, elle se rappela soudain Mark après qu'ils avaient fait l'amour. Il avait posé sa tête sur sa poitrine. En murmurant son prénom, Ming avait ressenti une vague de tendresse la submerger. Comment aurait-elle pu être certaine de l'aimer?

«Elle s'y prend mieux que moi, dit Gerry. Je dois vous quitter. J'ai une conférence à donner dans moins d'une heure. Je n'ai pas pu résister au plaisir de venir faire un tour. Tu as beau être un monstre, ma chère Flixe, je suis heureuse que tu te rétablisses et que Nicholas soit un beau bébé.

— Je te remercie. Je dois dire que c'est le premier vrai compliment que tu m'aies jamais fait! dit Flixe en riant. Les fleurs sont superbes, merci.

— Je me doutais que tu serais gâtée, mais pas à ce point. A qui doit-on ce spectaculaire bouquet? demanda Gerry en pointant du doigt une gerbe d'œillet blancs et rouges.

— A Tibor Smith. Il est passé ce matin, fou de joie à l'annonce des nouvelles de Hongrie, me disant qu'il fallait au moins ça pour saluer la naissance du bébé. Je crois que le blanc, le rouge et le vert sont les couleurs nationales de la Hongrie. Lui et David Wallington seront les parrains.

— Je vois, dit Gerry. Y a-t-il vraiment de quoi se réjouir ? Que dire des massacres et des combats ? C'est plutôt sinistre.

— Mais tu ne sais pas ? Tibor m'a dit que les Soviétiques quittaient la Hongrie.

— C'est trop gros pour être vrai, remarqua Gerry. J'imagine difficilement les Soviets reconnaissant l'indépendance d'un pays satellite.

— Pauvre Tibor ! s'écria Flixe sur qui les réserves de sa sœur avaient de l'effet. Je l'ai pourtant cru.

— Ne sois pas si triste, recommanda Ming. Tu sais bien que Gerry est toujours pessimiste. La Hongrie se libérera peut-être de l'Union soviétique.

— Reconnaissez au moins que nous autres, les pessimistes, nous sommes plutôt gâtés en ce moment. Je vais être en retard ! Je reviens te voir dès que je peux. Au revoir ! s'écria Gerry en sortant de la chambre.

— C'est incroyable de voir combien les choses peuvent changer. Autrefois, tout semblait sourire à Gerry.

— Elle n'est pas à plaindre, répondit Ming en rapprochant sa chaise du lit. Que fais-tu de son mariage avec Mike et de son succès professionnel ? Veux-tu reprendre le petit ou est-ce que je le couche dans son berceau ? Il est très agité.

— Donne-le-moi. Tu as raison à propos de Gerry mais elle ne connaîtra jamais ça », dit Flixe en montrant le bébé.

Elle plaça sur sa poitrine la tête de l'enfant qui cessa de pleurnicher. Flixe leva les yeux vers sa sœur.

« Gerry n'a jamais accepté de ne pouvoir avoir d'enfants. Elle fait tout son possible pour ne pas être jalouse de moi, car notre affection est plus forte que cela, mais c'est difficile.

— Je sais, remarqua Ming. Mais je ne comprends pas pourquoi tu tenais tant à ce qu'elle prenne Nicholas.

— Parce que je veux qu'elle se rende compte qu'il existe. Elle ne s'intéresse aux autres qu'à partir du moment où ils savent lire. Je veux qu'elle sache ce qu'est un bébé.

— Je ne sais pas si c'est une très bonne idée, confessa Ming. La douleur risque d'être trop grande.

— Il faudra donc que je compte sur toi, dit Flixe. Tu dois savoir...

— Mon Dieu ! Je dois filer », s'écria Ming.

Elle préférait éviter de se voir rappeler par sa sœur qu'elle devrait être mère elle aussi. Ayant les nerfs à fleur de peau, elle se savait incapable de tenir ce genre de conversation. Elle allait sortir de la chambre quand Flixe lui dit :

« Merci de t'être occupée de Peter pendant la naissance de Nicholas. »

Ming eut pour sa sœur un beau sourire. Flixe ne put s'empêcher de la trouver ravissante dans son ensemble bleu marine.

« J'étais heureuse de me rendre utile. Vous comptez beaucoup pour moi, dit Ming en lançant un baiser à Flixe. Je suis très émue d'être la marraine de Nicholas. Merci. »

En refermant la porte derrière elle, Ming soupira de soulagement. Elle n'avait pas gâché le bonheur de Flixe avec ses soucis.

Flixe regarda Ming s'éloigner. Elle se sentit tout à coup abandonnée. Elle chercha sur sa table de chevet le télégramme que son fils aîné venait de lui envoyer.

« Super, un garçon de plus dans la famille ! Mais il ne t'aimera jamais plus que moi. Andrew. »

Flixe était fière de ce mot écrit par son petit préféré de huit ans. Ce télégramme lui prouvait également qu'il ne devait pas être si malheureux que ça en pension. Elle serra contre elle son bébé et se pencha pour lui donner un baiser.

Le lendemain, Ming se rendit chez Max. Elle emportait avec elle son article sur Paris et une liste d'idées qu'elle avait eues en séjournant chez Natalie.

Max insista pour lire sur-le-champ l'article de Ming. Ainsi elle eut le temps de commenter avec Connie les circonstances de la naissance de Nicholas. Elles conversèrent en se réchauffant devant un bon feu. Tout en buvant du café, elles discutèrent du cadeau de baptême qu'aurait à faire la marraine.

« Quand la cérémonie aura-t-elle lieu ? demanda Connie.
— Au plus tôt fin novembre. Rien ne presse et Peter tient à ce que Flixe soit tout à fait remise. Par ailleurs, mes parents... »

Ming fut interrompue par Max qui s'écria à l'autre bout du salon :

« Ming, votre article sur le canal est plutôt raide. Êtes-vous sûre de ce que vous avancez ?

— Pardon ? Mais c'est mon papier sur Paris que je vous ai donné à lire, s'étonna Ming.

— Je l'ai lu. Il est parfait. Mais j'ai lu avec beaucoup plus d'intérêt encore les notes qui étaient attachées par un trombone. C'est tout bonnement stupéfiant.

— C'est que je ne voulais pas vous les montrer avant d'avoir vérifié ces révélations, comme me l'a demandé Connie. Elle n'a pas dû vous répéter ce que j'ai entendu à Paris.

— L'occasion ne s'est pas présentée, coupa Connie.

— Je vois. Max, ces notes retranscrivent aussi bien les suppositions que des bruits de couloir.

— Je m'en doute. Quel est ce ministre qu'on a vu sortir en larmes du Conseil ?

— Que dites-vous ? » s'écria Connie.

Tenant les feuillets devant lui, Max lut un extrait de l'article à haute voix :

« Selon nos sources, un ministre, tenu à l'écart, voulait savoir ce qui se tramait. Eden l'autorisa à assister à l'une de leurs réunions. On dit l'avoir vu sortir en larmes tant il était épouvanté par ce qu'il venait d'entendre. »

En allumant sa cigarette, Max observa Ming avec attention.

« Comme il s'agit d'une rumeur, je préfère ne pas vous donner le nom du ministre.

— Mais de qui le tenez-vous ? Cette personne pourrait peut-être nous le confirmer.

— C'est impossible. J'ai promis de ne pas dévoiler mes sources. Il vaut mieux que je me taise, même avec vous.

— Ming, croyez-vous sincèrement que notre gouvernement pourrait mener une seule de ces actions ?

— Mais laquelle d'entre elles vous semble la moins plausible ? demanda Ming d'un ton sarcastique. Retarder la nomination de nouveaux ambassadeurs au Canada et aux États-Unis pour limiter le dialogue avec ces deux pays ? Isoler des tractations certains ministres indésirables ? Ou bien…

— Cette histoire me gêne. Même au lendemain de l'attaque par Israël, je ne peux pas y croire.

— Avec ou sans preuves, nous devons le publier.

— Nous devons avoir des preuves, s'entêta Connie. Nous ne pouvons pas publier sans garantie des articles antigouvernementaux.

— D'accord. Je vais voir ce que je peux faire. Mais je ne suis guère optimiste. C'est un peu chacun pour soi en ce moment.

— Vous pourriez peut-être essayer de cuisiner cet affreux petit bonhomme pour qui vous travailliez, suggéra Max.

— S'il le faut vraiment..., répondit Ming qui n'avait pas oublié sa dernière entrevue avec Roger Sillhorne.

— Ce serait une bonne idée», conclut Max.

La réunion terminée, Connie se leva d'un bond et dit :
«A la semaine prochaine, Ming. Est-ce que je peux compter sur vous ce soir, Max?

— Absolument. Pour rien au monde je ne manquerais votre dîner», répondit-il.

Connie partie, Max avoua à Ming qu'il redoutait en fait cette invitation.

«Mais pourquoi donc? Les personnes que Connie a invitées n'oseront jamais dire quelque chose qui pourrait vous blesser.

— Vous avez raison. Mais je ne sais pas comment je pourrais réagir. Je ne vais pas rester en quarantaine toute ma vie. Et comment vont vos amours?»

Ming vint s'asseoir près du feu.

«C'est un désastre, répondit-elle. J'ai tout saboté moi-même et j'ai bien peur que ce ne soit fini.

— En êtes-vous sûre?

— Presque, oui. Je me suis demandé si je ne pourrais pas recoller les morceaux. Je ne vois vraiment pas comment...

— Je vais voir ce que je peux faire pour le déjeuner, dit Max en se levant. Que diriez-vous d'un plateau de fromages achetés par Connie à Soho? Quant au pain, je l'ai fait moi-même.

— Ce sera parfait, répondit Ming.

— Vous avez perdu votre air taciturne. Si ce ne sont pas vos amours, alors qu'est-ce qui a bien pu causer ça?

— Je ne pensais pas que cela se voyait. J'ai mis au clair ce qui m'ennuyait dans mon passé. Je me sens prête à me mesurer à mes amours, comme vous dites!»

Max voulait en savoir plus. Il fronça les sourcils en se caricaturant lui-même. Ming lui raconta toute l'histoire.

« Ah, ce type ! s'écria Max. Il faut qu'il détruise tout.

— Ce n'est pas sa faute si je suis tombée amoureuse de lui.

— Moi, je suis sûr qu'il y est pour quelque chose. Il y a des gens qui forcent l'adoration l'air de rien. Ils veulent tellement être aimés qu'ils font tout pour qu'on leur rende un culte. Je vais chercher le fromage. »

Assise sur le canapé, Ming repensa à ce que Max venait de dire. Il ne devait pas avoir parlé que de Peter Suvarov. Elle se sentit mal à l'aise et se demanda pourquoi elle voulait tant retrouver Mark Suddley.

Le lendemain, la crise de Suez éclata au grand jour. Les avions de la Royal Air Force s'envolèrent de Chypre pour bombarder les bases aériennes égyptiennes. Tout se déroula comme Bertrand l'avait prévu.

Les gouvernements britannique et français lancèrent un ultimatum aux Israéliens et aux Égyptiens pour assurer la libre circulation sur le canal. Curieusement, l'armée israélienne était encore à plus de cent cinquante kilomètres.

Radio-Chypre recommanda à la population égyptienne de se tenir à l'écart des objectifs militaires. Les victimes civiles furent apparemment peu nombreuses. Ming apprit plus tard que des tracts avaient été lancés pendant les bombardements. On y expliquait en arabe que les bombes étaient le châtiment réservé aux partisans de Nasser.

Convaincu que les Alliés ouvriraient le feu pour s'assurer un passage sur le canal, Nasser avait fait couler ses propres navires afin d'empêcher la libre circulation que l'ultimatum était censé garantir.

15

Ming suivit les conseils de Max en se rendant à Westminster dans l'espoir de tomber sur Roger Sillhorne. En le voyant, elle ferait comme si de rien n'était. En passant sous le porche, elle se dit qu'elle devrait en profiter pour saluer sa nouvelle secrétaire et dissiper leur malentendu.

Lorsqu'elle passa la tête par la porte du bureau, Ming vit en premier Roger Sillhorne.

« Bonjour ! Quel plaisir de vous revoir ! »

Roger leva les yeux de la lettre qu'il était en train de lire. Il eut un grand sourire et tendit la main à Ming.

« Quelle bonne surprise ! di-il d'un air sarcastique.

— Quelle journée au Parlement hier ! s'empressa d'ajouter Ming. Avez-vous pris la parole ?

— Comment ? Vous n'étiez pas dans le public ! s'écria-t-il tout ému au souvenir de son propre triomphe. Vous auriez dû me le faire dire. Je vous aurais fait donner une place.

— Malheureusement je n'ai pas pu y assister. J'étais dans le Sussex. Mais j'en ai lu le compte rendu. J'aimerais tellement savoir ce que vous pensez de tout cela.

— Je me ferais un plaisir de vous l'expliquer, remarqua Roger avec un sourire satisfait. Accepteriez-vous de prendre le thé avec moi ? J'ai un petit moment de liberté avant l'ouverture de la prochaine séance.

— Votre courrier doit être fait aujourd'hui. »

La voix sifflante de sa secrétaire était déplaisante. Se tournant vers Ming, Roger Sillhorne leva les yeux au ciel. Ming fit un grand sourire à la jeune femme.

« Je suis confuse de vous l'enlever un moment. J'ai connu ça aussi. Je suis Mary Alderbrook, expliqua Ming en lui tendant la main.

— Je sais », répondit la secrétaire en lui donnant une main molle.

La jeune femme était assez jolie, le teint frais et les cheveux bouclés. Sa tenue était irréprochable et pourtant elle dégageait quelque chose qui mettait mal à l'aise.

« Ming, suivez-moi. Veronica va très bien se débrouiller toute seule », assura Roger Sillhorne en lui prenant le bras.

Ming eut pour la jeune femme le sourire le plus aimable qu'elle put et se laissa entraîner par Roger Sillhorne. Elle ne voulait pas rater l'occasion de le faire parler. Tandis qu'ils suivaient les longs couloirs sombres du palais, Ming demanda à Roger Sillhorne pourquoi Veronica lui avait tant déplu dès le début.

« Elle a l'air ordonnée, polie et travailleuse. Sa voix écorche un peu les oreilles. Mais dites-moi ce qui vous agace tant en elle ?

— Je reconnais qu'elle fait des progrès. Mais elle est toujours aussi peu souple et je la surprends à me lancer des regards noirs. Vous étiez un petit génie, Ming ! Avec vous, j'ai été trop gâté, dit-il en saluant un député qui dévisagea Ming.

— Dites plutôt que vous m'avez honteusement exploitée, rétorqua Ming en riant.

— L'argent de votre marraine vous monte à la tête ! » dit Roger en se rengorgeant.

A en juger par les airs importants que se donnait Roger Sillhorne, Ming se dit que son double menton ne devait pas trop le gêner.

« Il vaut peut-être mieux que vous soyez partie. Je ne crois pas que j'aurais accepté tant de prétention au bureau. »

A l'entrée du bar, Roger Sillhorne examina Ming des pieds à la tête. Instinctivement, Ming tira doucement sur sa jupe pour se couvrir les genoux. Elle ferma sa veste. Tandis qu'il la prenait par le coude pour la presser d'avancer, elle perçut en elle une infime résistance qui la fit sourire. Roger se fit plus pressant encore.

« Je reconnais que cet argent a du bon : même s'il a des effets désastreux sur votre caractère, il vous rend très belle. J'aime beaucoup votre chapeau. C'est tout de même autre chose que votre vieux feutre bleu.

— Roger, je ne me ferai jamais à votre sens de l'humour », repartit Ming sur un ton caustique. Il lui serrait le bras de plus en plus fort.

« C'est cela, très chère », chuchota-t-il en poussant la porte.

Ming se dégagea de sa pression et entra la première.

A la grande satisfaction de Ming, Roger Sillhorne lui donna son opinion sur la crise égyptienne tout en prenant le thé. Il critiqua la mollesse des États qui ne soutenaient pas l'effort de la Grande-Bretagne et de la France pour reconquérir le canal, et qui ne reconnaissaient pas la nécessité des bombardements. Il blâma la lâcheté et la déloyauté des membres de son parti qui avaient désapprouvé l'action du gouvernement.

« Je m'étonne que vous ne fassiez pas partie du groupe de Suez, remarqua Ming qui espérait bien glaner dans toute cette diatribe quelques informations utiles.

— Ils ne m'aiment pas beaucoup et je ne recherche guère leur compagnie », répondit-il sèchement.

Ensuite, Roger Sillhorne expliqua que les Américains soutenaient les Anglais de mauvaise grâce parce qu'ils voulaient avoir eux-mêmes le contrôle du canal.

« Ils se targuent de haïr le colonialisme. En réalité, on approche des élections présidentielles. Autrement, Eisenhower aurait soutenu Eden depuis longtemps et on aurait déjà éliminé Nasser ! J'en mettrais ma tête à couper. En attendant, Dulles, qui nous a toujours détestés, a gagné et nous prive du soutien américain.

— Vous croyez donc que tout se résume à des règlements de comptes personnels ? demanda Ming.

— Oui, je le crois. Quand on y regarde de plus près, la politique, ce n'est que ça. Il faut aussi y ajouter un peu d'économie. »

Tandis que Roger Sillhorne parlait, David Wallington apparut sur le seuil du bar. Même si Ming lui tournait le dos, il la reconnut aussitôt. Tout en échangeant quelques mots aimables avec certains de ses collègues, il se fraya un chemin jusqu'à leur table. Il sourit à Roger Sillhorne et posa sa main sur l'épaule de Ming.

« Bonjour, Ming ! Il y a une éternité que je ne vous ai vue. Comment allez-vous ? »

Ming se retourna. David ne retira pas sa main tout de suite.

« Je vais le mieux du monde même si je suis horrifiée de ce qui se prépare », répondit-elle.

David n'appréciait guère de la voir en compagnie d'un tel mufle. Tout décontenancé en présence de Ming, il se concentra sur ce qu'elle venait de dire.

« Il y a de quoi. C'est abominable. Permettez que je m'assoie avec vous. »

Roger accepta de mauvaise grâce et garda l'air renfrogné pendant les vingt minutes de leur rencontre. Ils ne purent converser. Alors qu'ils se taisaient tous trois, Ming suggéra d'aller à la Chambre. Elle sourit aux deux hommes qui se levèrent.

En prenant place sur les bancs du public, Ming remarqua que les fauteuils des députés étaient presque tous occupés. Le secrétaire d'État aux Colonies était en train de répondre à une question sur le sort des représentants britanniques à Haud. Rares étaient ceux qui écoutaient sa réponse. Ming prit son bloc-notes. Elle retrouvait les bruits et les odeurs du palais de Westminster qu'elle avait si bien connu. Les intrigues et les complots incessants autour du pouvoir lui répugnaient.

Elle aperçut David Wallington en train de se faufiler dans les rangs de l'opposition. Soudain il leva la tête, comme si quelqu'un venait de l'appeler, et regarda Ming droit dans les yeux. Il pâlit avant de lui sourire et de lui faire un geste de la main. Ming lui sourit en retour. Elle était impatiente d'assister aux débats de l'après-midi.

Les réponses ayant été entendues, le président de la Chambre proposa d'ajourner la motion. Le Premier ministre monta à la tribune. Il était quinze heures trente. Ming se pencha pour mieux le voir.

Élégant comme à son habitude, une main dans la poche de son veston croisé, il semblait tout à fait à l'aise. Toutefois, Ming remarqua qu'il avait des poches sous les yeux. Il n'avait pas seulement l'air épuisé, mais malade. Elle ne pouvait croire qu'un homme aussi honorable ait pu conclure secrètement un tel accord. Elle se demandait si l'on pouvait accréditer les rumeurs touchant son état de santé qui aurait affecté ses facultés.

A peine le Premier ministre avait-il pris la parole qu'il fut interrompu par des acclamations et des huées. Des sifflets et des insultes fusaient des bancs de l'opposition qui exigeait des réponses claires à ses questions : en particulier, les États-Unis savaient-ils que la Grande-Bretagne avait le projet de bombarder les bases aériennes égyptiennes ?

Plus tard, tandis que le chef de l'opposition critiquait la position du Premier ministre, Ming se rappela que Gaitskell lui-même avait demandé au gouvernement de prendre des mesures punitives contre Nasser dès le mois de juillet. Décidément, en politique, on a les mains sales, se dit Ming.

Elle avait connu la Chambre des communes sous toutes ses facettes : l'agitation la plus folle, l'abattement lugubre d'une séance déserte, la colère viscérale, le face à face parfaitement réglé lors du vote du budget. Mais elle n'avait jamais connu une telle effervescence.

Après des heures de vaine agitation, les deux chefs de file quittèrent la Chambre. A leur suite, les bancs des ministres et des conseillers se vidèrent. Puis les parlementaires se levèrent un à un selon l'ordre hiérarchique. Seuls restèrent quelques rares ministres tenus de répondre à des élus infatigables.

Ce fut assez tard dans la soirée que se produisit selon Ming le moment clef de la séance. Un jeune conservateur prit la parole, déclarant qu'au terme d'un récent séjour en France, il avait la conviction que le gouvernement britannique était impliqué dans une vaste conjuration internationale.

Le président de la Chambre interrompit le jeune député et ne lui redonna pas la parole. L'intervenant changea alors de tactique en posant une question de forme : était-il légitime et patriotique de faire tomber un gouvernement dont on estimait la politique néfaste ?

Ming se dit qu'elle détenait désormais les preuves qu'avaient exigées Max et Connie. Elle attendit avec le plus grand intérêt la réponse du président. Ce fut une déception : il déclara qu'il ne s'agissait pas d'une question de forme puisque de nombreux parlementaires manœuvraient en plein jour à l'heure actuelle pour faire tomber le gouvernement sans avoir à craindre aucune mesure de représailles. Sur ce, pour faire taire le jeune parlementaire, il appela à la tribune le Lord Privy Seal[1].

Quand il fut clair qu'on ne lui redonnerait plus la parole, Ming quitta la Chambre pour aller rendre visite à Flixe et au bébé. Si révoltante et angoissante que pouvait être cette crise politique, la réalité de la naissance de Nicholas l'emportait sur tout.

Flixe se montra très chaleureuse. Nicholas, bien qu'endormi, était déjà plus mignon. Ming passa une heure très agréable en leur compagnie. Au moment où elle allait partir, Flixe prit dans sa table de chevet des petits paquets-cadeaux.

« Comme je ne te verrai sans doute pas samedi, dit-elle, je te donne aujourd'hui tes cadeaux d'anniversaire. Surtout, ne les ouvre pas avant. Joyeux anniversaire !

— C'est si gentil, Flixe, dit Ming en se penchant vers sa sœur pour l'embrasser. Merci. A bientôt. »

Le samedi suivant, Ming reçut bien des cartes et des paquets de sa famille et de ses amis. Elle ouvrit en premier les cadeaux que Flixe lui avait donnés. Deux d'entre eux étaient de ses nièces.

Les deux fillettes avaient dessiné leur carte de vœux. Fiona avait confectionné elle-même un essuie-plume en feutrine rouge. En l'examinant, Ming se sentit entourée par l'affection de l'enfant. Elle se promit de laisser le petit objet en évidence sur son bureau.

Mark ne lui avait pas écrit. Au moment où elle se disait qu'elle ne devait s'attendre à rien, il lui téléphona pour lui souhaiter un joyeux anniversaire.

« Merci, Mark », répondit-elle en reconnaissant sa voix sur-le-champ. Elle avait du mal à respirer car il lui semblait réservé et froid.

« J'ai un petit cadeau pour toi. Je me demandais si nous pourrions nous voir ?

— Ce serait une bonne idée. Mais quand ?

— Pourquoi pas cet après-midi si tu es libre ? C'est une jour-

---

1. Lord du Sceau privé.

née magnifique. Nous pourrions aller nous promener quand je sors du bureau.

— Cela me convient. Pourquoi pas Richmond ? Je n'y suis pas allée depuis des siècles. Je trouve que c'est le plus beau parc de Londres.

— Très bien. Je passerai te prendre vers deux heures. A moins que ce ne soit un peu tôt ?

— Non, pas du tout. A tout à l'heure ! »

En reposant le combiné, Ming repensa à la voix qu'avait prise Mark. Il en était resté aux formes. Indéniablement, il était différent, comme quelqu'un qui a une mauvaise nouvelle à annoncer.

Quand Mark sonna, Ming avait eu le temps de passer des vêtements chauds et confortables pour aller marcher dans la boue. Elle s'était maquillée avec soin. Le maquillage tenait pour elle autant du masque que de l'habitude. Elle voulait présenter un visage détendu. En le voyant debout sur le seuil de chez elle, elle eut envie le temps d'un éclair de se jeter dans ses bras et de lui ouvrir son cœur. Mais elle se retint de le faire car elle se souvint de ce que Max lui avait dit sur ses motivations.

Elle remarqua vite que Mark était fatigué et de mauvaise humeur. Elle lui demanda s'il allait bien mais il la rembarra presque. Elle préféra changer de sujet.

En roulant vers Richmond Park, Mark n'ouvrit pas la bouche. Pour la première fois depuis qu'ils étaient amis, Ming se sentit obligée d'alimenter la conversation. Elle lui demanda de lui raconter ses vacances. Il répondit par monosyllabes. Préférant aborder un sujet impersonnel, elle lui demanda ce qu'il pensait des événements de Budapest.

« Je sais très peu de chose sur la Hongrie, répondit-il un peu plus détendu. Le Premier ministre hongrois a lancé un appel à l'ONU pour que la neutralité hongroise soit respectée. Tout laisse à penser que les Soviétiques vont passer la frontière en force. Personne à l'Ouest ne peut les empêcher d'occuper un État du bloc de l'Est sans déclencher la troisième guerre mondiale. Personne, pas même les Américains, ne peut courir le risque. Alors, ce séjour à Paris ? »

Comme Mark préférait aborder des sujets qui ne les concernaient pas directement, Ming se résigna à parler de Paris et de l'article qu'elle y avait consacré. Elle était à court de détails quand ils parvinrent au parc de Richmond.

Mark fit lentement le tour du parc jusqu'à l'entrée de Pen Ponds. Il coupa le moteur et, la clef à la main, demanda :

« Est-ce que cela te convient ?

— C'est parfait, répondit Ming qui malgré sa perplexité voulait se montrer conciliante. Préfères-tu que nous fassions le tour des étangs ou que nous montions en haut de la colline ?

— Tu choisis, répondit Mark en sortant lui ouvrir.

— Alors, escaladons la colline, répondit-elle. Les arbres ayant perdu leurs feuilles, nous aurons de la lumière. Ce chemin devrait être plus intéressant. »

Mark acquiesça. Ils empruntèrent le chemin vert qui s'élevait doucement en direction des arbres. A l'orée du bois, Ming s'immobilisa et se retourna. Nullement inquiété par leur présence, un groupe de biches paissait non loin de là. Le cerf était une bête superbe qui arborait des bois extraordinaires. Une voiture pétaradant au loin lui fit relever la tête : elle se découpa en noir sur le fond bleu du ciel. L'herbe drue qu'il foulait n'avait rien à voir avec les pelouses des jardins parisiens. Là commençait le bois dont le sol était composé de feuilles accumulées depuis des siècles et qui s'enfonçait doucement sous le pied.

« Dieu que j'aime cet endroit ! s'écria Ming pour la première fois avec naturel.

— J'en suis content. »

Sensible au ton plus chaleureux que prenait la voix de Mark, Ming se retourna vers lui. Une lueur familière brillait dans ses yeux gris. Ses lèvres mêmes semblaient moins pincées.

« C'est tellement anglais ! s'exclama-t-elle, soudain pleine d'espoir. Paris est unique. Mais c'est seulement dans des endroits comme celui-ci que l'on perçoit l'essence même de l'Angleterre.

— Et de quoi est faite l'essence de l'Angleterre ? demanda Mark dont le visage se détendait peu à peu.

— Le naturel, la liberté et une forme de générosité spontanée... qu'il est difficile de définir. En tous les cas, c'est affaire de sentiments également. Ne fais pas attention à ce que je dis.

— Eh bien, pour une journaliste ! dit Mark pour se moquer gentiment de Ming qui se tourna pour lui sourire.

— Je sais, c'est idiot. Mais un endroit comme celui-ci te rappelle que, malgré les politiciens, les modes et les erreurs, il existe une sorte de noyau dur qui appartient à cette terre et à nous tous et qui importe plus que ce qui fait l'actualité. Tu sais, c'est un peu comme cette journée sur la rivière d'Oxford, dit-elle en espérant qu'elle se ferait comprendre.

— Ah oui », répondit Mark d'une voix blanche.

Il lui tourna le dos. Déçue, Ming lui emboîta le pas. Ils marchèrent entre les vieux arbres nus, dans l'odeur des feuilles mortes, foulant les champignons et le bois pourri. Puisqu'il refusait les conversations qu'elle engageait, Ming avait envie qu'il lui dise ce qu'il avait à dire pour en finir au plus vite.

« Ming, je sais que je t'ai fâchée. Ma seule excuse est d'avoir été malheureux moi-même lorsque cela s'est produit.

— Je sais tout cela. C'est tout de même extraordinaire que nous soyons l'un et l'autre tellement doués pour nous faire du mal alors que tout était si simple avant que nous... » Ming préféra se taire car, quoi qu'elle puisse dire, elle pourrait donner l'impression de critiquer Mark malgré elle.

« J'avais tort de me moquer de toi tout à l'heure quand tu avais du mal à trouver tes mots. Je suis incapable d'exprimer ce que je ressens en ce moment ou d'être certain de ce que je pense.

— Nous nous ressemblons en cela, dit Ming qui était essoufflée.

— Mais c'est l'enfer, cette conversation ! » s'exclama-t-il en regardant Ming.

Ming vit sur le visage de Mark éclairé par le soleil combien il était épuisé. Il n'avait plus de force à consacrer à leur histoire qui s'enlisait.

« Je savais bien que ce serait difficile, mais je ne pouvais pas continuer à te laisser croire que j'allais me manifester. Ming, je suis navré de n'avoir pas été l'ami que tu espérais. J'ai fait de mon mieux mais c'était au-dessus de mes forces. Je crois qu'il vaudrait mieux ne plus nous voir pendant quelque temps.

— Je comprends, dit Ming.

— J'aurais pu t'écrire mais cela me semblait lâche.

— Merci, répondit Ming en se maîtrisant. C'est une attention qui me touche dans ces circonstances, même si tout cela est bien triste.

— Vraiment ? Préfères-tu te dégourdir les jambes encore un peu ou rentrer directement ? demanda-t-il froidement après un silence pesant.

— Puisque nous avons déjà fait tout ce chemin, pourquoi ne pas continuer ? répondit Ming en singeant le détachement de Mark. A moins que tu ne sois pressé de rentrer. Nous pourrions redescendre par l'autre versant de la colline, contourner l'étang, puis suivre le chemin pavé. Qu'en dis-tu ?

— Parfait. »

Ils marchèrent en silence, montrant du doigt parfois ici et là un oiseau ou un arbre. Ils rentrèrent en voiture fatigués, crottés et vidés de toute émotion. Devant la porte de chez Ming, il lui tendit un paquet avant de la saluer.

Ming attendit que Mark ait démarré pour rentrer chez elle. Elle se prépara du thé puis ouvrit le paquet qui contenait un exemplaire du dernier roman d'Olivia Manning. Certes, elle avait eu le projet de lire ce livre, mais ce cadeau avait quelque chose d'assez attristant après tout ce qu'ils avaient partagé.

Comprenant qu'elle avait causé la fin de cette complicité du seul fait de sa propre bêtise et de son égoïsme, Ming s'appuya contre la table de la cuisine, le visage enfoui dans ses mains, taisant du mieux qu'elle pouvait ses sanglots pour ne pas inquiéter les voisins.

Elle passa seule la journée du lendemain, et fit de son mieux pour retrouver sa sérénité. Peter lui téléphona pour lui proposer de venir déjeuner avec ses nièces. Elle refusa en prétextant qu'elle avait beaucoup de travail. Sa voix la trahissait encore et elle se sentait incapable de voir personne car elle craignait d'éclater à tout moment en sanglots.

Après avoir lu le journal du dimanche, Ming se mit au travail en tentant de sortir un article cohérent de ses notes sur la crise de Suez. Tout lui semblait vain désormais et elle avait bien du mal à se concentrer.

A sept heures trente, elle était épuisée. Elle se fit des œufs brouillés qu'elle mangea en écoutant à la radio les informations qui retransmettaient une série d'appels pathétiques lancés de Budapest. Les Soviétiques étaient revenus en force et avaient repris le pays en main. Les quelques jours de liberté de la Hongrie touchaient à leur fin. Ceux qui avaient gagné ces quelques journées savaient que leurs jours étaient comptés.

En entendant les appels à l'aide d'un peuple livré à l'Armée rouge, Ming se souvint du pessimisme de Gerry. Son poste de radio se remit à grésiller.

Nous supplions toutes les stations de radio occidentales recevant nos messages de les retransmettre en anglais, en allemand et en français. Sauvez-nous ! Le peuple de Budapest n'a pas de quoi se nourrir. Nous avons besoin d'aliments et d'armes. Seul un soutien militaire peut nous sauver. La nation hongroise dans son ensemble appelle à l'aide.

Attention, attention ! Nous vous demandons de faire parvenir nos messages au président Eisenhower. Il faut intervenir immédiatement, immédiatement !

Puis ce fut le silence. A huit heures et sept minutes, le présentateur annonça que toutes les stations de radio hongroises venaient d'être fermées. Ming éteignit le poste. Elle mit son assiette dans l'évier.

Alors qu'elle faisait la vaisselle avec les gestes d'un automate, elle se sentit pleine de haine contre les tyrans du monde qui l'avaient distraite un moment de son propre malheur.

16

« *Jack mort pendant attaque Port Saïd-stop-lettre suit-stop-Helen Hazeldene.* »

Gardant à la main le télégramme qu'elle venait de lire, Ming serra les dents et sentit monter en elle la colère qu'elle avait accumulée depuis des années. Il lui semblait monstrueux que des hommes comme Jack aient été envoyés à la boucherie par ces mêmes parlementaires qu'elle était allée écouter la veille à la Chambre des communes.

Le souvenir de Jack agrippé à ses mains tandis qu'il lui parlait de Caroline restait en elle si vivant qu'elle ressentait encore la force de son étreinte.

Il fallait qu'elle laisse exploser sa colère. Elle déchira l'article trop modéré qu'elle venait d'écrire. Elle s'assit devant sa machine, fermement résolue à taper une critique violente du gouvernement, puis passa un temps fou à modérer son article afin que Max et Connie l'acceptent. Ming était prête à leur forcer la main.

En milieu d'après-midi, le téléphone sonna alors qu'elle était encore en train de batailler avec son article.

« Allô ! Ming ? Ici Connie. Comment allez-vous ?

— Pas trop mal, répondit-elle en préférant taire la nouvelle de la mort de Jack. Alors, allez-vous oui ou non publier un article défavorable au gouvernement ?

— Je vous appelle à ce sujet, expliqua Connie que l'hostilité de Ming surprenait. Il faut le publier mais en assurant nos arrières. On doit présenter comme des suppositions les informations que vous tenez de Paris. Il faut bien entendu mentionner la version officielle. Comme ça, c'est liquidé, on n'en parle plus.

— C'est eux qui liquident, pas nous, coupa Ming.

— Je ne vois pas ce qu'ils liquident. On commence à parler de la complicité d'Israël, dit Connie en gardant son calme.

— Ce n'est plus vraiment d'actualité.

— Ah, vraiment ? répondit Connie qui ne savait quoi penser de la sécheresse de Ming. Je dois faire vite car je suis sur le point de partir. Quand aurez-vous bouclé l'article ?

— D'ici deux jours. Pourquoi ? Rien ne presse vraiment. Mieux vaut attendre un peu. On pourra compter les morts de ce maudit canal.

— J'aimerais que le prochain numéro sorte un peu en avance. Il ne manque plus que votre article sur Suez et celui de Max sur la Hongrie. Au fait, nous avons fait le compte hier du courrier reçu après la publication d'*Histoire d'un amour perdu* : les messages de soutien sont à égalité avec les lettres de protestation.

— J'en suis ravie, répondit Ming qui trouvait déplacé de parler d'autre chose que de la guerre. La loi sera peut-être modifiée sous l'impulsion du comité Wolfenden.

— Qui sait ? répondit Connie. On peut toujours espérer. Au revoir, Ming », dit-elle avant de raccrocher.

Ming garda l'écouteur à la main. Elle regarda par la fenêtre la rivière grise et les arbres nus du parc de Battersea. Le soleil rouge rasait les toits triangulaires des entrepôts et la cime des arbres.

Elle mesurait le chemin qu'elle avait parcouru depuis que Roger lui avait révélé le passé de Max. Il lui était difficile de se rappeler maintenant les sentiments confus qu'elle éprouvait alors : du dégoût pour Max et l'attente du bonheur avec Mark. Elle avait dédaigné cette parcelle de bonheur comme on jette un journal qu'on a déjà lu.

Elle raccrocha. Elle se dit qu'il était idiot de croire que plus rien n'avait d'importance. Même si Jack avait perdu la vie et qu'elle-même avait perdu jusqu'à la promesse du bonheur avec Mark, il devait y avoir malgré tout des choses qui valaient la peine et qu'elle ignorait encore.

Ming regarda le soleil couchant disparaître derrière les toits. Lorsqu'elle ne discerna plus qu'un pâle rougeoiement, elle considéra à nouveau la page qu'elle venait de griffonner. Les phrases semblaient se contredire. La feuille blanche était couverte de flèches, de ratures et de taches d'encre. La colère l'empêchait de penser.

Elle apprit avec amertume le lendemain que les Soviétiques avaient officiellement déclaré leur volonté de restaurer la paix au Moyen-Orient. Ils menaçaient militairement la Grande-Bretagne et la France.

Quand on voyait la revanche sans pitié qu'ils étaient en train d'assouvir à Budapest, les Soviétiques atteignaient là le sommet de l'hypocrisie. Khrouchtchev osa même proposer au président Eisenhower de créer une armée américano-soviétique le long du canal de Suez pour rétablir la paix.

Comme il fallait s'y attendre, les Américains refusèrent la proposition soviétique. Ils préférèrent monter une opération en Bourse sur la livre sterling. En désespoir de cause, le gouvernement britannique dépensa quatre-vingt-cinq millions de dollars pour soutenir la monnaie nationale contre cet afflux d'achats. Le chancelier de l'Échiquier, qui avait été l'un des premiers à réclamer des mesures punitives contre Nasser, savait qu'on ne pourrait prolonger indéfiniment de telles dépenses. Il conseilla à Eden d'arrêter la guerre.

Grâce à leur suprématie économique, les Américains avaient remporté la victoire là où les pacifistes avaient échoué en Grande-Bretagne. Le Premier ministre était contraint de retirer d'Égypte les troupes britanniques.

En tout et pour tout, Eden avait gagné la mort de milliers de soldats, le prestige accru de Nasser dans le monde arabe et l'anéantissement de plusieurs années d'efforts diplomatiques. A l'avenir, les Américains regarderaient de travers les initiatives britanniques tandis que les Français se sentiraient trahis. Ils jureraient qu'on ne les y reprendrait plus.

La lettre de Mme Hazeldene arriva avant que Ming ait terminé son article.

Ma chère Ming,
Il m'est pénible de vous relater ce qui est arrivé à Jack. Mais l'affection qui vous unissait vous donne autant qu'à nous le droit de connaître

les circonstances de sa disparition. L'état-major nous a appris qu'il a été tué au tout début de l'attaque de Port-Saïd. Il a été touché à la tête et n'a pas dû souffrir. J'espère qu'on ne nous a pas menti.

On nous fera parvenir ses affaires. Je veux que vous receviez sa montre. Il vous était très attaché, Ming. Vous lui avez été d'un très grand secours quand nous ne pouvions rien pour lui.

Je ne sais plus du tout ce que je dois faire pour le bien de ses enfants. J'ai soixante-dix ans et mon mari, qui est de santé fragile, en a soixante-trois. Les parents de Caroline ne sont pas du tout en mesure de s'en occuper. Que vont-ils devenir ? Si seulement... Mais je n'ai pas le droit de vous écrire cela. Malheureux et perdus, ils ne peuvent comprendre ce qui leur arrive.

Venez nous rendre visite la prochaine fois que vous viendrez à Gloucester.
Helen Hazeldene.

Ming répéta à voix haute : je ne suis pas responsable de ces enfants. Je n'ai pas transmis la polio à leur mère et je n'ai pas tué leur père. Même si nos parents voulaient nous marier, cette idée déplaisait autant à Jack qu'à moi. Je n'y suis pour rien.

Le numéro de décembre fut distribué et mis en vente le 25 novembre. Il n'y eut aucune réaction les quatre jours suivants. Le cinquième jour, la boîte aux lettres de Ming croulait sous une avalanche de courrier, qu'elle emporta dans la cuisine où elle alluma le feu sous la bouilloire. En ouvrant une première enveloppe, elle reconnut l'écriture sèche de son père.

Visiblement, il avait dû contenir sa colère pour écrire à sa fille « la déloyauté dont tu as fait preuve » tout en « faisant le jeu des communistes et des poules mouillées ». Les critiques de son père la faisaient maintenant sourire : après tout, les Soviétiques étaient les seuls à avoir proposé aux Américains une action commune pour mettre un terme au conflit. En lisant le verso du premier feuillet, elle perdit le sourire.

Ce sont des gens comme toi qui ont causé notre défaite. Si les chicaneries de tes amis journalistes n'avaient pas coupé l'herbe sous le pied du Premier ministre, il aurait suivi les conseils de l'armée en donnant du temps au temps. Nous n'avions pas assez de réservistes et la marine se trouvait dans un cul-de-sac. Nous aurions pu malgré tout remporter la victoire si on nous avait laissés nous battre jusqu'au bout. Nous avons été virés à cause de traîtres comme toi. Nous avons été trahis. Cela me consterne que tu aies pu écrire de telles choses alors que des hommes comme Jack mouraient au champ d'honneur.

J'ai toujours désapprouvé ta collaboration à un magazine qui publie le genre de saletés qu'on a pu lire pendant ton séjour à Paris. Je me rassure en me disant que tu n'y es pour rien. Ce qui n'est pas le cas de tout le monde. Mieux vaudrait t'arrêter. J'aimerais que tu sauves ta réputation en trouvant un autre travail. Il doit bien y avoir un moyen de te distraire autrement. Avec tout ça, ta mère et moi, nous ne viendrons pas au baptême du fils de Flixe.

Les feuillets froissés lui échappèrent des mains. Elle ne s'était jamais gravement opposée à son père avant leur dispute de l'été passé. Tout cela lui déplaisait.

Elle sursauta en entendant le téléphone sonner. Elle fut rassurée de reconnaître la voix de Flixe.

« Ça n'a pas l'air d'aller, Ming. Je parie que tu as reçu une lettre du vieil ours, cet imbécile. Ne prends surtout pas au sérieux ce qu'il dit.

— Ce n'est pas un imbécile. Seulement, il...

— Bien sûr. N'empêche qu'il n'a jamais été foutu d'accepter que nous ayons chacune nos caboches à nous. Je crois qu'il aurait voulu que ses filles l'admirent et prennent pour parole d'évangile tout ce qu'il disait. Maman n'a pas cessé de lui répéter qu'il l'avait rendue malheureuse. Ne tombe pas dans le panneau. Peter et moi avons trouvé ton article excellent.

— Vraiment ? demanda Ming en esquissant un sourire.

— Je t'assure. Ne te fais pas de souci. Tout va s'arranger. Parlons plutôt de demain. Aimerais-tu déjeuner avec nous avant la cérémonie ? Nous pourrions ainsi nous rendre à l'église en grande pompe.

— Très bonne idée, répondit Ming. Je suis navrée pour papa et maman. Je sais que tu aurais aimé qu'ils viennent.

— Tu sais, remarqua Flixe d'une voix songeuse qui surprit Ming, c'est vraiment un monstre. Il a dû te dire qu'ils ne viendraient pas à cause de ton article.

— Il ne l'a pas dit comme ça, mais...

— C'est bien ce que je pensais. Maman est alitée parce qu'elle s'est foulé la cheville. Tu n'y es pour rien. Sa colère lui passera. Nous ferons la fête demain et Nicholas ne verra pas de différence. N'oublie pas, midi et demi. Ne sois pas en retard. »

Ming reprit la lecture du courrier. Une fois qu'elle eut tout lu, elle constata que la moitié de ses amis partageait le point de vue de son père. Un quart lui savait gré d'avoir fait toute la lumière sur les mobiles politiques de Suez. Le dernier quart lui reprochait enfin de n'avoir pas soutenu le gouvernement.

La lettre de Roger Sillhorne était la plus venimeuse de toutes. Selon lui, Ming avait bafoué leur amitié en reprenant des confidences qu'il lui avait faites. Ni Helen Hazeldene ni son mari ne lui avaient écrit.

Évidemment, le correspondant anonyme ne résista pas au plaisir de faire savoir à Ming qu'elle était une traîtresse diabolique qui récolterait un jour ce qu'elle avait semé.

Cette nouvelle manifestation de rancune fut placée dans la boîte que Ming rangeait dans son secrétaire. Elle se dit que ce correspondant finirait bien par se lasser un jour. En refermant le tiroir, Ming se sentit plus légère. Ces lettres étaient abjectes et elle haïssait celui qui les avait écrites. La haine qu'elle ressentait lui semblait légitime. On ne pouvait s'attendre de sa part qu'à du dégoût et de la colère. Reconnaître sa propre rage lui donnait un sentiment de liberté.

L'arrivée de Mme Crook lui fit agréablement oublier toutes ces critiques.

Après avoir choisi la tenue qu'elle porterait le jour du baptême, Ming décida de sortir s'acheter un nouveau chapeau.

Le lendemain, elle arborait ce nouvel achat en tenant Nicholas Suvarov sur les fonts baptismaux. Elle était entourée de David Wallington et d'un homme petit mais très séduisant. Flixe venait de lui présenter Tibor Smith qui lui avait chaleureusement serré la main.

En baissant les yeux, Ming remarqua qu'il lui restait un peu de peinture sous les ongles. Elle se souvint alors du bavardage d'Amanda dans la salle à manger de la maison de Kennington. Ming était certaine que l'artiste qui avait signé les deux portraits n'était autre que ce Tibor Smith.

A côté de David, qui était très grand, M. Smith avait l'air

courtaud. Ming regretta d'avoir mis des talons hauts et de porter un chapeau à bord large. Elle s'écarta légèrement afin de ne pas l'éclipser.

David remarqua ce léger recul sans se l'expliquer. Il frissonna. Un vent glacé s'infiltrait sous les portes du temple. On grelottait.

Ming jeta un coup d'œil à ses sœurs. Flixe, à nouveau en pleine forme, était superbe dans son manteau de laine ourlé de fourrure. Elle avait les cheveux en chignon et portait une petite toque.

Gerry était moins élégante et moins en beauté. L'ensemble rouge qu'elle portait lui faisait le teint jaunâtre. Son chapeau ne lui allait pas. Un instant, elle eut le visage illuminé de joie d'avoir touché par inadvertance le bras de son mari qui lui fit un clin d'œil complice.

L'enfant s'agitant soudain, Ming oublia tout ce qui l'entourait. Elle écarta du doigt un pan du châle qui lui recouvrait le visage. Il ouvrit grand ses yeux en la fixant. Il était excité, ouvrant et fermant la bouche comme s'il réclamait le sein. Ming ressentit une étrange sensation de plaisir et de douleur mêlés.

De colère, Nicholas poussa un cri. Prise en faute, Ming chercha Flixe du regard. Le sourire de sa sœur avait quelque chose de rassurant.

« Mon Dieu ! » s'écria le pasteur en sortant de la sacristie.

Il parlait d'une voix claire pour se faire comprendre malgré les pleurs de l'enfant. Cet homme charmant était d'allure commune. La splendeur ecclésiastique de son étole brodée et de son surplis blanc ne suffisait pas à lui donner de la prestance.

« Je vous prie de m'excuser, bredouilla Ming. Je n'arrive pas à le calmer. »

Le pasteur eut un bon sourire. Il avait l'habitude. Il expliqua à Ming ce qu'elle aurait à faire durant la cérémonie. Il lui demanda de porter Nicholas sur l'autre bras afin que sa tête repose dans la main gauche du pasteur quand elle le lui présenterait. Ming s'exécuta. L'enfant se calma. Le pasteur commença ses prières. L'assemblée grelottait mais faisait de son mieux pour ne pas penser aux bonnes tasses de thé qu'on boirait chez Flixe. Le moment venu, Ming déclara au nom de Nicholas qu'il renonçait à Satan, à ses pompes et à ses œuvres. Elle tendit l'enfant au pasteur.

Il pleura de nouveau au contact de l'eau bénite coulant sur son front. On le baptisa Nicholas David Alexander.

Il redevint calme aussitôt que sa mère le prit des bras de l'homme d'Église Tous sourirent de voir Flixe faire des grimaces à son fils.

La maison de Flixe semblait à tous un nid douillet après la grisaille du temple. L'odeur du feu et le parfum des fleurs se mélangeaient délicieusement. Après un verre de whisky et un sandwich, l'atmosphère devint plus conviviale. Ming eut pitié du pasteur qui restait seul dans son coin.

« Vous boirez bien quelque chose ? demanda Ming en lui tendant une tasse de thé.

— Comment Mme Suvarov peut-elle chauffer aussi agréablement sa maison ? Le presbytère et le temple sont de vraies glacières.

— N'est-ce pas que c'est agréable ? Par une journée comme celle-ci, ce n'est pas du luxe. La cérémonie était très réussie. »

Ming et le pasteur n'avaient plus grand-chose à se dire. Elle fut rassurée de voir David Wallington s'approcher d'eux de son pas nonchalant.

« Nous parlions chauffage central.

— Conversation typiquement britannique ! s'exclama David avec un grand sourire. Me permettez-vous, M. Hackinster, d'enlever la marraine ?

— Mais, mon Dieu, je vous en prie ! Ce fut un plaisir pour moi de converser avec vous. »

Elle sourit au pasteur puis se laissa entraîner par David.

« Ne devrions-nous pas rejoindre le troisième parrain ? demanda Ming. Je crains que ce ne soit un peu impoli...

— Il est occupé », répondit David en faisant un geste en direction de la cheminée.

Le peintre hongrois semblait avoir une conversation sérieuse avec Julia Wallington. Elle l'écoutait sans prêter attention à ce qui les entourait.

« C'est donc lui le parrain d'Amanda qui a exécuté les deux portraits que j'ai vus chez vous ? dit Ming. Je m'en doutais.

— En effet. J'avais oublié que vous ne le connaissiez pas.

Il a été le plus grand soutien de Julia pendant la guerre. J'étais alors en Italie. Ils sont très attachés l'un à l'autre.

— Cela ne vous inquiète pas un peu ? demanda Ming par curiosité.

— Julia et moi sommes si solidement unis que nous n'avons rien à craindre de nos amitiés respectives. Tibor fait partie de la famille. Il a profondément besoin d'elle en ce moment.

— Pour quelle raison ? » demanda Ming qui ne pouvait taire sa curiosité. Elle allait s'en excuser quand David fronça les sourcils.

« Il est hongrois. Son désarroi me semble bien... naturel, précisa-t-il.

— Je n'ai pas oublié ces jeunes gens qui ont trouvé la mort en tentant de s'opposer les mains nues aux tanks soviétiques. Je n'oublie pas, mais que puis-je faire ?

— Je sais que vous n'oublierez jamais. Je ne me permettrais pas de vous critiquer. Vous avez bien assez de soucis comme ça. Vous avez l'air fatiguée. Vous feriez mieux de vous asseoir », conseilla David en montrant du doigt un canapé.

Ming eut un soupir en s'asseyant. Elle craignait d'avoir paru indifférente au sort du peuple hongrois. Elle ressentait pour la Hongrie une forme de sympathie impuissante qui dans l'immédiat la concernait toutefois moins que la mort de Jack, la perte de Mark et la colère de son père.

« Je ne pensais pas que cela me fatiguerait autant. Quand je suis fatiguée, je me fais une montagne des choses simples.

— Occupez-vous donc un peu de vous-même ou acceptez qu'on s'occupe de vous. Que diriez-vous d'une tasse de thé ?

— Très volontiers. S'il restait un sandwich, je ne dirais pas non. »

David revint avec une tasse de thé et une assiette de sandwiches et de biscuits. Il s'assit à côté d'elle en allongeant le bras sur le dossier du canapé. Ming se sentit mieux d'avoir mangé et bu.

« Vous reprenez des couleurs, dit David après un silence. Du moins, d'après ce que je peux voir de vous sous ce chapeau.

— C'est un chapeau dernier cri.

— Je n'en doute pas. Pourtant, aucun chapeau ne pourra jamais rivaliser avec votre visage.

— Je vais mieux, en effet, répondit Ming interdite. Je vous

remercie. Vous êtes trop aimable, ajouta-t-elle de façon formelle pour sortir de cette situation embarrassante.

— Vous me remerciez de vous avoir nourrie ou de vous avoir délivrée du pasteur ? Comment allez-vous en ce moment ? Je ne parle pas de votre fatigue momentanée. J'ai l'impression de ne pas vous avoir vue depuis des siècles. La dernière fois que nous nous sommes rencontrés, c'était au bar de la Chambre des communes.

— Je vais très bien.

— En êtes-vous certaine ? Vous avez l'air d'avoir été durement blessée. Votre article vous aurait-il créé des problèmes ? »

Ming baissa la tête pour dissimuler son visage. Elle ferma les yeux. Les marques de bienveillance de David lui étaient presque douloureuses.

« L'un de mes amis a été tué à Port-Saïd, expliqua-t-elle enfin.

— Je suis désolé. Je ne savais pas.

— Il m'est difficile d'en parler. La colère de ceux qui n'ont pas aimé mon article ne m'offusque pas, répondit-elle pour changer de sujet. Quand on publie ses idées, on s'expose à la critique. Après, il est trop tard pour se plaindre.

— Vous n'êtes pas du genre à vous plaindre, remarqua David. Vous êtes trop courageuse pour cela. »

En levant les yeux, Ming surprit Julia Wallington en train de les observer. Comme à son habitude, elle était habillée de façon classique. Pourtant, Ming lui trouva pour la première fois un certain éclat. Elle portait au revers de sa veste cramoisie un superbe diamant.

« Julia ! s'écria Ming alors que David se levait d'un bond. Quel plaisir de vous revoir ! Venez donc vous asseoir à côté de moi. »

Julia prit la place de David. Elle voyait bien que la joie de Ming n'était pas feinte. David versa une tasse de thé à sa femme avant de les laisser seules.

« J'ai toujours trouvé les baptêmes un peu cafardeux. Même ceux de nos enfants. Je ne sais pas pourquoi.

— Peut-être parce qu'il n'y a pas de chants ? Peut-être que la vision d'un petit groupe de personnes perdues sous la voûte d'une grande église est attristante ?

— Qui sait ? répondit Julia. Ce sont aussi toutes les perspectives sinistres du péché, du démon et des châtiments qui rendent triste.

— J'aurais imaginé que votre travail vous aurait aguerrie.

— Au fait, j'ai été très impressionnée par le dernier numéro de votre magazine.

— Vraiment? Merci beaucoup. Cet article m'a donné du mal jusqu'au bout. Ma colère était si grande que je n'ai pas pensé un seul instant trahir un secret d'État.

— Il faudrait vraiment que vous ayez la guigne pour qu'on vous fasse un procès, dit Julia. A votre place, je ne me ferais pas de souci. Et autant que je puisse en juger, votre attitude se justifie pleinement. »

17

Au début de la semaine suivante, Ming reçut deux nouvelles lettres anonymes. Elle se sentait pareille au boxeur qui, ayant reçu trop de coups, perd la volonté de se battre. Il lui sembla que la vie avait été beaucoup plus simple quand elle s'était contentée de faire ce qu'on attendait d'elle. Elle avait obéi à des ordres. Certes, il lui était arrivé d'en avoir éprouvé de la colère. Mais un peu de colère rentrée n'était pas cher payé, quand toutes les conséquences de ses actions restaient sous la responsabilité de ceux qui lui avaient donné des ordres. Le souvenir de Connie lui conseillant sur le ton de la plaisanterie de n'en plus faire qu'à sa tête la rendait malade.

Ming décida de s'isoler complètement. Elle rangerait désormais sans les ouvrir les lettres anonymes dans son secrétaire. Elle ne penserait plus ni à Mark ni à Jack Hazeldene. Elle ne se laisserait plus prendre au piège de l'espoir, du rêve ou du désir. Elle travaillerait pour le magazine sans penser à rien d'autre.

Lors de la réunion qui suivit la publication du numéro de décembre, Max et Connie remarquèrent le changement survenu en Ming. Elle était devenue plus réservée. Elle avait les yeux cernés et sa bouche avait pris un pli amer. A l'évidence, l'assurance qu'elle avait acquise récemment venait d'être mise à mal. Ils la crurent souffrante.

Connie mit le désarroi de Ming sur le compte de la désapprobation de son père, comme le lui avait expliqué Flixe. Max supposa que Ming avait encore eu des problèmes avec son ami.

L'un comme l'autre avaient vu juste. Ce qui avait eu lieu entre Ming et son père, mais aussi entre elle et Mark, l'avait rendue malheureuse. Bien d'autres choses la tracassaient encore, la pire de toutes étant la mort de Jack. Par ailleurs, elle redoutait de façon obsédante une action en justice contre son article. Les paroles réconfortantes de Julia n'avaient pas servi à grand-chose.

Ming avait décidé de n'en rien dire à Max et Connie qui, en cas de coup dur, auraient été impuissants. A l'issue de la réunion, Max retint Ming sous prétexte qu'il avait préparé à déjeuner.

« J'ai peur de n'être pas de très agréable compagnie en ce moment, dit-elle. Mais si vous préférez vous ennuyer avec moi plutôt que de jeter vos bons petits plats... »

Max ne releva pas la réflexion de Ming. Il lui demanda de bien vouloir mettre la table pendant qu'il préparait le déjeuner.

Il revint avec une ballottine de bécasse. Ming but et mangea de bon appétit pour la première fois depuis plusieurs jours. En reposant ses couverts, elle le complimenta.

« Je suis bien content que ça vous ait plu. Mais dites-moi : que se passe-t-il ? Est-ce à cause de cet homme ?

— Entre autres, répondit Ming. Il m'avait annoncé il y a quelques semaines qu'il valait mieux ne plus nous voir pendant quelque temps. Il vient de m'écrire pour m'apprendre qu'on lui propose un nouveau travail, plus intéressant, mais à l'extérieur de Londres. Il va sans doute l'accepter. Il me propose de nous voir en début d'année.

— Parfait. Pourquoi ne lui avez-vous pas aussitôt téléphoné pour lui proposer de le voir dès le 1er janvier ? A en juger par la tête que vous faites, vous ne l'avez pas appelé.

— Non, c'est vrai, répondit-elle en se levant pour aller chercher son sac. Il y a deux raisons à cela : d'une part, il m'a dit un jour qu'il n'existait pas pour lui de travail plus important et plus satisfaisant que celui qu'il faisait au ministère de la Défense. »

En observant Ming, Max se rendit compte qu'elle avait perdu du poids.

« Et la seconde raison ? » demanda-t-il après avoir compris que Ming ne la lui donnerait pas spontanément.

Elle revint s'asseoir. Elle avait bien du mal à poursuivre.

« Parlons d'autre chose, proposa Max d'un air malicieux. Vous êtes-vous consciemment habillée pour être assortie à cette pièce ou est-ce le fruit du hasard ? »

Ming retrouva le sourire en redevenant un peu elle-même. Elle balaya du regard le salon soigneusement décoré par Max en bleu et blanc.

« Je ne l'aurais pas remarqué moi-même. Mais c'est un fait que j'ai toujours porté du bleu et du blanc en venant ici. Il est vrai que la plupart de mes vêtements sont bleus.

— Et vous avez les yeux bleus. Maintenant, vous pouvez bien me dire ce qui vous tracasse. »

Au lieu de lui répondre, Ming lui tendit la feuille qu'elle venait de sortir de son sac.

Alors, Ming, ça y est, on est arrivé à ses fins, pas vrai ? Jusqu'où ira ton désir de tout détruire ? Non contente de frustrer ton pauvre type, tu le fais licencier. Jamais tu n'aurais pu imaginer ce que le ministère de la Défense ferait à un fonctionnaire sympathisant avec une journaliste connue pour ses idées antigouvernementales ! Moi, je n'y crois pas. Je crois que tu l'as châtié. Tu finiras bien par le payer et ce jour-là, moi, je rirai, rirai, rirai.

« Vous en avez reçu d'autres comme celle-là ? demanda Max en reposant la lettre sur la table.

— Oui, répondit Ming. Une tous les quinze jours depuis mon retour d'Égypte. Dernièrement, j'étais presque heureuse d'éprouver du dégoût pour ces lettres. Aujourd'hui que cela recommence, je me sens incapable de les supporter plus longtemps si je dois lire à nouveau de pareilles horreurs.

— Pourquoi ne pas en avoir parlé plus tôt ?

— Au tout début, j'ai averti la police. Ils m'ont dit qu'ils ne pouvaient agir que si les lettres contenaient des menaces physiques. Ça n'a jamais été le cas.

— N'empêche, vous auriez pu apprécier de recevoir des marques de sympathie. »

Ming ressentit à la lèvre inférieure une soudaine douleur : elle était en train de se mordre. Elle leva les yeux vers Max en silence.

« J'ai eu mon lot de ce genre de lettres. Je sais ce que c'est.

— Je crois, ajouta Ming lentement, que je n'aurais pas su quoi faire de ces marques de sympathie. Il est parfois plus facile de supporter certaines choses si on n'a pas à remercier et à rassurer quelqu'un d'autre. J'ai jugé préférable de mettre cela de côté et de ne plus y penser puisque personne ne pouvait empêcher ces lettres d'arriver.

— Si ce n'est la personne qui les avait écrites, précisa Max en observant Ming. Est-ce que ce n'est pas précisément là que le bât blesse? La peur de découvrir qui pense ça de vous?»

Max était ému à la pensée du calvaire que Ming avait enduré sans rien laisser paraître. Il aurait aimé pouvoir l'aider. En voyant le visage de Ming se décomposer, il regretta soudain de n'avoir pas gardé le silence.

Ming se retourna et traversa le salon jusqu'à la cheminée. Max l'avait touchée au point sensible. Elle s'agenouilla devant le feu pour se réchauffer les mains. La chaleur avait quelque chose de réconfortant. Au bout d'un certain temps, elle revint vers Max. Elle était à nouveau en pleine maîtrise d'elle-même.

«Vous avez certainement raison, dit-elle.

— Ça ne peut pas être lui, remarqua-t-il avec calme. Dans la plupart des cas, ce sont des femmes qui écrivent les lettres anonymes, poursuivit-il en sachant que Ming avait besoin d'entendre ce qu'il avait à lui dire. Je le tiens du seul policier humain que j'aie jamais rencontré. C'est un vice typiquement féminin.

— Je ne crois pas que ce soit Mark, soupira Ming. Il m'est impossible de l'imaginer agissant de façon déguisée. Il n'aurait d'ailleurs aucune raison de le faire. Mark est l'homme le plus honnête que je connaisse.

— Il a bien de la chance que quelqu'un puisse dire ça de lui!

— Quoi qu'il en soit, cette personne en sait long sur moi et sur Mark. Il n'a pas été fait une seule mention de lui pendant des mois. Mais aujourd'hui... Il quitte la fonction publique. C'est peut-être ma faute. J'ai peut-être... mais non. Par contre, je sais que je l'ai rendu malheureux.

— Voyons, Ming. Vous l'aimez. Vous me répétez que vous ne l'aimez pas. Mais il n'y a pas l'ombre d'un doute que vous l'aimez. Vous le connaissez trop bien pour être tombée amoureuse d'un homme capable d'écrire des lettres anonymes.

— Suffit-il de connaître quelqu'un pour l'aimer? demanda Ming le regard sombre. Est-ce que...

— Je crois, oui, répondit Max en coupant Ming. Certes, on peut avoir envie de coucher avec quelqu'un qu'on connaît à peine, et penser à tort qu'on l'aime. Mais vous connaissez Mark depuis si longtemps que ça ne peut être le cas.

— Qu'en savez-vous ? demanda Ming.

— Mon Dieu, Ming ! La luxure est une chose très simple. Si elle intervient en même temps que l'amour, et qu'elle dure, c'est ce qu'on appelle le désir. Mais ça peut être également la luxure tout simplement, une chose très excitante en soi : qu'elle soit satisfaite ou non, elle culmine en une sorte de paroxysme avant de s'évanouir.

— Mais qu'est-ce que vous pouvez bien en savoir, vous ? » interrogea Ming à nouveau.

Elle était bien trop fatiguée pour faire preuve de tact. Max eut un rire sec qui fit sursauter Ming.

« Comment osez-vous, Ming, me poser une question pareille ? demanda-t-il avec tristesse. La sensibilité fonctionne de la même façon pour moi que pour vous.

— Excusez-moi. Que croyez-vous que je devrais faire ?

— Il n'y a que vous qui puissiez le savoir, répondit Max en se levant. Je vais faire du café. J'ai appris personnellement qu'il n'y a qu'une chose à faire, c'est de ne jamais lire les lettres anonymes qu'on reçoit.

— Je suis d'accord avec vous. J'ai même essayé de le faire. Pour finir, j'ai préféré savoir ce qu'on pensait de moi. Et puis, j'attends toujours qu'il me menace physiquement, ajouta-t-elle avec une expression de dureté sur le visage. La police pourra alors agir.

— Vous avez du cran », admira Max.

Ming se souvint du compliment les jours suivants. Elle trouva la force d'écrire à son père pour lui expliquer sa position lors de l'affaire du canal de Suez. Elle en profita pour lui demander si elle serait encore la bienvenue à Noël. Elle eut par ailleurs le courage d'écrire à Mark qu'elle serait ravie de le voir lors de son prochain passage à Londres. Elle ajouta :

Je n'ai jamais oublié ce que tu m'as dit à propos de ton travail, un soir, chez moi, à mon retour d'Égypte. Je serais heureuse d'apprendre que tu fais enfin quelque chose qui t'importe. J'aimerais en savoir plus sur ton travail et ta santé et apprendre que tu es heureux.

Elle reçut des réponses à ses lettres deux jours plus tard. Ses parents comptaient sur elle à Noël et lui suggéraient de faire le trajet en voiture avec Gerry et Mike. Mark lui apprit sans se perdre dans les détails qu'il travaillait à Oxford dans la production de composants informatiques. Il lui proposa de la retrouver le 2 janvier chez Searcy, dans Sloane Street, à l'heure du thé. Sa mère ferait suivre le courrier.

En pensant aux tables juponnées de blanc et aux théières d'argent de chez Searcy, Ming fut surprise du choix de Mark. N'avaient-ils pas fait l'amour ensemble ? Elle rédigea un mot sur-le-champ pour accepter. On sonna à la porte. En ouvrant, Ming découvrit un policier plutôt râblé.

« Mademoiselle Mary Inge Alderbrook ? demanda-t-il avec la gouaille du peuple.

— C'est moi », répondit Ming avec un sourire interrogateur. Elle avait appris à ne pas avoir peur de la police.

Il lui tendit une enveloppe beige cachetée officiellement. Ming l'examina, puis leva les yeux vers le visage inexpressif du policier. Elle eut un moment d'affolement.

« Julia s'est trompée », murmura-t-elle en regrettant d'avoir pris si violemment position contre le gouvernement sous le coup de la colère.

Les mains en sueur, Ming prit l'enveloppe et remercia le policier.

« Que dois-je faire ? demanda-t-elle d'une voix tremblante. Est-ce que je dois signer quelque chose ? »

Après avoir refermé la porte, Ming s'assit à son bureau et examina l'enveloppe. Puis elle se décida à l'ouvrir. Elle la lut à deux reprises avant d'y comprendre quelque chose.

Elle était assignée devant la justice pour la publication d'un extrait d'un ouvrage obscène, *Histoire d'un amour perdu*, dans le numéro d'octobre de la revue *La Nouvelle Ere*. Constance Wroughton, copropriétaire du magazine, était également citée en justice.

Ming ressentait des picotements dans les jambes. Sa gorge était sèche. Elle éprouvait à nouveau les sensations qu'elle avait connues lors d'une mission en France pendant la guerre. Elle se rappelait également une nuit de bombardement à Londres. Elle était restée couchée dans la cave chez sa marraine aux côtés de sa sœur à l'agonie. Cette peur en elle, qui lui faisait honte, c'était la peur de causer son propre malheur et celui de ceux qu'elle aimait.

Si elle n'avait pas été aussi sotte en découvrant l'homosexualité de Max, Connie ne lui aurait pas prêté ce roman. Si elle n'avait pas eu tant de préjugés, son étonnement à la lecture du livre aurait été moins grand et elle n'aurait pas suggéré à Connie d'en publier un extrait dans le magazine.

Ming mit du temps avant de considérer objectivement sa part de responsabilité dans ce qui avait eu lieu. Le choc passé, elle se força à boire du thé et à manger quelques toasts. Le thé l'avait toujours aidée à calmer ses accès de panique.

Elle avait la nausée rien qu'en étalant un peu de miel sur un toast chaud. Mais dès la première gorgée de thé, elle se sentit mieux. En lisant une fois de plus la lettre, elle découvrit que la plainte pour obscénité avait été déposée par Roger Sillhorne.

Ming était folle de rage. Elle était atterrée que Roger, qu'elle connaissait depuis si longtemps, et qui un jour avait dit l'aimer, puisse faire une chose pareille. Dans de telles circonstances, elle ne pouvait plus s'isoler comme elle en avait pris la décision. Elle allait avoir besoin de toutes ses forces.

Quand elle se sentit capable de parler normalement, elle composa le numéro de Connie Wroughton.

« Vous aussi, vous avez reçu une lettre, dit Connie dont la voix tremblait. J'ai envie de tout casser.

— Je suis absolument désolée, répondit Ming en parlant distinctement.

— Vous n'y êtes pour rien, la rassura Connie. Je n'en veux même pas à cet ignoble Sillhorne. Je suis furieuse contre mon avocat. Je lui avais demandé les risques que nous encourions en publiant cet extrait. Il m'a répondu que nous risquions au maximum le pilon. Rien de plus. Il ne m'a jamais mise en garde contre autre chose. Par contre, il n'a pas oublié de m'envoyer ses honoraires.

— C'est le comble ! s'écria Ming le souffle coupé. Il faut que nous discutions.

— C'est mon avis aussi, répondit Connie. Il serait absurde que vous veniez ici puisque toutes les démarches se feront à

Londres. Il vaudrait mieux que Max et moi venions chez vous. Est-ce que vous y voyez un inconvénient ?

— Aucun. Il faut que nous consultions un conseil juridique. En connaissez-vous un digne de confiance ?

— Non, répondit Connie. Je ne connaissais que le mien. Et vous ?

— Mon conseil juridique est parfait pour les questions de succession. Par contre, je doute qu'il soit très compétent en ce qui concerne les écrits obscènes. Il vaudrait mieux que je demande conseil à Julia Wallington. Êtes-vous d'accord ?

— Je vous suis. Avouez pourtant que c'est un peu dingue de demander à une avocate le nom d'un conseil juridique, non ?

— Au moins, elle sera qualifiée pour nous répondre, répondit Ming assez sèchement. Nous pouvons lui faire confiance. Je vous verrai plus tard avec Max. A moins que nous le laissions en dehors de tout ça... Après tout, il n'est pas cité en justice. Cela ne vaudrait-il pas mieux ?

— C'est juste, répondit Connie. Je vous donne raison. Je lui ai déjà tout raconté. Mais il n'est absolument pas nécessaire qu'il prenne part à tout ce tintouin juridique.

— En effet, acquiesça Ming. Vers quelle heure pensez-vous être ici ?

— Disons vers midi et demi. Ainsi, nous aurons tout loisir de discuter. Si je devais rester à Londres, je suis certaine que Flixe m'offrirait l'hospitalité pour une nuit.

— Certainement, répondit Ming avant d'ajouter avec une pointe d'ironie : On peut toujours compter sur mes sœurs en cas de coup dur. Je vais appeler Julia. »

L'assistant de Julia lui apprit qu'elle était en train de plaider et qu'elle ne repasserait au cabinet qu'en fin d'après-midi. Désespérée, Ming lui posa directement la question. Elle crut percevoir à l'autre bout du fil une sorte de ronchonnement réprimé.

« Je suis tout à fait incapable de vous répondre, madame. Je ne suis pas qualifié pour donner ce genre de conseil, répondit Tomkins.

— C'est ce que je vois, répondit Ming. Veuillez demander à Mme Wallington de bien vouloir me rappeler dès qu'elle le pourra.

— Je n'y manquerai pas, madame. »

Ming composa ensuite le numéro de Connie.

«Je me demande si ça vaut la peine que vous veniez chez moi avant que Julia nous donne son avis. Nous allons nous paniquer toutes les deux en ne parlant que de ça.

— Vous avez raison, Ming, même si j'enrage à rester seule chez moi sans rien faire. Merde ! »

C'était la première fois que Ming entendait Connie jurer.

« Cela vaut pourtant mieux que de rester inutilement assises ici en nous énervant. Je vous téléphone dès qu'il y a du nouveau. »

Ming put parler à Julia Wallington en fin d'après-midi. Celle-ci demanda un temps de réflexion avant de lui recommander un conseil juridique. A cinq heures, Julia téléphona pour lui donner le nom de Terence Ratterley, à ses yeux son meilleur joker.

« J'ai demandé l'avis de plusieurs collègues. Tous me l'ont conseillé. Je ne me ferais pas de souci pour vous s'il prenait votre affaire en main.

— Je vous remercie, répondit Ming. Je ne puis vous dire combien je regrette de ne pas vous avoir demandé conseil plus tôt au lieu d'être passée directement par l'avocat de Connie.

— Ming,. je suis réellement désolée qu'une telle chose ait eu lieu. Pourtant, je ne crois pas que ce soit une catastrophe. Il ne faut pas désespérer. Ces procès pour obscénité sont perçus différemment désormais. Il y a eu acquittement pour deux procès de ce genre voici deux ans.

— Merci, Julia. Cela me rassure de vous l'entendre dire. Puis-je vous téléphoner à nouveau si j'en éprouvais le besoin ?

— Bien sûr », répondit Julia d'une voix ferme.

M. Ratterley écouta Ming dans un silence religieux. Elle se demanda même s'il n'avait pas posé l'écouteur sur le sous-main de son bureau. Quand elle eut terminé, il s'écria :

« Ah, quelle plaie ! Mais c'est loin d'être le désastre que vous imaginez. Je vous promets de faire de mon mieux pour vous être utile. Je crois que votre associée a raison de souhaiter que nous nous rencontrions. Seriez-vous libre... demain à dix heures ?

— Serait-il possible de nous rencontrer un peu plus tard ? Mlle Wroughton viendra en voiture du Sussex. Il lui serait plus facile de nous retrouver vers onze heures et demie.

— Aïe ! je serai occupé toute la matinée. Mais que diriez-vous de nous rencontrer à trois heures et demie ? Parfait ! Je serai très honoré de vous recevoir demain, mademoiselle Alderbrook. »

Ming se sentait mieux. La panique et ses symptômes étaient passés. Elle ressentait pourtant l'irrépressible besoin de se confier à un tiers. Elle fut tentée de téléphoner à l'une de ses sœurs mais elle savait qu'elles prendraient sa défense instinctivement. Elle composa alors le numéro de son ancien lycée.

Elle demanda à parler à la directrice.

« Janet Roseheath à l'appareil.

— Bonjour, mademoiselle Roseheath. C'est moi, Ming Alderbrook.

— Quelle bonne surprise ! Comment allez-vous ?

— Je vais très bien. J'espère que je ne vous dérange pas.

— Pas le moins du monde. Que puis-je pour vous ? »

Ming expliqua la situation dans laquelle elle se trouvait.

« Je crois qu'il ne serait pas très judicieux de ma part de venir donner à vos élèves une conférence en ce moment. Certaines familles pourraient trouver à y redire.

— Habituellement, je vous aurais répondu que je ne me soucie pas de ce genre de balivernes. Mais, dans ce cas, vous avez sans doute raison. Je vous ai trouvée très courageuse de publier cet extrait. Bien évidemment, certains parents d'élèves pourraient ne pas partager ce point de vue.

— Vos remarques me font du bien. Depuis que j'ai reçu cette assignation en justice, je me dis que je ne pouvais rien suggérer de plus idiot que de publier ce texte.

— Le jugement d'autrui a toujours trop compté pour vous.

— Merci de me le dire.

— Vous n'avez pas à me remercier. Je le pense sincèrement. Faites ce que vous jugez bon sans vous soucier de ce qu'on en pensera. Mieux vaut commettre des erreurs que de ne rien faire par peur de se tromper. J'ai toujours pensé que vous vous sentiez à tort responsable du monde entier.

— Vos paroles me réconfortent, mademoiselle Roseheath. Il faudra remettre cette conférence à plus tard.

— Je vous prends au mot, ma chère. Au revoir. »

18

Ming trouva au courrier le lendemain matin une lettre de Jack Hazeldene. Elle resta immobilisée devant chez elle, les yeux baissés avec horreur et pitié sur cette écriture familière. Par superstition, elle eut quelques difficultés à ouvrir l'enveloppe. Il lui avait écrit dix jours avant d'être tué.

Ma chère Ming,
Tes lettres m'ont vraiment aidé à tenir le coup. Je ne sais comment te remercier de m'avoir si souvent et si longuement écrit.
Je veux que tu sois la première personne à qui je fasse part de ma décision. Je quitterai l'armée dès que la fiesta sera terminée. Les enfants sont tout ce qu'il me reste de Caroline : il serait absurde et cruel de les priver également de leur père.
Il est très étrange de constater que la douleur rend égoïste et déraisonnable. Ainsi, je crois t'avoir dit que j'aurais préféré ne jamais rencontrer Caroline. Si c'est le cas, j'espère bien que tu ne m'auras pas pris au sérieux. Il n'y a jamais rien eu de plus important dans ma vie que mon amour pour elle. Malgré tout, nous aurons eu la chance de connaître quelques années de bonheur. Le renier serait un crime.
Tout cela manque un peu de simplicité. Il m'arrive encore de me sentir atterré. Je suis affolé à l'idée que ma seule présence ne suffira pas aux enfants. Je dois pourtant faire de mon mieux. Un agent de change m'a fait une offre d'emploi qui me laissera beaucoup de temps libre. Il va falloir que je trouve une gentille bonne d'enfants.

Est-ce que nous pourrons compter sur toi, Ming ? Moi et les petits ? Nous allons avoir besoin de nos amis, et tu es notre meilleure amie.
  Je t'embrasse,

Jack.

Ming se laissa tomber sur une chaise. Elle avait gardé la lettre de Jack à la main. Elle ressentait pour lui et ses enfants une profonde pitié.

« Bien sûr que tu aurais pu compter sur moi », s'exclama-t-elle. Elle désespérait de trouver quelque chose qu'elle puisse encore faire. Cette pensée l'obséda tout le reste de la journée. Il était deux heures de l'après-midi quand elle se rappela qu'elle avait rendez-vous avec Connie chez le conseil juridique recommandé par Julia.

Elle passa en vitesse un tailleur bleu marine, puis téléphona à Gerry pour savoir si elle pourrait lui rendre visite à l'heure du thé.

« Je serai contente de te voir », répondit spontanément sa sœur.

Ming et Connie s'étaient donné rendez-vous dans le hall d'entrée de l'immeuble du conseil juridique à Lincoln's Inn Fields. On les conduisit aussitôt à son bureau qui était une pièce agréable. Les moulures du plafond étaient ravissantes. Les murs étaient couverts d'ouvrages juridiques. Au-dessus de la cheminée était accrochée une peinture du XVIIIe siècle.

M. Ratterley, qui frisait la quarantaine, était plus jeune que Ming ne se l'était imaginé. Il les reçut de façon amicale. Il les pria de lui présenter le magazine et de lui expliquer les raisons de la publication de « l'article en question ». Il eut un grand sourire comme s'il s'amusait d'un bon mot.

Connie, qui ne goûtait pas la plaisanterie, lui décrivit rapidement le magazine et ses lecteurs. Elle lui fit part du conseil de son avocat et de ses prévisions sur les conséquences légales de la publication de cet article.

M. Ratterley resta assis dans un silence religieux jusqu'à ce que Connie lui ait tout dit. Puis, les deux mains posées sur son sous-main, il considéra les deux jeunes femmes.

« L'une d'entre vous deux s'explique-t-elle pourquoi M. Sillhorne a pris cette décision ? C'est assez surprenant. Je n'ai jamais entendu dire qu'il était particulièrement obsédé par la question homosexuelle. Mademoiselle Alderbrook ? demanda-t-il en voyant Ming rougir.

— J'ai travaillé pour lui à la Chambre des communes. Il m'a tenu rigueur d'avoir démissionné. Quand il a su que je collaborais au magazine, il m'a accusée de travailler avec une ''espèce de dépravé''.

— Il ne cache pas ses sentiments », s'écria Connie en sortant une cigarette de son étui. M. Ratterley se leva pour la lui allumer.

« Combien de temps lui aura-t-il fallu pour déposer sa plainte ? demanda Ming qui refusa d'un signe de la tête la cigarette qu'il lui proposait.

— C'est variable, répondit le conseil juridique en haussant les épaules. Je le soupçonne d'avoir tout d'abord cherché à persuader la police ou le procureur de déposer eux-mêmes la plainte. Après avoir essuyé un refus, il a dû la déposer lui-même en tant que particulier. Reste à savoir pourquoi.

— L'article que j'ai écrit sur le fiasco de Suez l'a mis dans une rage folle. Je me demande s'il n'a pas essayé de m'en punir.

— Hum ! c'est un peu tiré par les cheveux. C'est bien dommage, dit-il en croisant le regard de Connie. Autrement, nous aurions pu suggérer que la plainte avait été déposée dans l'intention de nuire et nous aurions pu convaincre le procureur d'annuler l'affaire. »

Ming se demandait si elle devait mentionner l'existence des lettres anonymes au conseil juridique.

« M. Ratterley, demanda Connie d'un ton sec en arrachant Ming à ses pensées, pouvez-vous m'expliquer clairement ce que tout cela signifie ? Je ne connais rien à la justice.

— Mais certainement. En comparaissant devant la magistrate's court, trois possibilités s'offriront à vous : plaider coupables, plaider non coupables ou renvoyer le procès devant un jury[1]. Si vous plaidez coupables, vous devriez vous en sortir avec une amende.

---

1. Le système juridique anglais (*Common Law*) est fondé sur la tradition orale et la prépondérance de la procédure. Il repose sur la séparation entre les juridictions civile et pénale, le double degré de juridiction (appel) et la neutralité du juge.

— De combien ?

— Ça dépend. Il y a deux ans, un roman intitulé *Julia* a fait l'objet d'un procès. L'éditeur a plaidé coupable devant la cour de Clerkenwell. Il a reçu une amende de 30 livres et payé 10 livres de frais de dossier. »

Ming allongea les jambes. La peur qui l'avait dévorée jusque-là lui sembla tout à coup risible. La somme était ridicule.

En observant le sérieux de son visage, M. Ratterley se dit que sa jeunesse, sa beauté et sa vulnérabilité lui seraient des atouts non négligeables sur le banc des accusés. En revanche, l'autorité de Constance Wroughton pourrait lui valoir l'hostilité du juge et des jurés.

« Et si nous décidions d'avoir recours à un jury ? demanda Ming.

— Le procès aurait sans doute lieu à Old Bailey. L'amende, si vous étiez jugées coupables, pourrait être alors multipliée par dix ou par quinze. Les frais de procédure pourraient monter jusqu'à plusieurs milliers de livres », expliqua M. Ratterley en observant les deux jeunes femmes.

Le visage de Connie était aussi impassible que celui d'une statue. Ming avait l'air songeuse et quelque peu entêtée.

« Qui paiera les frais si nous gagnons ? demanda-t-elle.

— Vous, je suppose, répondit-il. Maintenant que vous êtes prévenues, il n'y a plus lieu de taire des vérités déplaisantes.

— Je vois, répondit Connie en sortant de son sac un bloc-notes pour y inscrire les sommes qu'il avait avancées. Quelles sont nos chances de gagner ?

— Il m'est impossible de vous répondre. C'est le genre de procès qu'on ne peut évaluer à l'avance. Tant que le jury n'a pas rendu sa sentence, nul ne sait si un crime a été commis. Généralement, quand il y a un crime et une victime, le travail de la défense est de prouver que son client ne l'a pas commis. Dans le cas présent la défense doit prouver que ce que vous avez fait ne relève pas du crime. Il y a un risque.

— J'imagine, répondit Ming. Mais le jeu n'en vaut-il pas la chandelle ?

— Cela dépend. La liberté de manœuvre est réduite dans ce genre de cas.

— Je suppose que nous avons intérêt à consulter nos avocats avant de prendre une décision, remarqua Connie d'un ton cassant.

— Je crois. Je vais réfléchir à la personne la plus à même de vous aider.

— Que pensez-vous de Julia ? »

M. Ratterley fronça les sourcils. Ming se demanda si la suggestion l'irritait ou si le naturel de ses manières l'amusait.

« Mme Wallington n'a pas d'expérience dans les affaires de ce genre. De plus, elle n'est pas encore avocate de la Couronne, dit-il. Cela n'ôte rien à son jeune talent. Je me demande même si, d'un certain point de vue, le fait qu'elle soit une femme ne constituerait pas un avantage. Toutefois, l'expérience me semble un atout majeur.

— Croyez-vous qu'elle accepterait de défendre notre affaire ? demanda Connie en faisant fi de ses réserves.

— Je vais me renseigner.

— Vous seriez bien aimable. Je ne connais rien aux usages de la justice, mais il me semble que nous n'avons pas de temps à perdre. Cela ne vous dérange-t-il pas que nous attendions ici pendant que vous lui téléphonerez ?

— Je crains que nous ne puissions agir de la sorte, répondit M. Ratterley en riant. Il faut suivre la procédure.

— Parfait, s'écria Connie en se levant d'un bond. Dans ce cas, nous ne vous importunerons pas plus longtemps. Je reste à Londres les jours prochains. Voici mon numéro. Mlle Alderbrook vous a déjà donné le sien. Merci de nous avoir reçues.

— Si nous plaidions coupables, demanda Ming en se levant, risquons-nous une peine de prison ? »

Connie la regarda avec horreur.

« Techniquement, ça reste une probabilité, répondit-il. Sinon, on ne vous donnerait pas la possibilité d'avoir recours à un jury. J'ai du mal à imaginer un magistrat prononçant une sentence d'emprisonnement dans un cas comme celui-là. L'amende est plus probable même si des libraires purgent à l'heure actuelle des peines de prison pour vente d'ouvrages pornographiques. »

Connie fit une grimace de dégoût. Ming semblait au contraire se concentrer.

« Je me souviens du cas, il y a des années, dit M. Ratterley avec calme, d'un poète accusé d'avoir montré certaines de ses œuvres à un imprimeur, des traductions de Rabelais et des parodies de Verlaine. Il avait purgé une peine de six mois de prison.

— Quand était-ce ? demanda Ming.

— En 1932, je crois. Je pourrais vérifier.

— C'était il y a vingt-cinq ans. Les choses ont dû changer depuis, remarqua Ming en lançant un coup d'œil à Connie. Merci, M. Ratterley. Pourrez-vous nous faire savoir quand vous aurez parlé à Julia Wallington ? »

M. Ratterley fit signe que oui. Il leur serra la main avant d'appeler son clerc pour qu'il reconduise les deux jeunes femmes. Puis il relut les notes qu'il avait prises pendant leur entretien.

Dehors, sur la place, Connie proposa à Ming de passer chez Flixe avec elle.

« Je dois faire un saut chez Gerry. J'ai promis de prendre le thé avec elle, répondit Ming qui fulminait encore contre ce que leur avait fait Roger Sillhorne.

— Très bien. Embrassez-la pour moi. Je vous téléphone s'il y a du nouveau.

— Merci, Connie. Voilà votre taxi, s'écria Ming.

— Vous ne voulez pas le prendre ? demanda Connie avant d'entrer dans la voiture.

— Je préfère marcher. Ce n'est pas très loin. Au revoir, Connie. »

Ming marcha vers Tottenham Court Road. Elle fit tout son possible pour ne pas penser au déjeuner qu'elle avait pris cet été chez Gerry en compagnie de Mark.

Gerry s'empressa d'ouvrir à Ming.

« Rentre vite. Tu as bien fait de venir. Flixe m'a tout raconté. »

Le visage de Gerry exprimait l'inquiétude et l'affection.

« Mais Flixe n'est au courant de rien, protesta Ming en retirant son manteau.

— Enlève ton chapeau. Mets-toi à l'aise. Je vais faire du thé. J'ai acheté pour toi un gâteau à la pâtisserie française que tu aimes tant. J'en ai pour deux minutes.

— Gerry, attends. Tu me parles comme si j'étais une enfant qu'on emmène chez le dentiste.

— Excuse-moi. Julia a raison de dire que nous te maternons trop. Ce n'est pas intentionnel. Mais je ne tolère pas qu'on te fasse tous ces ennuis. Cela doit exacerber mes instincts maternels refoulés.

— Je crois comprendre. Flixe t'a parlé du procès. Mais je ne suis pas venue pour ça. Allons préparer le thé et je te raconterai tout. »

Perplexe, Gerry entra la première dans sa petite cuisine. Elle alluma la bouilloire électrique.

« Est-ce que tu veux bien prendre le plateau ? demanda-t-elle. J'apporte la théière. »

Ming prit le plateau que Gerry avait préparé avec soin. Elle fut touchée d'y voir le gâteau à la praline qu'elle aimait. Elle le posa sur la table basse du salon. Il y avait une pile de journaux et un bouquet de tulipes rouges. Ming était surprise que Gerry et Mike se soient offert cette folie en cette saison. En général, leur lierre en pot leur suffisait.

Elle remarqua alors les cache-pots de fer forgé. Le lierre avait bien poussé depuis sa dernière visite.

« Lait ou citron, Ming ? demanda Gerry en posant la théière sur le plateau. Et pour l'amour de Dieu, assieds-toi !

— Mais j'admire tes plantes, s'écria Ming en riant. Est-ce que tu n'as pas peur qu'elles finissent par vous envahir ?

— Non, on sort les sécateurs dès qu'elles dépassent les limites. Prends une part de gâteau, je t'en prie.

— Malheureusement, je n'ai pas faim, dit Ming qui réfléchissait à une manière d'aborder la question des enfants de Jack.

— Ne te fais pas tant de souci, affirma Gerry en versant le thé. Même si tu perds le procès, aucun de tes amis ne te jettera la pierre. Et puis l'amende sera dérisoire. Connie paiera. Elle est beaucoup plus riche que toi.

— Gerry, je ne suis pas venue pour parler de ça.

— Oui, tu l'as déjà dit. Mais alors, de quoi ? demanda Gerry en tendant une tasse à Ming.

— Jusqu'à ce que Connie et moi décidions de plaider coupables ou non — ce que nous ferons après avoir reçu les conseils d'un avocat —, il n'y a rien d'autre à dire. »

Gerry fronça les sourcils en versant du lait dans son thé.

«J'aimerais que tu nous fasses confiance», ajouta-t-elle après une pause.

Ming, excédée par ces sous-entendus, reposa sa tasse et affirma qu'elle avait viscéralement confiance en ses sœurs.

«Pas vraiment. Tu ne vas pas dire que tu as absolument confiance en nous. Je sais que nous ne remplacerons jamais Annie. Mais nous pourrions sans doute te venir en aide si tu nous le permettais.

— Ne fais pas cette tête, Gerry, dit Ming. Annie est morte il y a une éternité, je ne le ressens plus comme une tragédie, et je ne suis plus aujourd'hui la fillette de quinze ans que tu as connue.

— Je sais, répondit Gerry en prenant une gorgée de thé. Je veux seulement dire que nous pourrions t'aider comme elle l'aurait certainement fait si elle était encore en vie. C'est l'aide que Flixe et moi nous nous apportons mutuellement en écoutant, en parlant et en nous réconfortant. Nous avons parfois l'impression que tu nous tiens vraiment à l'écart, expliqua Gerry avec tristesse.

— J'en suis désolée, répondit-elle désemparée. Je n'ai jamais vu la chose ainsi. J'ai du mal à tenir les autres au courant de mes problèmes, particulièrement quand je sais qu'ils n'y pourront rien.

— Je te comprends. N'en parlons plus. Ne t'angoisse pas. Sache seulement que si tu as besoin de nous, nous serons toujours là.»

Ming posa sa tasse et se leva. Elle traversa le salon. Ses talons résonnèrent sur le parquet ciré. Tournant le dos aux fenêtres, elle dit à Gerry :

«J'ai besoin de ton aide aujourd'hui mais pas comme tu pourrais le croire.»

Gerry se retourna, le visage illuminé par un sourire de bonté qui aurait pu être celui de Flixe. Ming songea aux deux enfants et à tout l'amour que Gerry pourrait leur offrir.

«Je suis heureuse que tu sois venue, Ming. Je ferai de mon mieux pour t'aider, je te le promets.»

Ming prit sa respiration avant d'expliquer tout ce que Jack lui avait dit et ce que sa mère lui avait écrit. En parlant, Ming vit se durcir le visage de Gerry jusqu'à ce qu'il prenne un masque d'indifférence. Elle détourna enfin son regard. Ming comprit qu'elle aurait mieux fait de se taire.

« Ces malheureux enfants ont besoin de quelqu'un comme toi pour les élever. L'argent n'est pas un problème. Ils ont besoin d'autre chose. »

Gerry reposa sa tête sur le dossier du canapé en levant les yeux au plafond. Ming revint s'asseoir.

« Nous n'adopterons jamais d'enfant, dit Gerry en relevant la tête. Nous en avons pris la décision il y a des années. Il n'y a aucune raison que nous changions d'avis.

— Mais...

— Je t'en prie, Ming, interrompit Gerry d'une voix dure. Nous avons fait un choix auquel nous avons décidé de nous tenir. »

Ming frissonna à l'accent de colère de Gerry et resta comme abasourdie en cherchant un moyen de la calmer.

« Mais je t'ai observée en présence du bébé de Flixe et je sais comment moi-même j'ai réagi, expliqua-t-elle en espérant lui faire comprendre pourquoi elle avait fait cette suggestion. Tu as envie d'avoir un enfant, Gerry, et ces deux enfants ont cruellement besoin d'une mère. Je sais qu'adopter un enfant est une chose difficile mais ils sont si jeunes. »

Gerry laissa éclater sa colère contenue depuis des années.

« J'aimerais que toi et Flixe cessiez, une fois pour toutes, de vous occuper de ce qui ne vous regarde pas. Il nous a déjà été assez difficile comme ça de nous faire à l'idée que nous n'aurions jamais d'enfant. Une cicatrice ne fait plus mal si on ne joue pas avec. Nous ne vous demandons qu'une chose, c'est de nous laisser en paix. Mike et moi-même avons vécu un enfer avant de nous décider. Je ne veux pas qu'il... Ni lui ni moi ne serions capables de vivre cela une fois de plus, précisa-t-elle en retrouvant son calme.

— Je suis absolument navrée, Gerry, balbutia Ming qui voulait arranger les choses. Il est inutile que je te dise que je voulais seulement t'aider. Je ne voulais pas te faire de peine.

— Je le sais bien, dit Gerry. Il n'y a pas plus gentille que toi. C'est sans importance. Mais ne m'en parle plus jamais. C'est au-dessus de mes forces. »

Ming était malheureuse. Certaines phrases des lettres anonymes lui revinrent en mémoire. Une fois de plus, elle se demanda quel degré d'intimité la liait à son correspondant.

Gerry fut inquiète par la pâleur de Ming. Elle prit sur elle d'expliquer les raisons pour lesquelles Mike et elle avaient décidé de ne pas adopter d'enfant.

« Nous sommes heureux ensemble, conclut-elle, plus que le sont bien des parents. Regarde Julia Wallington, continua Gerry qui souhaitait faire réagir sa sœur. Sa fille lui crée bien des difficultés. Il lui arrive de ne plus pouvoir la supporter.

— Je ne crois pas, répondit Ming qui trouvait injuste que Gerry dise une telle chose. Julia aime Amanda.

— Évidemment, mais je ne parle pas d'aimer. Regarde notre mère, je suis certaine qu'elle dit nous aimer, mais elle ne nous connaît même pas. Je ne voudrais pas élever un enfant de cette manière-là, en exigeant trop de lui sans chercher à savoir qui il est vraiment. Si ce n'était pas le mien, ce serait plus difficile encore.

— Je te trouve injuste, Gerry. Ce que maman espérait pour nous, elle ne l'a jamais exigé. »

Ming but une gorgée de thé qui était froid et amer. Elle reposa sa tasse.

« Maman voulait bien autre chose », affirma Gerry qui ne retrouvait pas dans sa voix le timbre des disputes passées. Elle semblait faire preuve de tolérance et d'une certaine forme de regret. « N'as-tu jamais compris qu'elle espérait enfin jouir par nous de tout ce que la vie ne lui avait pas donné ? Elle avait dû abandonner le rôle de maîtresse de maison qu'elle tenait auprès de son père pour connaître l'ennui des logements de casernes et les obligations d'une vie de femme de militaire.

— Je sais qu'elle s'ennuie et qu'elle peut devenir violente mais...

— Parce qu'elle a sacrifié pour nous cette vie brillante sans que nous la payions en retour. Elle aurait aimé que nous épousions des hommes qui puissent lui redonner le sentiment d'être quelqu'un d'important. Au lieu de ça, Flixe a créé le scandale en épousant un homme dont la presse avait raconté qu'il avait été un espion russe pendant la guerre. Mike me rend heureuse mais il n'a aucune ambition de changer le monde ; et toi...

— Pourtant, Gerry, ton succès doit lui faire plaisir..., dit

Ming qui ne pouvait supporter l'idée de s'entendre dire qu'elle avait déçu sa mère.

— Et comment ? Le prestige relatif de mes traductions de romans russes et une certaine réputation au sein de l'université ne sont pas des succès qui comptent dans notre monde. »

On entendit le bruit d'une clef dans la serrure, puis la voix claire et joyeuse de Mike :

« Dites-moi, les filles, j'espère qu'il reste du gâteau !

— Il en reste », répondit Ming.

Mike entra au salon, son chapeau melon et son parapluie à la main. Il regarda sa femme, sa belle-sœur et le gâteau.

« Que s'est-il passé ? » demanda-t-il calmement.

Ming ouvrit la bouche pour trouver une excuse. Mais Gerry fut plus rapide. D'une voix crispée, elle expliqua :

« Jack Hazeldene est mort à Port-Saïd en laissant deux orphelins. Ming pensait que nous pourrions les adopter. »

Son parapluie et son chapeau lui échappèrent des mains. Il prit sa femme dans ses bras et lui caressa les cheveux.

Il regarda Ming. Celle-ci ne vit pas dans son regard de la haine comme elle aurait pu s'y attendre mais du regret. Elle fit de son mieux pour lui faire comprendre combien elle regrettait d'avoir fait ce qu'elle venait de faire.

Puis Mike vint s'asseoir à côté de Gerry et coupa trois énormes tranches de gâteau.

« Que dirais-tu, Gerry, que l'on refasse du thé ?

— Je m'en occupe », dit Ming, heureuse de se rendre utile.

Lorsqu'elle revint avec la théière, les deux autres faisaient des projets pour Noël. Ils mangèrent le gâteau. En se levant pour partir, Ming vit que Gerry s'efforçait de lui sourire. Ming ne fit aucune référence aux enfants.

Ce fut Mike qui répondit lorsque Ming téléphona plus tard dans la soirée. Elle le pria de l'excuser de les avoir blessés l'un et l'autre.

« Ce n'est pas grave, répondit-il. Gerry est plus sensible que moi sur ce sujet. J'ai décidé de ne plus en parler. Tu ne pouvais pas le savoir.

— Mais j'ai manqué de tact.

— Ne te casse pas la tête ! Tu as bien assez de problèmes comme ça en ce moment. J'aimerais pouvoir t'aider. »

Ming était sur le point de lui dire qu'on faisait souvent plus de mal en croyant venir en aide, lorsqu'elle pensa à quelque chose qu'il pourrait en effet faire pour elle.

« En effet, il y a un service que tu pourrais me rendre. J'ai entendu dire que Mark Suddley avait été renvoyé du ministère de la Défense à cause de mon article sur le canal de Suez. Qu'en penses-tu ?

— Mais c'est faux. Qui a bien pu te dire une chose aussi débile ? Mark s'est montré très critique dès le début des événements. Il a préféré prendre de longues vacances parce qu'il ne pouvait plus supporter ça. Il ne concevait pas non plus de donner sa démission en pleine crise. Quand tout fut terminé, il a quitté le ministère au plus vite. Je suis surpris qu'il ne te l'ait pas dit lui-même.

— Mike, j'espère bien que tu ne me dis pas ça pour me rassurer.

— Je te dis la vérité, répondit-il avec sérieux. Ne te tracasse pas. Comme on dit, on n'est jamais viré de la Défense, on est muté au ministère de l'Agriculture !

— Merci, Mike, et dis-moi si je peux faire quelque chose pour Gerry.

— C'est promis. Au revoir. »

Ming se promit de ne plus penser ni aux enfants ni au chagrin qu'elle avait fait à Gerry, pour se consacrer au procès. Elle se rendit au cabinet de Julia en compagnie de Connie et de M. Ratterley pour connaître leurs chances d'acquittement.

Le bureau de Julia au palais de justice était sordide. Il ouvrait sur un puits de lumière crasseux. De l'extérieur, pourtant, l'immeuble faisait bonne impression. Derrière Julia, sur des étagères, il y avait des piles de dossiers poussiéreux. Au sol, des manuscrits et des livres s'entassaient. A la porte, elle avait accroché sa robe et posé dans un coin du bureau sa perruque d'avocate.

Julia leur exposa les différentes sentences auxquelles elles s'exposaient en plaidant coupables, non coupables, ou en ayant recours à un jury. Elle leur dit qu'elles avaient des chances d'être acquittées par la High Court. Par prudence, elle leur conseillait toutefois de plaider coupables devant le juge et de payer leur amende.

« C'est à vous de choisir, conclut-elle. Si vous décidez de vous présenter devant la High Court, je mettrai toute mon énergie à défendre ce dossier sans que je puisse vous promettre de gagner le procès. Vous risquez d'y perdre de l'argent et de salir votre réputation, sans parler de votre liberté.

— Les risques encourus sont-ils plus importants ? demanda Ming en espérant que sa voix ne la trahirait pas.

— La peine d'emprisonnement risque d'être plus longue », déclara sèchement l'avocate.

19

La veille du départ de ses sœurs chez leurs parents, Flixe Suvarov organisa un dîner pour fêter Noël avec elles. Avant de quitter Londres, Connie Wroughton avait conseillé à Ming d'attendre le début de l'année pour décider de la procédure à suivre. Mike, les Wallington et Tibor Smith étaient également présents.

Flixe et ses enfants avaient passé la journée à décorer la maison et à faire des paquets-cadeaux. Le sapin de Noël disparaissait sous les boules dorées, les oiseaux de verre filé et les guirlandes électriques. Le salon embaumait la résine.

Tandis qu'elle passait une nouvelle robe de velours vert, Ming se demanda quel accueil lui réserverait Gerry et s'il ne valait pas mieux qu'elle lui présente carrément ses excuses. Elle décida de ne plus se préoccuper de la peine qu'elle avait faite à sa sœur et de se comporter avec elle le plus normalement possible.

Avant de prendre sa voiture pour se rendre à Kensington, Ming prépara les cadeaux qu'elle avait achetés pour Flixe et sa famille. En lui ouvrant la porte, Flixe la complimenta pour sa robe.

« Voilà ce que j'appelle une robe de réveillon. Gerry est habillée en rouge vif. Les enfants sont excités comme des puces. Je n'ai pas eu le cœur de les envoyer au lit, dit-elle en prenant la fourrure de Ming.

— J'espère bien que non. Noël est la fête des enfants », répondit Ming avec un grand sourire.

En la voyant entrer au salon les bras chargés de paquets, les deux aînés de Flixe poussèrent des cris en accourant vers elle. Dans leur excitation, ils avaient les joues aussi rouges que leurs robes de chambre.

Ming leur donna les paquets pour qu'ils les disposent au pied du sapin. Puis elle s'empressa de rejoindre Gerry.

Elle ne semblait ni triste ni rancunière. Gerry en embrassant sa sœur la prit par les épaules.

« J'espère que tu ne m'en veux pas, dit Gerry. Par colère, j'ai eu des mots que je regrette. »

Craignant de faire une gaffe, Ming se contenta de hocher la tête. Elle serra Gerry contre elle.

« Ta robe est magnifique, lui dit sa sœur.

— La tienne aussi », répondit Ming.

Elle n'était pas de l'avis de Flixe. La robe de Gerry lui allait mieux que la tenue qu'elle portait le jour du baptême. Elle lui donnait l'air plus jeune et moins sérieuse.

« Je l'ai achetée il y a deux ans, dit Gerry en froissant la soie rouge de sa robe. Je ne l'ai portée qu'une seule fois. J'ai pensé que ce serait une jolie couleur pour Noël. »

Ming aperçut Mike qui lui faisait un signe de victoire dans le dos de Gerry.

« Est-ce que tu en veux un, tante Gerry ? »

Andrew Suvarov portait à bout de bras un grand plateau d'argent. Gerry prit un canapé de saumon fumé.

« Fiona ne fait pas grand-chose », maugréa-t-il en présentant le plateau à Ming.

Elle jeta un coup d'œil par-dessus son épaule et vit que Fiona était en train de discuter sérieusement avec Tibor Smith. Ming sourit à Gerry et s'approcha d'eux l'air de rien pour savoir de quoi ils parlaient.

« Oui, ça m'a donné du mal car je ne suis pas très douée en point de feston. Pour faire un porte-aiguilles, il faut coudre ensemble les deux morceaux et broder une marguerite sur le dessus.

— Est-ce que les marguerites sont plus faciles à faire ? demanda Tibor qui avait l'air aussi sérieux que Fiona.

— Oh, oui ! j'adore les marguerites.

— J'aimerais beaucoup voir ce livre mais je suppose que tu l'as déjà emballé. Quelles couleurs as-tu choisies ? »

Fiona regarda autour d'elle rapidement pour s'assurer que sa mère ne pouvait pas l'entendre.

« La feutrine est mauve. C'est la couleur préférée de maman. Mme Irons nous a permis d'utiliser trois couleurs différentes pour la broderie. J'ai pris du vert pour le point de feston et la tige de la marguerite. J'ai fait les pétales en rose et en orange.

— Cela doit être très joli.

— Oui, mais j'aimerais mieux faire de la peinture parce que la couture prend trop de temps, avoua Fiona en se rappelant qu'elle était censée offrir un canapé à Tibor.

— Pour être réussie, la peinture demande aussi beaucoup de temps, remarqua Tibor en prenant un amuse-gueule. Je pourrai te montrer le temps que ça prend le jour où ta mère t'emmènera visiter mon studio. Amanda Wallington vient souvent. Vous pourriez venir ensemble. Est-ce que cela te ferait plaisir ?

— Oh, oui ! mais Amanda est plus grande que moi.

— Merci beaucoup, oncle Tibor, s'écria Flixe qui venait de surprendre la conversation de sa fille. As-tu salué tante Ming ? »

Le visage de Fiona prit une expression butée. Ming fit de son mieux pour rattraper la situation.

« Je suis désolée de t'interrompre en plein milieu d'une conversation, Fiona, mais je connais à peine M. Smith. Serais-tu assez aimable pour nous présenter ? »

Avec le sourire, l'enfant fit les présentations dans les formes. Avant de se retirer, elle choisit un amuse-gueule pour Ming. Le peintre dit avec son accent hongrois :

« Très bien joué !

— J'ai des souvenirs tellement cuisants de mon enfance où les adultes, et en particulier mes sœurs, ne me prenaient pas au sérieux. C'est une enfant délicieuse.

— Plus que ça encore, s'écria Tibor en souriant. C'est bien la fille de ses parents.

— Les connaissez-vous depuis longtemps ? demanda Ming qui s'étonnait de ne l'avoir jamais rencontré avant le baptême de Nicholas.

— Quelques années, oui. Je crois que c'est Julia qui nous a fait nous rencontrer lors de son mariage. J'ai beaucoup entendu parler de vous mais Felicity a attendu le plus longtemps possible avant de nous présenter. »

En repensant à tous les jeunes hommes sans intérêt que Flixe lui avait présentés depuis des années, Ming ne put retenir un sourire d'amusement. Même s'il n'était pas un mari potentiel selon les normes de Flixe, Ming aurait eu plus de plaisir à converser avec lui qu'avec tous les autres.

« Nous aurons mis du temps, dit-elle. Je m'en souviendrai. Par peur d'être maladroite, je n'ai pas osé vous parler des événements de Budapest. Vous devez en être très affecté. Je sais si peu de chose... Avez-vous encore de la famille en Hongrie ?

— Des parents que je n'ai pas vus depuis la guerre. Le courrier circule mal. J'ai appris qu'un de mes neveux avait été tué pendant les troubles. Je n'ai aucune nouvelle des autres. Leur vie va devenir encore plus difficile. »

Ming était bien ennuyée de voir combien Tibor était affecté.

« Nous ne pouvons rien pour eux, dit-il avec un geste de fatalité. C'est aujourd'hui Noël et Flixe s'est donné beaucoup de mal pour nous.

— Nous devons nous réjouir, remarqua Ming. Vous avez raison. »

Si Tibor était capable d'oublier pour un temps la destruction de Budapest par les chars soviétiques et le joug communiste, Ming se dit qu'elle devait pouvoir en faire autant de ses problèmes personnels.

« Qu'avez-vous prévu pour le jour de Noël ?

— Je le passe avec Julia et David qui ne m'ont jamais laissé tomber, répondit-il tandis que Peter Suvarov leur versait du champagne. Merci, Peter.

— Ils sont tout simplement extraordinaires. Je ne sais pas ce que je serais devenue sans Julia », s'écria Ming avec un accent de sincérité qui intrigua Tibor.

Il n'était pas sensible à la beauté de Ming mais il comprenait pourquoi Julia s'en inquiétait. Bien des hommes devaient être charmés par ce mélange de fragilité et de pétulance. Il découvrait aussi ce que Julia ne lui avait pas décrit : la sensibilité et la gentillesse de Ming.

« Comment ça ? » demanda-t-il avant de s'exclamer : « Les voilà ! » en reconnaissant la silhouette de Julia sur le pas de la porte.

Julia vint vers eux : elle était magnifique dans une robe de velours grenat. Elle embrassa Tibor.

« Ming vient tout juste de me dire qu'elle ne serait rien sans vous, Julia.

— Vous êtes trop aimable, Ming, remarqua-t-elle en lui tendant la main. Elle sort d'une période professionnelle bien noire. »

Ming expliqua à Tibor l'action de Roger Sillhorne contre le magazine et le choix juridique qu'elle et Connie devaient faire. En détaillant le contenu de l'article, elle eut le plaisir de voir passer dans le regard de Tibor une lueur de colère.

« Ah, ces Anglais ! s'écria-t-il. Quelle bande d'hypocrites !

— Peut-être, s'écria Flixe à l'autre bout du salon, mais c'est ainsi qu'on nous éduque, mon cher Tibor. Passons à table, si vous le voulez bien. »

Tous la suivirent à la salle à manger. Ming eut le souffle coupé en découvrant le luxe de la longue table d'acajou. Flixe avait sorti sa plus belle argenterie. Devant chaque assiette, elle avait disposé une infinité de petits paquets-cadeaux enveloppés dans du papier argenté. Elle avait placé au centre de la table une garniture de houx éclairée aux bougies.

« C'est magnifique ! s'écria Gerry. Quel mal tu t'es donné !

— Puisque nous ne pourrons pas être tous ensemble le jour de Noël, je me suis dit que nous aurions ce soir une répétition générale. Nous avons passé tout l'après-midi avec les enfants à faire l'argenterie.

— Sophie était si sale que je l'ai prise pour un torchon ! s'exclama Andrew avec le sourire diabolique de son père.

— Et maintenant, mes poussins, au dodo ! répliqua sa mère alors qu'ils riaient tous. Andrew, je compte sur toi pour vérifier que Fiona monte bien se coucher. »

Les adultes passèrent à table. Le plat de résistance était une carpe farcie.

Ming était assise entre Peter et Tibor. Face à elle, il y avait Gerry et David. Ils parlèrent de tout et de rien sans jamais aborder de sujets trop personnels.

Après avoir servi la pièce montée à la crème d'orange, Flixe se sentit plus détendue. La conversation devint alors générale. On oublia la situation politique pour évoquer les Noëls passés. Avec le recul, on s'amusait des petits drames d'hier. Autour de la table, les rires polis devinrent plus naturels.

« Je vous envie, dit Julia en écoutant Gerry et Flixe raconter à Ming ce qu'était Noël en Inde.

— Vous nous enviez ? s'étonna Gerry.

— Vous êtes sœurs et je suis fille unique. J'en suis jalouse. »

A l'autre bout de la table, David observait sa femme dont la voix l'étonnait. Elle avait l'air abandonnée. Il fronça les sourcils. Obsédé des mois durant par sa propre dépression, David n'avait pas imaginé un seul instant que Julia pût être malheureuse. Elle donnait toujours l'impression d'aller bien.

« Je suppose qu'on envie toujours ce qu'on n'a pas soi-même, remarqua Gerry sèchement. Vous par exemple, vous ne saurez jamais ce que ça fait de regarder une jeune mère et ses enfants quand on se sait stérile. »

Dans un silence complet, Gerry sortit son mouchoir.

« Veuillez m'excuser, Julia. Et toi aussi, Flixe. Je ne sais pas ce qui m'a pris. »

Ming se dit qu'il fallait réagir. Elle savait trop bien qu'elle y était un peu pour quelque chose. En jetant un coup d'œil à Mike, elle vit qu'il avait du chagrin. Il fallait amuser la galerie et donner le temps à Gerry de retrouver ses esprits.

« Vous savez Julia, j'émettrais quelques réserves. Vous n'avez pas idée de ce que cela peut signifier d'avoir des sœurs. Surtout si vous êtes la benjamine. Si une sœur aînée ne vous donne pas un ordre, c'est qu'elle est en train d'abuser de vous. Est-ce que Flixe vous a déjà raconté qu'elle m'obligeait à décrotter son poney ?

— Non ? Flixe, tu ne m'avais jamais dit ça ! s'écria Peter qui était ravi de voir rougir sa femme.

— Ming, dis la vérité, ça n'est arrivé qu'une fois ! » dit Flixe l'air honteux.

On ne faisait plus attention ni à Gerry ni à Mike.

« C'est vrai, mais tu m'avais eue en promettant de me donner ta robe rose.

— Tu ne me croiras jamais mais je l'ai toujours sur la conscience, répliqua Flixe qui comprenait très bien ce que Ming était en train de faire. Est-ce que tu te souviens de l'excuse que je t'avais donnée ?

— Aucune ! Tu n'en avais pas besoin car tu étais la plus grande. Tu étais parfois une vraie peau de vache. »

Même Gerry riait maintenant de bon cœur.

« Noël est toujours une période de crise pour les familles », remarqua David en souriant. Il avait admiré la sensibilité de Ming à l'égard des autres. « Chez nous, les disputes tournaient au drame. Pour ne citer qu'elle, ma mère déteste Noël.

— Moi aussi, il m'arrive parfois de détester Noël, soupira Gerry. Je ne parle pas de ce soir, ma chère Flixe. Quelle solution votre mère a-t-elle trouvée, David ?

— Elle reste en Écosse où l'on marque moins Noël. Elle prétend n'être au courant de rien. Et elle vient en Angleterre quand les Écossais sortent leur whisky pour fêter le Jour de l'An.

— Mike, que dirais-tu d'aller passer Noël en Écosse l'année prochaine ? Je trouve la solution excellente, déclara Gerry.

— D'accord, répliqua son mari. Le tout, c'est de ne pas rester bêtement bloqué par la neige. Flixe, est-ce que tu me donnes l'autorisation d'ouvrir mes cadeaux ?

— Je t'en prie, Mike, dit-elle en lui touchant la main. C'est trois fois rien... Mais Noël sans cadeaux, c'est comme une salade sans limace !

— Ou comme un bisou sans câlin, pas vrai, Flixe ? » s'écria Ming en riant.

En défaisant les paquets, l'un découvrit un mouchoir, l'autre un savon à barbe, qui des sels de bain, qui un canif. Peter se leva pour venir à l'autre bout de la table. Il posa ses mains sur les épaules de sa femme, puis il l'embrassa dans le cou. Il sortit un écrin de la poche de son gilet.

« J'ai quelque chose pour toi, dit-il en lui passant une bague au doigt.

— C'est trop, Peter ! s'écria-t-elle en faisant briller à la lueur des bougies les saphirs et les diamants. Merci. Ton cadeau de Noël est sous le sapin. Est-ce que tu veux l'ouvrir maintenant ? »

Peter fit non de la tête.

« Ne crois pas que ce soit ton cadeau de Noël. C'est pour fêter la naissance du bébé. »

Flixe embrassa son mari.

« J'ai l'impression que Mike a très envie d'un digestif, remarqua Peter en aidant Flixe à se lever de table.

— Et que toutes ces dames le fatiguent un peu. »

Tous rirent de bon cœur à l'exception de Tibor qui aimait la compagnie des femmes. Il n'avait jamais compris l'usage anglais qui veut qu'après dîner, les hommes et les femmes fassent bande à part. Au moins, il n'en allait pas de même chez les Suvarov que dans la plupart des dîners de Londres : on n'y aimait guère les ragots politiques et les blagues salaces.

Flixe conduisit les dames dans sa chambre. Ming entendit Gerry bredouiller une excuse à sa sœur pour sa sortie à table. Flixe prit Gerry par les épaules. Soudain, Ming ressentit violemment l'absence de sa sœur jumelle.

« Voilà ce qu'il me manque. Est-ce qu'elles n'ont pas beaucoup de chance ? demanda Julia.

— Si, beaucoup, reconnut Ming. Comment vont les enfants ? »

Julia lui répondit aimablement. Elles se retrouvèrent toutes dans la chambre délicieusement parfumée de Flixe.

Si les fêtes de Noël chez les parents de Ming n'eurent pas le même luxe que chez Flixe, elles furent moins éprouvantes. Le père de Ming semblait ne plus lui tenir rigueur de son article. Il n'évoqua pas non plus la publication d'*Histoire d'un amour perdu*. Reconnaissante, Ming accepta de tenir son rôle d'enfant obéissante.

Les plaisirs furent variés : la bonne chère, la tournée des voisins, deux messes, les promenades digestives en forêt et les parties de bridge. Ming, qui ne jouait pas très bien, et Mike, qui n'aimait pas beaucoup les cartes, s'étaient mis d'accord pour jouer en alternance.

Le lendemain de Noël, c'était le tour de Mike de s'asseoir à la table de bridge. Ming décida de faire un sort à la montagne de vaisselle qui attendait dans la cuisine. Gerry venait aider sa sœur entre deux tours. Elles ne firent aucune référence à l'impression curieuse qu'elles avaient de fêter Noël dans une maison sans enfants.

« N'as-tu pas l'impression de jouer les faire-valoir pour Flixe ? demanda Gerry.

— J'ai toujours eu l'impression d'être votre faire-valoir à toutes les deux, répondit Ming avec un grand sourire. Étant la plus jeune, c'était il me semble bien naturel. On grandit en sachant que ses aînées seront toujours plus intelligentes, plus belles et moins timides.

— Mais il y a longtemps que tu nous as rattrapées ! » s'écria Gerry en riant.

On appelait Gerry au salon pour qu'elle vienne prendre son tour. Elle reposa la cruche qu'elle voulait essuyer.

Ming vit entrer sa mère dans la cuisine, aussi impeccable qu'elle l'était à l'heure du petit déjeuner. Elle portait un ensemble en tweed de coupe classique qui lui allait particulièrement bien. Son maquillage était discret. Elle avait autour du cou le collier de perles offert par son mari. Elle perdait tellement de cheveux qu'elle les rinçait discrètement en rose pour camoufler la peau de son crâne.

Ming fut navrée de découvrir l'astuce de sa mère qui se tenait sous le plafonnier. Mme Alderbrook avait de tout temps apporté le plus grand soin à son apparence. La perte de ses cheveux était certainement pour elle une peine cruelle.

« Cette fois-ci, je suis le mort, ma chérie. Je vais te remplacer. Tu en as déjà bien assez fait comme ça. »

Ming sourit car il lui plaisait pour une fois de ne pas entendre sa mère la critiquer.

« Ça ne me gêne pas du tout de laver la vaisselle. Tu as l'air fatiguée. Ta cheville est-elle encore sensible ? Tu as dû beaucoup souffrir pour ne pas venir au baptême.

— C'était une mauvaise foulure », répondit sa mère.

Elle rangea dans le placard une pile d'assiettes sèches. En examinant sa cheville redevenue fine, elle ajouta :

« J'ai eu peur que l'enflure ne soit permanente. Mais je crois qu'elle a disparu. Quoi qu'il en soit, cette foulure n'était qu'un prétexte.

— Ah ? » s'écria Ming qui sentait venir les reproches.

L'expérience lui avait appris qu'elle ne pouvait rien contre. L'essentiel était de ne pas faire attention à ce que sa mère pourrait lui dire. Toute sa vie, Ming avait vainement essayé de ne pas la décevoir. Depuis la conversation qu'elle avait eue avec Gerry, elle considérait le passé d'un nouvel œil. Malgré les révélations de Gerry, elle attendait la gorge serrée ce que sa mère avait à lui dire.

« Après ce que tu venais de publier, ton père n'avait pas le cœur à te voir, expliqua Fanny Alderbrook par-dessus ses lunettes.

— Il me semble qu'il a passé l'éponge, répondit Ming en continuant à récurer une poêle. Je n'en reviens pas qu'il se soit mis en colère pour ça. On a écrit des choses bien pires sur Suez.

— Oui, mais toi tu es sa fille. »

Mme Alderbrook posa une main sur les hanches de Ming qui se tourna vers sa mère en se forçant à lui sourire.

« Tu n'as pas pensé au mal que tu lui ferais, Ming ?

— Oh, maman ! Pourquoi ce chantage affectif ? Je n'ai pas agi contre lui ou contre toi. Je me suis contentée de faire mon travail.

— Mais tu as bien dû imaginer ce que nous en penserions. Tu connaissais notre position à ce sujet après notre dispute de l'été. J'étais navrée de voir ton père, assis dans son fauteuil, en train de répéter : Il y a tant de journalistes, pourquoi Ming ? Vois-tu, ma chérie, il a toujours espéré que tu réussirais là où les autres avaient échoué : la mort d'Annie, le scandale du mariage de Flixe, la stérilité de Gerry...

— Maman, je t'en prie, supplia Ming.

— Ton père était tellement fier de ton courage pendant la guerre, des épreuves que tu as surmontées et de tes décorations. Il t'a mise sur un piédestal en se disant qu'il ne serait pas le seul homme à le faire dans ta vie. Et rien, tu n'es toujours pas mariée, pas même depuis l'héritage d'Anna. »

Mme Alderbrook fit une pause. Consciente de la dureté du regard de sa mère, Ming se tenait sur ses gardes. Elle commençait à comprendre ce que voulait dire Gerry en parlant de la violence de leur mère.

« Depuis que tu travailles pour ce magazine, ton père a peur que tu ne fasses fuir les hommes. Tu es devenue si agressive, ma chérie, si peu féminine, qu'un homme ne devinera jamais qui tu es vraiment.

— Je serais bien curieuse de savoir ce que je suis vraiment ! » s'écria Ming piquée au vif. Elle avait peur maintenant d'avoir découragé Mark par sa rudesse.

« Fanny ! gronda le général depuis le salon.

— Ton père t'aime. Il ne tolère pas que tu fasses des esclandres, comme avec ce jeune homme qui travaille à la Bourse de Londres. Il ne tolère pas non plus que tu couvres son nom de ridicule.

— Mais je n'ai jamais fait une chose pareille ! s'écria Ming, furieuse contre Flixe et sa mère.

— Et que crois-tu que son régiment aura pensé de lui en lisant son nom au bas de ton article ?

— Parce que tu crois qu'on lit *La Nouvelle Ère* dans son régiment ! » s'écria Ming sur un ton qu'elle n'avait jamais pris avec ses parents.

Ming commençait à comprendre que sa mère parlait en fait en son nom propre.

« Et s'ils l'ont lu, ils auront découvert un être qui abhorre le système auquel ils consacrent leurs existences, en dénonçant le scandale d'une idéologie qui survit par le massacre et les dessous sordides d'une guerre, s'écria Ming.

— Et que crois-tu que disent de nous nos amis ? Les entends-tu faire des gorges chaudes de vieux scandales et s'écrier : "Que peut-on espérer d'une fille Alderbrook ?" Est-ce que tu crois que cela nous fait plaisir qu'on nous prenne en pitié pour tes actions ?

— Le jugement des autres est-il si important que ça ?

— Évidemment, qu'il compte. Ma vie a été suffisamment difficile comme ça. Je n'ai pas besoin qu'on jase sur moi à cause du travail de ma fille. »

Ming ne répondit rien.

« Fanny !

— J'arrive ! répondit-elle. Essaie de te réconcilier avec ton père avant ton départ », ajouta-t-elle d'une voix radoucie. Puis elle poursuivit sans plus de douceur apparente : « J'aimerais bien que mes filles pensent un peu à moi aussi en croyant se venger de leur père.

— Fanny ! » hurla avec exaspération le général.

Sans écouter la réponse de sa fille, Fanny Alderbrook obéit à son mari. Sa colère protégea Ming de la culpabilité que sa mère avait essayé de susciter en elle. Elle repensa au procès en se félicitant de n'en avoir pas touché un mot à ses parents. Elle se réjouit qu'ils aient été trop embarrassés pour lui parler de la publication d'*Histoire d'un amour perdu*.

Ming passa une mauvaise nuit. Elle fut réveillée à sept heures du matin par son père qui sortait promener ses chiens. Il lui restait très peu de temps pour connaître les vrais sentiments de celui-ci et se faire pardonner. Elle s'habilla chaudement à la hâte. En bas, elle enfila un manteau et chaussa des bottes de caoutchouc. Elle sortit à la suite de son père.

Il avait gelé cette nuit-là. La pelouse craquait sous ses pas. Les chiens couraient dans le champ par-delà la clôture. Leur maître les suivait lentement en s'appuyant sur sa canne. Il avait vieilli, depuis l'été précédent.

« Papa !

— Bonjour, Ming, dit-il en soulevant son chapeau.

— Bonjour. Dieu qu'il fait froid ! Tu ne trouves pas ?

— Le chauffage central de Londres t'a rendue frileuse, dit-il en riant. Pourtant, ça ravigote.

— Je reconnais que le givre rend tout plus beau, remarqua Ming en pointant du doigt la haie prise dans une chape blanche. On oublie à Londres combien l'hiver est une belle saison.

— Si tu venais plus souvent chez nous, maugréa-t-il. En plus, tu apprendrais à jouer au bridge. Alors quoi, ma vieille, on se laisse aller ? Tu ne joues plus trop ?

— Presque plus, dit-elle. Je ne peux pas dire que cela m'intéresse beaucoup. Et puis je n'ai pas le temps de jouer.

— Je vois.

— Maman m'a dit que mon article sur Suez t'avait mis en colère.

— Un peu, répondit-il sèchement. Je l'ai trouvé inopportun et déloyal. Je ne m'attendais pas à ça de toi. Loyauté et douceur ont toujours été tes deux qualités. Cette Wroughton a la plus mauvaise influence sur toi. Tu as changé depuis que tu la fréquentes. En mal.

— C'est faux, dit Ming avec tristesse. Je n'ai pas changé à cause de Connie. Je suis en train de devenir moi-même. Je ne suis pas douce. J'ai toujours été d'accord avec tout le monde parce que j'avais trop peur de ce qui se passerait si je ne l'étais pas. Par peur de les mettre en colère, j'ai toujours fait plaisir aux autres. J'ai fini par comprendre que cela me détruisait.

— Tu exagères. Ça aussi, c'est nouveau. Piglet ! cria-t-il alors que le chien essayait de passer de l'autre côté de la barrière. Sale chien ! Piglet ! »

Le chien obéit à son maître en revenant à côté de lui. Ming se répétait : « Je ne le ferai pas, je ne le ferai pas, je ne le ferai pas ! »

« Papa, il m'est difficile de te parler alors que tu es en colère contre moi. Je ne devrais peut-être pas dire que cela me détruisait. Cela m'étouffait plutôt. Peu importe le verbe, j'étais très malheureuse. J'ai compris que pendant des années j'avais agi sans savoir ce que je désirais. J'avais occulté toute pensée dangereuse. Je n'étais pas moi-même. En continuant comme ça, je risquais de rester malheureuse et dérangée toute ma vie. Je suis désolée si tu as eu de la peine en découvrant que je n'étais plus une douce petite fille. Après tout, j'ai trente-deux ans !

— Douceur ne veut pas dire enfantillage, répondit le général les yeux au loin. Les femmes admirables ont toutes été aimables, douces et bonnes. On peut bien en rire aujourd'hui. La notion moderne d'individualité cache mal ce qu'on appelait hier l'égoïsme. Comment ?

— Rien, répondit-elle avec le plus grand calme. Je vais rentrer aider maman à préparer le petit déjeuner.

— As-tu déjà lu les livres du docteur Johnson ?

— Non, jamais. Pourquoi ?

— Je cite de mémoire : ''Le besoin de tendresse traduit un besoin d'intégration. Il ne trahit ni bêtise ni perversion.'' J'ai toujours trouvé ça très juste.

— Je suis d'accord. Mais on ne doit pas se servir de la tendresse comme d'un écran. J'ai fait ça. Je te retrouverai au petit déjeuner. »

Ming observa son père s'éloigner en silence. Elle s'obligea à poser sur lui le regard neuf d'une étrangère. Elle vit un homme de peu d'éducation et de peu d'imagination. Fort comme un taureau, il obéissait à un système qu'il croyait immuable. Ming savait qu'il donnerait sa vie pour la protéger. Elle savait aussi qu'il haïssait l'idée qu'elle puisse trouver en elle la force de se protéger toute seule.

L'armée avait été toute sa vie. Elle lui manquait depuis qu'il avait pris sa retraite. Il ne faisait pas confiance aux étrangers. Il aimait son pays. Il croyait à l'existence de Dieu. Il avait été élevé et formé pour s'opposer de pied ferme aux ennemis de son pays et de son empire. Il n'avait aucune idée de ce que pouvait être la construction de la paix entre deux États. Il ne concevait pas que les femmes de sa famille puissent aspirer à leur indépendance. Ming était navrée pour lui.

« Piglet ! Roo ! » Le général hurlait après ses chiens qui ne le contrediraient jamais mais seraient battus s'ils osaient désobéir.

20

Même assise dans un compartiment glacial, Ming était heureuse de se rendre à Etchingham après les fêtes de Noël, et de retrouver son monde. Connie Wroughton l'attendait à la gare. Elle semblait absente et inquiète. Ming garda le silence jusqu'à ce qu'elles soient dans les murs de la propriété de Connie.

« Que deviennent les jardins potagers par ce temps de cochon ? » demanda Ming alors qu'elles longeaient le cottage du métayer.

Connie jeta un coup d'œil vers son amie. C'était bien la première fois qu'elle s'intéressait au domaine.

« On a connu pire. Bill sait toujours quoi faire au moment des grandes gelées. On a dû sortir les cloches de verre. A cause du rationnement du fuel, il a fallu stopper les serres. A tous les coups, nous allons perdre de l'argent.

— C'est désolant. Quelle série noire vous avez eue cette année !

— L'avantage, c'est qu'on ne se focalise pas sur un seul problème, reconnut Connie avec amertume. Avez-vous réfléchi à la procédure juridique que nous devrions choisir ?

— Oui, il me semble que nous devons plaider non coupables, expliqua Ming alors qu'elles arrivaient devant chez Max.

— On en reparlera, coupa Connie. Je tiens à tenir Max à l'écart, comme vous l'avez suggéré. Pouvons-nous déjeuner ensemble ? Nous en discuterons à ce moment-là.

— Entendu. Merci », dit Ming en sortant de la voiture.

Comme à son habitude, Max les accueillit avec le sourire et du café noir. Les trois amis prirent place autour de la table de travail. Ils discutèrent du choix des articles pour les prochains numéros. Max demanda à Ming d'apporter quelques modifications à sa rétrospective des événements de l'année 1956.

« Est-ce vraiment nécessaire ? demanda-t-elle déçue. J'étais contente de moi.

— Il faut toujours se méfier quand on est content de soi ! s'exclama Max en riant. N'est-ce pas le docteur Johnson qui a dit qu'on devait toujours couper le passage jugé bon dans le texte qu'on venait d'écrire ?

— C'est bien possible. Vous êtes tout de même extraordinaire, Max. Comment faites-vous pour citer les pires horreurs sans qu'on vous en tienne rigueur ? Je vais essayer. On verra bien. Puis-je revenir après déjeuner et monopoliser votre machine à écrire ? »

Max fit signe que oui.

« J'aime bien la relation que vous faites entre la disparition du ''Boy's Own Paper'' et la fin du rêve impérialiste par l'échec de Suez. Mais nous avons déjà trop écrit sur Suez. Il faut que vous insistiez un peu plus sur le reste de l'actualité de l'année 1956. Je pense entre autres à la Hongrie. Nous n'avons pas été les derniers à critiquer les bombardements britanniques en Égypte. Mais les Soviétiques ont fait pire de leur côté.

— Qui a jamais pu leur faire confiance ? interrogea Ming froidement.

— C'est vrai et il faut en parler. Suez est certainement ''le plus grand déshonneur de l'Angleterre'', comme vous l'avez écrit, mais ce n'est pas le seul exemple dans le monde.

— Mais..., balbutia Ming sans que Connie lui laisse le temps de terminer sa phrase.

— Qu'avez-vous écrit ? »

Max sortit de la pile d'articles celui de Ming. Il lut la dernière page.

« Peut-être qu'au terme de tout cela, l'année où disparaît le ''Boy's Own Paper'', nous pouvons espérer que le gouvernement perdra ses prétentions impérialistes. Le peuple anglais comprend enfin que les grandes

puissances n'ont nullement le droit d'imposer leur volonté au reste du monde. De même, l'idée que l'État puisse censurer les lectures des particuliers ne fait plus recette. »

« Ah, non ! s'écria Connie. Nous avons fait assez de bruit comme ça. Il n'est pas nécessaire de jouer plus longtemps la provocation. Faire l'amalgame entre Suez et le procès n'est pas très malin, pour ne pas dire plus.
— J'ai compris, répondit Ming. Il n'y a qu'à supprimer les références au procès.
— Mais..., s'inquiéta Max.
— Vous pourrez en parler après le déjeuner si bon vous semble. J'aimerais que nous entrions maintenant dans le vif de la réunion.
— Comme vous voudrez, Connie, c'est vous le patron. Parlons du prochain numéro, dit Max. Des remarques ?
— Je me demandais s'il ne faudrait pas envisager une suite à la série de Ming sur les femmes et l'argent.
— J'aimerais bien. J'ai reçu à l'époque un courrier très élogieux. Mais sous quelle approche continuer ? Je doute qu'il reste beaucoup de femmes de ce genre à interroger, remarqua Ming, l'air radouci.
— Je pensais que nous pourrions nous inspirer de certaines lettres très tristes que nous avons reçues, précisa Connie. Max, les avions-nous fait lire à Ming ?
— Non, car nous pensions que c'était inutile, répondit Max en fouillant dans le coffre où il conservait les lettres des lecteurs les plus intéressantes. Tenez, Ming, dit-il en lui tendant un paquet d'enveloppes.
— Pourquoi donc inutile ? demanda Ming.
— Vous aviez d'autres chats à fouetter en octobre. Et puis ces lettres sont déprimantes.
— Parfois pleines de colère, murmura Connie. Bon, à quoi d'autre pouvons-nous penser ?
— Je me demandais si nous ne devrions pas faire quelque chose sur le rapport de la commission Morton sur le divorce, proposa Ming.
— Ce serait assez risqué. Avec tous les croisés de l'ordre moral qui se lèvent déjà contre nous, nous n'allons pas devenir en plus le porte-drapeau de la pensée anti-union conjugale !

— Il ne s'agit pas d'être contre le mariage, Connie, expliqua Ming qui avait décidé de se montrer inflexible sur le sujet. En parlant autour de moi, je me suis rendu compte que beaucoup de femmes mariées méconnaissaient leur statut juridique d'épouse et de mère de famille. Nous pourrions écrire un article d'information sans nous voir automatiquement taxés d'ennemis de l'institution familiale... Je crois très sincèrement qu'il est de notre devoir de montrer ce qu'il en est du mythe de la femme au foyer.

— Ming a raison. Dire la vérité qui se cache derrière les apparences de la vie domestique est un des enjeux du magazine, dit Max avec calme. Connie, nous n'allons pas nous laisser abattre.

— Nous laisser abattre ? Mais par qui ? s'étonna Connie qui savait qu'elle menait un combat d'arrière-garde.

— Par tous les créateurs de mythes paternalistes qui ne distinguent même pas leurs petites manies mais qui imposent aux autres leurs névroses.

— Écoutez, dit Ming qui essayait de venir à bout des inquiétudes de Connie, nous pourrions présenter les conclusions du rapport et proposer en appendice une étude sur la délinquance juvénile et les conséquences des couples brisés. En donnant les faits, nous ne nous ferons pas l'avocat du divorce.

— D'accord. Est-ce que vous pouvez vous en charger ? Max, vous veillerez à relire l'article.

— Bien sûr, Connie. »

Puis ils discutèrent des ouvrages à passer en revue. Enfin, ils examinèrent les articles à commander à leurs collaborateurs indépendants.

Ils se mirent d'accord sur la couverture du magazine et ils sélectionnèrent quelques artistes qui pourraient leur soumettre des projets de maquette. Pour finir, Connie conduisit Ming chez elle à l'heure du déjeuner.

« Par quoi commençons-nous : le repas ou la discussion ? Je n'ai rien préparé, dit Connie.

— Pourquoi pas les deux à la fois ? proposa Ming.

— Entendu. Je vais préparer un plateau. Il reste du rôti de dimanche. Un sandwich vous suffirait-il ?

— Tout à fait. Puis-je vous aider ? »

Elles préparèrent des sandwiches et une carafe d'eau. Elles

montèrent dans le bureau de Connie qui jadis avait été le salon privé de sa sœur.

Ming n'y était pas entrée depuis la mort de Diana car Connie recevait en général dans le grand salon du rez-de-chaussée. Autrefois, ce petit salon avait été un havre de paix et de douceur : tapis rose, murs gris décorés de gravures françaises et mobilier en bois blond du XVIIIe siècle.

Lorsque Connie lui ouvrit la porte, Ming faillit lâcher le plateau d'étonnement. Le salon avait changé du tout au tout.

Le papier peint, les guéridons et le bureau étaient les mêmes. En revanche, le tapis et les rideaux verts étaient nouveaux. La grande différence était l'unique et immense toile de maître qui était accrochée au mur face à la cheminée.

« Je vais faire du feu, dit Connie. Posez le plateau sur la table et avancez deux fauteuils.

— Connie, ce tableau, murmura Ming.

— Je ne comprenais pas quel était le problème, répondit Connie en souriant. J'avais oublié que vous n'étiez pas venue dans cette pièce depuis longtemps. N'est-ce pas que c'est un merveilleux tableau ? Je l'ai acheté pendant la guerre grâce à Max, mais je ne l'ai accroché qu'après la mort de Diana.

— C'est renversant. Je suppose que cela représente Jahel tuant Sisara. Mais de qui est-ce ?

— On l'attribue à Artemisia Gentileschi. Il n'y a qu'elle pour avoir peint à cette époque des femmes aussi puissantes. Elle avait l'habitude de choisir ses héroïnes dans l'Ancien Testament.

— Comment faites-vous pour vivre avec ce tableau tellement choquant... Splendide, mais il faut bien reconnaître, écrasant ? demanda Ming.

— Je puise ma force dans sa violence, avoua Connie sans ambages. Est-ce que vous vous souvenez de cette pièce quand Diana était encore en vie ?

— Oui, répondit Ming qui regrettait tout à coup la douceur des gravures françaises.

— Diana prenait les choses comme elles venaient. Il lui fallait se résigner à tout avec le sourire. Je refuse cette attitude passive de refoulement et de rationalisation. Je ne pourrai jamais faire comme si. Je préférerai toujours voir les choses en face et les affronter. »

Ming tourna le dos à la toile et mordit dans son sandwich.

« N'empêche, vous êtes prête à accepter ce que Roger a fait car vous allez plaider coupable, dit-elle.

— Qu'est-ce qui vous fait dire cela ? demanda Connie.

— Si vous étiez de mon avis, vous me l'auriez tout de suite dit dans la voiture. Je vous en prie, Connie, reconnaissez-le. »

Connie grommela en prenant une serviette.

« Si nous nous battons, le magazine est fichu. Ratterley n'y est pas allé par quatre chemins : nous devrons payer nous-mêmes les frais de justice. Les profits que nous réalisons remboursent à peine nos prêts bancaires. Nous avons perdu des annonceurs publicitaires et des abonnés à cause de nos positions sur Suez. Nous n'avons pas les moyens d'avoir de l'orgueil. Vous savez bien que je paierais cher pour voir la tête que ferait Sillhorne si le jury d'Old Bailey nous innocentait. Mais je sais qu'il vaut mieux se débarrasser de cette affaire au plus vite et au moindre coût.

— Voilà qui est sensé, dit Ming.

— Quoi d'autre ?

— Nous avons aujourd'hui autant de raisons de nous battre qu'hier de publier cet extrait. Je m'oppose à l'idée de faire la part trop belle à Roger. En plus, Gerry pense que nous devons le faire pour le principe.

— C'est ce qu'elle pense ? Vraiment ? »

Ming comprit pour la première fois que l'indépendance et le succès professionnel de Gerry étaient pour Connie une source de jalousie plus grande que la maternité somptueuse de Flixe.

« Et qu'en pense Flixe ?

— Flixe dit que nous devrions faire preuve de supériorité morale en le laissant dans son coin, répondit Ming en haussant les épaules. Les questions de principes n'ont jamais passionné Flixe.

— Ce qui ne l'empêche pas d'aimer le tableau de Gentileschi. Elle aime trop le luxe, le calme et la volupté pour s'intéresser aux principes. »

Ming se retourna pour examiner de nouveau l'héroïne en furie s'apprêtant à enfoncer un clou dans la tempe de son ennemi endormi.

« Après ce qui a eu lieu pendant la guerre, ça ne m'étonne pas, dit-elle.

— Qu'est-ce qui a eu lieu ? » demanda Connie avec perplexité.

Ming comprit qu'elle venait de commettre un impair. Elle était assez surprise que Flixe, qui détestait qu'on fasse des secrets, n'ait pas raconté à Connie qu'elle avait été attaquée lors du black-out de Londres et laissée pour morte.

« C'était une époque de violence bestiale. Elle avait des amis qui passaient sur le continent occupé par les nazis et... elle a passé un mauvais quart d'heure. Mais parlons d'autre chose, Connie. »

Connie, qui savait aussi ce que Ming avait fait à la même époque, changea de sujet sur-le-champ.

« Il faut que nous décidions aujourd'hui de la procédure. Julia nous avait demandé de lui donner une réponse après Noël. Que faisons-nous ?

— Le magazine vous appartient et je comprends très bien votre point de vue. Ce serait trop cher payé pour faire savoir à Roger Sillhorne ce que nous pensons de lui. Dieu sait si j'aimerais lui montrer de quel bois je me chauffe ! Je plaiderai coupable si vous jugez que c'est préférable.

— Merci. Je vais téléphoner à Ratterley », dit Connie en se levant. La main sur le combiné, elle ajouta : « Je sais que je vous l'ai déjà dit, mais je suis vraiment très contente que vous travailliez avec nous. »

Ming lui sourit tandis qu'elle composait le numéro de Ratterley.

« Sage décision, mademoiselle Wroughton, dit-il sèchement. J'en ferai part à Mme Wallington. Dans ce cas, vous n'avez pas besoin d'un avocat. Je puis vous représenter si vous le souhaitez. Il ne me semble donc pas nécessaire de confier l'affaire à Mme Wallington.

— Entièrement d'accord. Expliquez-le-lui et remerciez-la, je vous prie, de son aide.

— Je n'y manquerai pas. Au revoir, mademoiselle.

— C'est fait, dit Connie en se tournant vers Ming.

— Parfait. Je ferais mieux d'aller chez Max pour corriger mon article.

— Je vais vous y conduire.

— Ne vous inquiétez pas pour moi. La marche me fera du bien. Je vais pouvoir décharger un peu ma colère.

— Comme vous voudrez. Téléphonez-moi quand vous aurez besoin que je vous reconduise à la gare. »

De retour chez elle, fatiguée comme jamais après une réunion de travail, elle reçut un appel dans la soirée.

« Allô ? demanda-t-elle, le souffle coupé par l'espoir de reconnaître la voix de Mark.

— Ming ? Ici Julia Wallington. Je viens de parler à Ratterley. Je vous appelle pour vous dire que vous avez tout à fait raison. Dieu sait pourtant que ça me rend malade que Sillhorne s'en tire à si bon compte ! Vous vous seriez ruinées en ayant recours à un jury.

— Moi aussi, j'en suis malade, reconnut Ming, mais Connie m'a convaincue. Est-ce que je me trompe ou quelque chose vous tracasse ? Est-ce notre dossier ?

— Je le cache si mal ? Rassurez-vous, votre cas ne devrait pas poser de problème. Je suis seulement soucieuse de l'affaire que je plaide en ce moment, en tant que procureur.

— Je suis désolée, dit Ming. Est-ce un cas difficile ?

— Non. Plutôt simple, mais je déteste ça. Il s'agit d'un jeune homme qui a fait une tentative de suicide. Il s'est ouvert les veines dans sa baignoire mais malheureusement pour lui, sa femme de ménage l'a découvert avant qu'il ne soit mort. Si je fais bien mon travail, c'est la prison à vie qui l'attend.

— Je suis vraiment désolée pour vous. Combien de temps cela va-t-il durer ?

— Ce sera rapide. Tout sera joué demain soir.

— Je ne sais trop quoi vous dire. Il semble bien maladroit de vous souhaiter bonne chance. Comme je le plains.

— Je vous crois. Merci.

— J'espère vous voir bientôt.

— Moi aussi, Ming. A bientôt. »

Le lendemain, Ming passa la matinée à lire le paquet de lettres que Max lui avait donné. Elle réfléchit également au nouvel article qu'elle avait à écrire. Elle comprenait pourquoi Max avait préféré ne pas lui montrer ces lettres plus tôt. En découvrant les vies de ces femmes qui lui écrivaient, Ming sentait la colère monter en elle. En se rappelant la conversation qu'elle avait eue chez Flixe avec le jeune agent de change à propos du droit des femmes mariées à gagner leur vie, elle se dit qu'elle aurait aimé pouvoir lui mettre sous le nez certaines de ces lettres.

Aux yeux de Ming, la plus bouleversante de toutes ces confessions était celle d'une jeune mère vivant à Hampstead.

A l'époque où nous nous sommes fiancés, je voulais devenir médecin. J'ai abandonné mes études au moment de mon mariage. Mon mari voulait que je reste à la maison. Je le voulais aussi car je n'avais pas idée de ce que ça représentait. Les premiers mois de notre mariage furent une vraie lune de miel.

Mais ça n'a pas duré. Depuis, je passe mon temps à raccommoder, à cuisiner, à nettoyer et à conduire les enfants à l'école. Je déteste la vie que je mène! Je ne manque pas d'argent mais mon mari critique tout le temps les dépenses que je fais. Il n'a aucune idée du coût de la vie et croit que je dépense sans compter. J'en suis réduite à user mes vêtements jusqu'à la trame avant d'en acheter de nouveaux. Le pire, c'est qu'il me traite de souillon. Il ne se rend pas compte de la peine qu'il me fait et du mal que je me donne pour continuer.

Quand je pense qu'aujourd'hui je pourrais être médecin et disposer de mon argent librement comme ces femmes dont vous parlez dans votre article, j'en suis malade. Pour rien au monde je ne vivrais sans mon mari ni mes enfants, mais que de sacrifices! J'aurais aimé moi aussi avoir ma famille et un travail comme cette femme que vous interviewez. Sait-elle au moins la chance qu'elle a?

Ming sourit en songeant à la tristesse qu'elle avait sentie la veille dans la voix de Julia. Le téléphone sonna.

« Allô? C'est toi? demanda Mark.

— Oui. Comment vas-tu? Est-ce que les fêtes de Noël se sont bien passées? demanda Ming le cœur battant.

— Très bien, merci. J'ai un problème. Je n'ai pas pu venir à Londres comme prévu et je ne peux pas te retrouver chez Searcy. Je suis navré.

— Je t'en prie, répondit Ming spontanément, même si sa déception était grande. Ce n'est que partie remise. As-tu le projet de venir bientôt à Londres?

— Rien n'est sûr. Mais cela ne saurait tarder. Si tu veux, je t'appellerai.

— J'espère bien, Mark.
— Alors au revoir, Ming. Excuse-moi.
— Mark », dit-elle, mais il avait déjà raccroché.

Ming avait envie de se changer les idées : elle ne voulait plus penser à Mark et se souvenait de ce que Julia lui avait dit. Elle avait encore le temps de passer à Old Bailey pour la surprendre à la sortie du procès et l'inviter à prendre le thé. Elle avait trois quarts d'heure pour se changer et sauter dans un taxi.

En montant les marches du palais de justice, Ming était un peu essoufflée. Elle demanda à un homme en uniforme s'il savait où elle pourrait trouver Julia.

« Si vous l'attendez ici, madame, vous devriez la voir sortir. »

Ming le remercia. Elle s'assit dans le hall d'entrée en rotonde. Cinq minutes plus tard, elle vit un groupe descendre le grand escalier. Elle reconnut Julia, en toge noire et coiffée de sa perruque, qui parlait à quelqu'un. Elle se leva en espérant que Julia la reconnaîtrait sans qu'elle ait à l'interrompre.

En passant à sa hauteur, Julia croisa le regard de Ming Étonnée, elle salua ses collègues pour la rejoindre.

« Est-ce que ça va ?

— Oui, très bien. Je me suis rappelé ce que vous m'aviez raconté à propos de ce procès. Je me suis demandé si je ne pourrais pas vous kidnapper pour vous inviter à prendre le thé avec moi au Ritz et vous remonter le moral. La sentence a-t-elle été prononcée ?

— Oui. Le jeune homme n'a pas eu de chance.

— J'en suis désolée.

— Je vous remercie. C'est horrible de savoir ce que signifie pour lui un succès professionnel pour moi. Merci d'être venue. J'aurais beaucoup aimé prendre le thé avec vous, mais j'ai promis aux enfants de goûter avec eux. »

Ming comprit soudain ce que sa démarche pouvait avoir d'étrange. Après tout, Julia et elle n'étaient pas à proprement parler des amies. Elle craignait que sa visite ne soit importune. Elle se demandait comment elle allait se tirer poliment de cette situation.

En voyant le visage défait de Ming, Julia se souvint qu'elle avait autant de problèmes qu'elle-même.

« Pourquoi ne viendriez-vous pas avec moi ? Les enfants seraient ravis et moi aussi. Alors, vous venez ?

« — Avec plaisir, mais je ne voudrais pas vous déranger, répondit Ming en souriant.

— Donnez-moi deux minutes, le temps de me débarrasser de tout ça, dit Julia en désignant son habit, et de prendre mon manteau. Attendez-moi. »

Elles discutèrent dans le métro du procès que venait de plaider Julia. Ensuite, elles passèrent deux heures délicieuses à goûter en compagnie des enfants et de la bonne. Ming s'amusa à observer que Julia mangeait autant de tartines de miel, de biscuits et de tranches de cake que les enfants.

En début de soirée, comme la nurse avait pris son après-midi, ils jouèrent tous aux cartes sur le tapis du salon. Ming trouva intéressant d'observer qu'Amanda, qui avait atteint l'âge où l'enfant mémorise la valeur des cartes, puisse accepter que son petit frère la batte. Évidemment, cela lui déplaisait mais elle avait assez de volonté pour ne pas s'en plaindre. Ming admirait qu'elle aille jusqu'à le féliciter.

Julia déposa un baiser sur le front d'Amanda quand elle s'en rendit compte elle aussi.

« Quelle belle partie ! dit Julia. Maintenant, c'est l'heure du bain.

— Il faut que je vous quitte », dit Ming en craignant d'avoir abusé du temps de Julia. « Mais..., ajouta-t-elle, en voyant la déception de la jeune femme, à moins que je ne puisse me rendre utile. J'ai l'habitude d'aider Flixe à baigner sa nichée.

— Si cela ne vous ennuie pas, j'accepte très volontiers », répondit Julia.

La salle de bain des enfants était au dernier étage de la maison. Julia admira que Ming puisse faire de l'heure du bain un jeu pour les enfants. Amanda, qui était aux anges, se laissa faire. Elle s'assit avec le sourire sur les genoux de sa mère pour qu'elle la sèche. Les enfants au lit, Ming expliqua qu'elle devait rentrer. Julia lui proposa de rester dîner mais elle préféra ne pas abuser.

Aussitôt que Ming fut partie, Julia se versa un verre de sherry et composa le numéro de téléphone de ses amis les Suvarov.

« Allô, Flixe ? Ici Julia.

— Mais comment allez-vous ? Et Noël ?

— Parfait. Très réussi. Je téléphone pour vous dire que plus je connais votre petite sœur, plus je l'aime. »

Il y eut un rire ravi à l'autre bout du fil qui fit sourire Julia. En dépit de leurs vies qui ne se ressemblaient pas et de leurs querelles à propos de l'éducation des enfants, Flixe et Julia étaient les deux meilleures amies du monde.

«Je n'en ai jamais douté, répondit Flixe. Alors, elle a fini par avoir raison de vos derniers doutes ?

— Non, expliqua Julia qui se montrait toujours franche et lucide. Je n'ai jamais douté d'elle. Je sais bien qu'elle n'a jamais été amoureuse de David.

— Et lui ?

— Il la trouve toujours aussi merveilleuse. Il s'inquiète beaucoup des conséquences que pourrait avoir le procès pour elle.

— Cela ne me surprend pas, remarqua Flixe sèchement.

— Moi non plus. Il a fait des cauchemars où il voyait Ming en prison. Il sait trop bien ce qu'est la prison de Holloway. Mais ne vous inquiétez pas, nous n'en sommes pas là, ajouta Julia en se rappelant qu'elle parlait de la sœur de Flixe.

— Puisse Dieu vous entendre !

— Ming se tirera d'affaire. Elle est plus forte que vous ne le croyez.

— Vous l'avez déjà dit. Mais j'ai peur que vous ne vous trompiez. Je l'ai trouvée très fragile à Noël. Quoi qu'il en soit, je me réjouis que vous l'aimiez et que vous soyez son avocate.

— Je voulais avoir avec elle une explication sur mes soupçons de l'été dernier, mais nous ne sommes pas assez amies pour que je puisse me le permettre.

— Ne vous tracassez pas, Julia. Je lui en toucherai un mot. Il faut que nous nous voyions bientôt.

— Vous avez raison. Il y a beaucoup de travail en ce moment. Est-ce que vous voulez bien que je vous passe un coup de téléphone quand j'aurai un moment ? Nous pourrions peut-être déjeuner ensemble ?

— Faisons comme ça. Merci de votre appel. Au revoir. »

Flixe sourit en raccrochant. Elle était sur le point de s'habiller pour sortir avec Peter. Elle n'avait pas le temps de téléphoner à Ming. Elle se jura de le faire au plus tôt. En constatant que son mari et ses enfants se portaient comme un charme, que Gerry était de nouveau heureuse après la fâcheuse suggestion de Ming et que Julia n'avait plus de soupçons, Flixe se dit qu'il ne restait plus que Ming à tirer d'affaire. C'était une autre paire de manches, mais Flixe était bien déterminée à s'y essayer.

21

La veille de l'audience, Flixe sut enfin ce qu'elle allait faire pour Ming. Elle se dit que la seule façon de venir à bout de la réserve de sa sœur était de l'attaquer de front. Ayant organisé la marche de la maison pour la journée, fait prendre à son mari et ses enfants leur petit déjeuner et confié les petits à Brigitte, elle enfila son manteau de fourrure et sortit pour prendre un taxi dans Kensington High Street. Après avoir donné l'adresse de sa sœur au chauffeur, elle réfléchit à ce qu'elle allait lui dire exactement.

La femme de ménage de Ming vint lui ouvrir.

« Ah ! Bonjour, dit Flixe un peu surprise. Mademoiselle Alderbrook est-elle visible ?

— Je l'ignore. Elle travaille. Voulez-vous que j'aille le lui demander ?

— Vous seriez très aimable. Dites-lui que sa sœur la demande.

— Flixe, est-ce que c'est toi ? demanda Ming à l'autre bout de l'appartement. Viens. »

Une grosse tache d'encre sur la joue, Ming, qui n'était pas encore habillée, avait l'air d'avoir le nez dans les nuages. Mme Crook se retira. Ming se leva pour venir embrasser sa sœur. Elle lui en voulait encore un peu pour son indiscrétion auprès de leurs parents, mais la seule présence de Flixe, comme toujours, lui donnait le sourire.

« Excuse-moi de te déranger.

— Ne dis pas de bêtises. Je suis très contente de me changer les idées. Si je travaille autant, c'est seulement pour oublier ce qui va avoir lieu demain au palais de justice.

— Ma pauvre. Je suis certaine qu'il n'y a aucune raison de te faire du mauvais sang. Comme tu plaides coupable, ce sera une simple formalité.

— Vraisemblablement. Mais je ne puis m'empêcher de me faire un peu de souci. Pour me changer les idées, je me débats avec un article sur l'argent des femmes. Qu'est-ce qui te ferait plaisir : café ou sherry ?

— J'aimerais bien un café. Celui du petit déjeuner est passé depuis longtemps.

— Tu dis ça pour m'épater ! Suis-moi dans mon bureau mais surtout ne fais pas attention au désordre. J'ai eu bien du mal à persuader Mme Crook de ne pas y toucher aujourd'hui. »

Flixe s'assit sur le seul fauteuil confortable de la toute petite pièce. Le choix du papier peint l'amusait. Elle se rappelait cet endroit rempli de boîtes et de toiles d'araignée. Ming avait installé son bureau sous la fenêtre. D'un côté, elle avait aménagé une vitrine dans laquelle elle exposait sa collection de verres colorés. De l'autre, elle avait placé le fauteuil dans lequel Flixe était assise. Le mur du fond était couvert de livres. Pour s'asseoir, Ming avait choisi un fauteuil pivotant.

Pour toute décoration murale, le brillant et les fleurs de lis du papier peint.

Flixe aurait sans doute cherché à rendre la pièce plus lumineuse et plus jolie. Mais elle comprenait l'attrait qu'avait pu exercer sur Ming la luxuriance de ces motifs dorés. Flixe était impressionnée que sa sœur consacre à son travail d'écriture une pièce de son appartement.

« Max Hillary a décidé de m'apprendre à faire le café aussi bien que lui. Le mien a moins d'arôme, dit Ming en entrant. Maintenant, dis-moi ce que je peux faire pour toi », demanda-t-elle en posant dangereusement sur une pile de documents le plateau qu'elle portait.

Elle remplit une tasse de café pour sa sœur.

« Mais rien du tout, répondit Flixe le nez dans son café. Je suis allée très tôt ce matin à Knightsbridge pour trouver une tenue habillée à Fiona. Elle ne rentre plus dans sa robe de velours. Comme je reviens bredouille, je me suis dit que je devrais passer te faire une petite visite.

— Tu as très bien fait ! s'écria Ming un peu étonnée. J'ai vu Julia il y a deux jours.

— Oui, je sais. Elle m'a téléphoné après t'avoir vue pour me dire combien elle t'appréciait, expliqua Flixe qui se félicitait d'aborder ce sujet. Comment l'as-tu trouvée ? Elle m'avait semblé très inquiète à propos de David la dernière fois que nous nous sommes vus.

— Je sais que son réquisitoire la déprimait. Mais à part ça, elle avait l'air d'aller. Je n'ai jamais compris pourquoi elle doutait de la fidélité de David. A l'époque où je travaillais au Parlement, il n'y a jamais eu la plus petite rumeur de ce genre à son sujet. Il lui a toujours été très attaché.

— Je sais bien, mais elle fait partie de ces femmes qui n'ont jamais confiance en leur propre pouvoir de séduction, répondit Flixe en reposant sa tasse vide. Mais parlons plutôt de toi, ma petite Mingie : est-ce que tout va bien ? J'ai trouvé que tu n'avais pas l'air d'aller à Noël. »

Ming se colla à son bureau, le nez baissé sur la masse de documents qui le jonchaient. Elle posa sa tasse qui cliqueta.

« J'essaie de rester efficace, affirma-t-elle. Ça n'a pas toujours été facile ces derniers temps mais jamais au point d'être abattue. L'appartement correspond de plus en plus à ce que je veux. J'ai énormément de travail et j'aime ce que je fais. Et c'est le plus important pour moi. »

Il y eut un bruit métallique dans le vestibule puis le bruit sourd des enveloppes qu'on fait glisser dans la boîte. Ming frissonna malgré elle.

« Qu'est-ce qui te prend ? demanda Flixe très tendrement. Je ne cherche pas à te tirer les vers du nez. Je veux seulement t'aider. »

Ming eut un soupir. Il lui avait toujours été difficile de confier ses sentiments les plus profonds. Pourtant, Flixe lui offrait cette attention maternelle que ni l'une ni l'autre n'avaient jamais reçue de leur mère. Pour une fois, elle se sentit incapable de dire non.

« Si mon correspondant est aussi ponctuel que d'habitude, j'aurai au courrier une lettre anonyme me disant que je suis un monstre. Voilà une des choses qui font que tout n'allait pas si bien que ça dernièrement. »

Flixe se leva d'un bond pour s'approcher de sa sœur.
« Mais c'est ignoble ! Pourquoi n'as-tu rien dit ? »
Ming haussa les épaules.
« Et qu'y avait-il d'autre qui ne tournait pas rond ?
— La pauvre Gerry à qui j'ai fait de la peine en lui suggérant d'adopter les enfants de Jack ; les manœuvres de Roger pour nous traîner moi et Connie en justice ; le mécontentement de papa et maman pour mon article sur Suez ; et tout ce que j'ai gâché avec Mark Suddley... Voilà tout. Oh, Flixe, j'ai tout gâché !
— Alors là, ça m'étonnerait vraiment. C'est une série noire, un point c'est tout. Ça arrive à tout le monde. Et puis, si tu te souviens de ta vie avant que tu n'hérites d'Anna, n'était-ce pas pire encore ? »
Ming sourit en reposant doucement sa tête sur l'épaule de Flixe.
« Tu as tout à fait raison. D'ailleurs, tant que je travaille, tout va bien. C'est seulement quand j'y pense que ça ne va plus. Je vais prendre le courrier.
— Et qui t'envoie ces lettres ? » interrogea Flixe avec si peu de conviction dans la voix que Ming se douta qu'elle savait tout depuis le début.

A l'évidence, Gerry n'avait pas su tenir sa langue. Ming haussa les épaules.

« Je n'en ai pas la moindre idée. Je serais parfois prête à tout donner pour le savoir. Il arrive aussi que l'idée d'identifier cette personne me rende malade.
— A quoi ressemblent ces lettres ?
— Le papier est ordinaire. C'est celui qu'on peut acheter en grande surface. C'est bien tapé mais la machine n'est pas très sophistiquée. La seule façon d'identifier ce correspondant serait de relever les empreintes de doigts. Tu avoueras que c'est peu pratique.
— Quel parfum dégagent-elles ? » demanda Flixe.

Ming s'immobilisa devant la porte et se retourna.

« Aucune idée. Je n'ai rien remarqué. Je n'y ai d'ailleurs jamais pensé.
— En général, toute enveloppe qu'on ouvre dégage sur l'instant une odeur qui peut être celle du tabac, d'un parfum, de l'essence ou du curry. Tu ne l'as jamais remarqué ? J'y fais toujours attention. »

Perplexe, Ming fit signe que non.

« Tu sais tout faire, Flixe ! s'écria-t-elle. Je ne suis pas du tout attentive à ce genre de chose. Et même, je ne pense pas que je serais capable d'identifier une odeur. D'ailleurs, c'est faux. Je reconnaîtrais à coup sûr le mélange de fleurs, de bois brûlé et de cire que l'on sent chez toi. C'est une odeur délicieusement entêtante. Il ne me semble pas qu'on pourrait définir une odeur particulière chez Gerry ou chez moi. »

Flixe éclata de rire.

« Que fais-tu donc de la présence du papier chez Gerry ? Les piles de documents poussiéreux ont une odeur bien à elles. Il y a aussi chez elle des parfums de cuisine car le salon fait office de salle à manger. Sans parler des sels de bain de Gerry dont la poudre rappelle l'eau de Cologne. Et l'odeur d'encaustique, et son goût de cerise, qui monte du parquet...

— Alors là, je tombe des nues ! s'exclama Ming. S'il y a au courrier une lettre anonyme, est-ce que tu voudras bien la renifler pour moi ? Je serais incapable de rien reconnaître. »

Flixe accepta avec joie. Ming revint aussitôt avec une enveloppe blanche dont l'adresse avait été tapée à la machine.

« C'est bien la première fois que je suis contente d'en recevoir une ! dit-elle en la donnant à Flixe.

— Puis-je l'ouvrir ? »

Ming fit signe que oui. Flixe ouvrit du doigt l'enveloppe qu'elle flaira.

« Je distingue un léger parfum de violette, dit-elle pour commencer. Artificiel, je veux dire, pas l'essence naturelle, et quelque chose d'autre, plutôt chimique... violent, non... »

Ming attendait.

« De l'acétone ! Mais bien sûr, c'est du dissolvant à ongles ! s'écria Flixe. C'est tout ce que je puis reconnaître. De toute façon, c'est trop tard. Et non, ajouta-t-elle en reniflant une dernière fois, l'odeur s'est évaporée. Je dirais que cette lettre a été tapée, ou du moins mise sous enveloppe, par une femme qui porte un parfum à la violette, ou un maquillage parfumé à la violette, et qui venait de se vernir les ongles. Une femme ordinaire, probablement, ou tout comme, tu ne crois pas ? J'ai bien peur de ne rien pouvoir dire de plus. »

Ming avait aux lèvres un sourire que Flixe lui avait connu dans l'enfance, quand tout à coup la peur en elle disparaissait.

« Flixe, tu es un vrai Sherlock Holmes ! Je ne sais comment te remercier.

— Je n'ai pas fait grand-chose. Tu ne veux pas la lire ? »

Ming déplia la lettre, la lut, fit la grimace puis la tendit à sa sœur.

« Elle est pareille aux autres. Rien à signaler. »

Flixe fit une drôle de tête en la lisant.

« Ridicule ! s'écria-t-elle. N'empêche, je comprends pourquoi ils essaient de te démoraliser. Ne te fais pas du mauvais sang, je t'en prie.

— Très sincèrement, je ne crois pas qu'on m'y reprendra. J'avais tellement peur que ce ne soit quelqu'un que je connaisse. Il était impossible que je ne cherche pas à savoir qui. Mais je ne connais personne qui se parfume à la violette. Je regrette de ne pas t'en avoir parlé plus tôt.

— L'année où Gerry a été présentée à la cour, toi et Annie aviez une institutrice qui se parfumait à la violette. Mais il y a si longtemps.

— Je serais étonnée qu'elle sache ce que je suis devenue. Si jamais c'était elle, je t'assure que je m'en fiche. Grand bien lui fasse ! Mon Dieu, Flixe ! tu n'imagines pas le service que tu viens de me rendre.

— Voilà qui est bien. Je n'ai plus qu'à continuer à faire les boutiques pour trouver quelque chose pour Fiona. Je n'avais pas remarqué combien elle avait grandi, jusqu'à ce qu'elle déchire l'autre jour sa robe de velours en jouant aux sardines. J'ai été très heureuse de te voir. Je trouve que tu as bien embelli ton appartement. »

Ming raccompagna sa sœur sur le seuil. Flixe s'immobilisa au moment où elle allait lui ouvrir la porte.

« Que voulais-tu dire en m'expliquant que tu avais tout gâché avec Mark ? demanda-t-elle.

— C'est un sujet que je préfère ne pas aborder en famille, soupira Ming qui se souvenait de tout ce que ses proches avaient pu se dire.

— Tu crois vraiment que je ne saurais pas tenir ma langue ?

— Oui, Flixe, et reconnais-le toi-même, tu ne le saurais pas.

— Pas si tu me le demandais, affirma Flixe la tête penchée sur le côté.

— Tu ne dirais rien, pas même à Gerry ? » demanda Ming qui s'amusait des cajoleries de sa sœur.

Ming allait céder à ce plaisir de la confidence qu'elle ne connaissait pas encore.

« Si c'est ce que tu veux, je n'en dirai rien à Gerry. »

Sans faire réellement confiance à sa sœur, Ming lui relata en peu de mots les tristes circonstances de sa dernière rencontre avec Mark et leur rendez-vous annulé chez Searcy.

« Eh bien, mon Dieu ! pourquoi ne lui as-tu pas écrit une nouvelle lettre d'explication ?

— Ce n'est pas si simple que ça en a l'air, Flixe. Je lui ai tendu une fois une perche qu'il n'a pas saisie. Je ne vais pas lui courir après s'il n'a pas envie de me voir.

— Beaucoup d'hommes ne t'ont-ils pas couru après ? » demanda Flixe dont les yeux bleus, semblables à ceux de Ming, dissimulaient mal son envie de rire.

Ming se sentit obligée de lui dire la vérité.

« C'est en fait la seule vraie raison. Je ne supporterais pas que Mark pense de moi ce que j'ai pensé de... disons, de tous ces messieurs. »

En embrassant Ming, Flixe lui souhaita bonne chance pour le procès puis elle se retira. Ming retourna flairer la boîte contenant les lettres anonymes en se demandant pourquoi elle n'avait pas remarqué plus tôt cette odeur de violette. Mais plus elle reniflait les lettres, plus leur odeur se dissipait. Peu importait d'ailleurs car l'indice relevé par Flixe avait désamorcé son inquiétude. Le cœur léger, elle recommença à taper à la machine.

L'idée d'écrire à Mark s'imposa de nouveau à elle tandis qu'elle essayait de travailler. Pourtant, elle s'y refusa. Après tout, c'était lui qui avait évité de la rencontrer. Ming pouvait bien se consoler en rêvant qu'il revienne sur sa décision, mais elle savait aussi qu'elle n'atteindrait la sérénité qu'en acceptant de vivre dans la réalité. La solitude en serait sans doute le prix.

Le lendemain, les nerfs à vif, elle se rendit à la Magistrate's Court dans Bow Street en compagnie de Connie et de Ratterley. Il essaya de la rassurer en lui disant que l'audience ne serait qu'une simple formalité.

Ce fut le cas, mais pas comme il s'y attendait. Après lecture des chefs d'accusation, le juge déclara que la complexité des faits nécessitait un renvoi du dossier devant le jury d'Old Bailey.

En l'apprenant, Ming eut comme une bouffée de joie. Mais quand elle se retrouva dehors, elle fut à nouveau prise d'angoisse.

« Avez-vous vu la drôle de tête que faisait Sillhorne ? demanda Connie.

— Oui, répondit le conseil juridique. Si vous ne risquez pas des frais de justice et une amende considérables, je dirais que Sillhorne a reçu aujourd'hui une bonne leçon.

— Mais il n'aura sûrement pas à payer les frais d'un procès à la cour d'Old Bailey, remarqua Ming.

— Qui sait ? Ils ne seront peut-être pas pris en charge par les fonds publics. En cherchant à vous ruiner, il pourrait bien se ruiner lui-même. »

L'esprit de vengeance de Ming fut aussitôt mis à mal par le seul mot « ruiner ». D'un coup d'œil, elle considéra l'animation de la rue puis songea au petit bureau qu'elle venait d'aménager chez elle. Elle imaginait ce que ce serait de le perdre. L'héritage d'Anna Kingsley lui avait offert la liberté. L'idée d'en être privée lui faisait horreur.

Ming se représenta soudain ce que serait sa vie si Connie et elle perdaient le procès. Elle ne pourrait jamais gagner sa vie en continuant à écrire des articles. Il lui faudrait sans doute à nouveau être secrétaire. A trente-deux ans, elle n'aurait sans doute pas une nouvelle chance de rompre avec cet état de servitude qui la déprimait. Mieux vaudrait encore la prison.

« Mademoiselle Alderbrook ?

— Je vous prie de m'excuser, monsieur Ratterley. Qu'y a-t-il ?

— Il est peu probable que le procès soit ouvert avant deux mois. Il faudra pourtant que nous consultions le plus vite possible un avocat. Je présume que vous souhaitez toujours faire appel à Mme Wallington ?

— Parfaitement. N'est-ce pas, Connie ?

— Oui, si elle accepte. J'ai toute confiance en elle.

— Je m'occupe de tout, dit Ratterley. Après, ce sera vraiment son affaire et non la mienne. On va vous poser de nombreuses questions mais vous n'aurez jamais à prendre les devants.

— Je vois. J'imagine que cela pourra toujours me donner les grandes lignes d'un article sur le fonctionnement de la justice», remarqua Ming qui avait décidé de ne pas se laisser abattre.

Connie resta muette.

La semaine suivante, lors de leur réunion de travail à Etchingham, Ming trouva ses collègues dans un état de dépression aiguë. Ils discutaient le bien-fondé d'arrêter immédiatement ou pas le magazine. En dépit de sa propre angoisse et de ses insomnies, Ming fit de son mieux pour les remonter.

«Je vous interdis de penser à une chose pareille. Nous avons un défi à relever, dit-elle en se surprenant elle-même. Le procès va nous coûter une fortune. Parfait, nous devons donc faire fortune dans le laps de temps qui nous reste.

— Quel beau rêve! s'écria ironiquement Max.

— Je sais, je sais. Mais le moment n'est pas venu de nous montrer défaitistes. Une chance unique de faire parler de nous et de vendre plus nous est donnée. Nous devons contacter tous ceux qui de près ou de loin sont susceptibles de témoigner en notre faveur pour ce que nous défendrons lors du procès.

— Et pourquoi donc? demanda Connie.

— La plupart sont écrivains. Nous pouvons leur demander d'écrire pour nous. Jusqu'à maintenant, nous nous sommes adressés à des amis, des relations ou des journalistes inconnus. Nous devons maintenant tirer profit de la situation pour attirer à nous des signatures célèbres. Cela rendra plus difficile encore le travail de la justice pour nous déclarer coupables.

— Mais nous ne pourrons jamais les rétribuer correctement.

— Eh quoi! Est-ce bien à Constance Wroughton que je parle? Qu'avez-vous fait de votre esprit de révolte? C'est le moment ou jamais de déterrer la hache de guerre. Montrez les dents! Commençons par augmenter le prix de nos publicités.

— Si nous faisons ça, nous sommes ruinés. L'article sur Suez nous a fait perdre beaucoup d'annonceurs.»

Ming se détourna du regard entêté de Connie en entendant éclater le rire de Max.

«Fragile, la petite Ming? interrogea-t-il. Qui a jamais pu penser une chose pareille? Jusqu'à un certain point, je lui donne raison, Connie. Nous ne pourrons pas faire fortune, mais au moins nous nous battrons.»

Il considéra son amie de toujours et la voyant douter, il perdit son sourire.

«Je sais que je suis très mal placé pour en parler car, moi, je n'ai pas d'argent à perdre...

— Oh, je vous en prie, Max! Là n'est pas la question», interrompit Connie. Puis, sur un ton moqueur, elle ajouta : «Votre cri de guerre me donne le frisson, Ming, mais je n'en vois pas moins les difficultés. Combien pariez-vous qu'il y aura de libraires prêts à vendre le magazine? Combien prendront le risque d'être poursuivis pour détention d'ouvrage obscène? N'oubliez pas ce que nous a dit Julia Wallington : il y a des libraires qui en ce moment purgent en prison de telles peines.

— Il n'est pas question de publier des textes obscènes.

— Ne soyez pas si naïve, Ming. Ils n'ont pas besoin de ça. Ne doutez pas que la censure passera au peigne fin chaque numéro avec plus de zèle que jamais.

— Café? demanda Max en se levant d'un bond. J'ai eu la flemme d'en faire ce matin mais je crois que nous en avons tous besoin. Est-ce que je peux vous demander un peu d'aide, Ming?»

Elle fit signe que oui et suivit Max à la cuisine. Il mit la bouilloire sur le feu. Ming disposa sur un plateau les tasses, les soucoupes et le pot à lait.

«Mieux vaut laisser Connie seule une minute ou deux. Elle n'aime pas changer d'avis devant quelqu'un, expliqua Max en se réchauffant contre le poêle.

— Vous l'aimez beaucoup, hein, Max?»

Il considéra Ming debout devant l'évier. Il songea à l'échec qu'était sa propre vie, au soutien sans réserve que lui avait assuré Connie, à ce qui aurait pu être si, dès le début, il avait compris qui elle était vraiment, au lieu d'épouser son amie si jolie mais tellement égoïste. Il haussa les épaules. Il n'y aurait guère eu de différence.

«Oui, c'est vrai, je l'aime beaucoup. J'ai mis du temps à savoir qui elle est réellement. Quand elle était plus jeune, ses manières autoritaires étaient plutôt refroidissantes, elle avait un véritable masque. C'était assez étrange de la voir habillée avec des fanfreluches par sa mère. Diana a toujours été très jolie. »

L'analyse de Max donnait un peu froid dans le dos à Ming.

Elle était sur le point d'émettre des réserves quand la bouilloire se mit à siffler. Max fit passer le café.

« Une fois seulement, alors que j'étais accablé de malheurs, je me suis rendu compte qu'il y avait chez Connie une écoute authentique des autres, même si elle cherche toujours à les manipuler. Elle veut toujours qu'on agisse comme elle en a décidé. Elle croit toujours savoir ce qui est le mieux.

— Elle a fait beaucoup pour nous, dit Ming.

— Et nous pour elle, répondit Max en souriant du visage obstiné de Ming. Il serait idiot de ne pas le reconnaître. Elle avait tant investi d'elle-même en Diana qu'il y a eu à la mort de sa sœur un grand vide dans la vie de Connie. Elle était seule ici au milieu de nulle part. Elle avait certes bien des amis mais chacun menait sa barque. Nous lui avons donné la chance de se recréer une vraie famille.

— Max, je vous trouve très cruel. »

Il fronça les sourcils à la remarque de Ming. Il gardait un regard froid.

« Cruel ? Je ne vois pas en quoi. Il faut rester objectif en amitié. Sinon, on va au-devant de bien des déceptions. Il vaudrait mieux retourner au salon. Elle aura eu le temps de changer d'avis. »

Calmée mais décidée, Ming prit le plateau. Connie fumait, tranquillement allongée sur un canapé. Ming versa le café.

« C'est d'accord, dit-elle en prenant la tasse que Ming lui tendait. Voici ce à quoi je m'engage : si chaque numéro suffit à couvrir ses propres frais, on continue. Mais au premier numéro qui n'y arrive pas, alors là je reprends mes billes.

— Bien parlé, dit Ming en dégustant l'arôme amer du café qui semblait si bien convenir à la situation.

— Et on donne toujours dans la qualité ? ironisa Max en sentant sur lui le regard de Ming.

— Il n'y a pas de raison que ça change. »

Max s'inclina comme pour remercier, prit un bloc-notes et dit :

« Je pense que nous devrions rédiger une lettre à nos éventuels supporters. Ming, pourriez-vous savoir qui a comparu aux quatre grands procès de 1954 et qui a écrit à leur sujet ?

— Je vais essayer.

— Je suppose que nous devons mobiliser tous nos amis, dit Connie, et avoir l'opinion pour nous.

— Vous avez raison », assura Max.

Ils se remirent au travail. En évoquant des articles futurs, ils cessèrent insensiblement de tout voir en noir. Ils retrouvèrent un peu de leur ancien enthousiasme quand des idées nouvelles fusèrent.

Dans le train qui la ramenait à Charing Cross, Ming n'avait plus à cacher sa déception. Le compartiment sale et froid sentait le renfermé. Elle avait beau voyager seule, la fenêtre était couverte de buée. Frissonnante, elle s'emmitoufla dans son épais manteau de fourrure, essayant de puiser du courage en elle. Elle regretta de n'avoir pas demandé à Max de lui parler de la prison pour savoir ce à quoi elle s'exposait.

Le train entra enfin en gare. Elle prit ses affaires et sortit héler un taxi pour la conduire dans Chelsea.

Après ce voyage sordide, Ming trouva que son appartement était gai et chaleureux. Elle se jeta sur le canapé du salon. Elle n'avait jamais ressenti avant ce jour, ni chez ses parents ni dans aucun des appartements qu'elle avait loués auparavant, ce sentiment d'être chez elle. Il y avait quelque chose d'atrocement ironique à se savoir enfin chez soi à la veille précisément de tout perdre.

22

Tandis que Max dirigeait seul le magazine, Connie mobilisait chacun de ses amis pour sortir en ville et être vue de ceux qui pourraient user de leur influence. Ming comptait sur ses sœurs et leurs maris. Elle savait qu'elle se montrait un peu trop poule mouillée. Toutefois, elle aurait été incapable d'essuyer les critiques de gens partageant l'opinion de ses parents.

Connie comprenait les craintes de Ming et jusqu'à un certain point les faisait siennes. Mais elle avait la peau dure et connaissait du monde. Prête à relever le défi lancé par Ming, Connie s'investissait tout entière. Elle mit ses plus belles tenues, s'installa chez Flixe et sélectionna avec soin les noms utiles dans son carnet d'adresses.

Les premiers résultats furent impressionnants. Quelques individus prétendirent ne pas se souvenir d'elle. Quelques autres eurent la franchise de lui dire qu'ils désapprouvaient ce qu'elle avait fait. Mais la plupart n'hésitèrent pas à se montrer avec elle. Tous les soirs, elle se rendait à l'opéra ou au théâtre. Elle déjeunait en ville tous les jours avant de voir une exposition ou d'assister à un concert en matinée. Elle portait la tête haute. Pour tout dire, Flixe elle-même avait bien du mal à savoir si Connie était aussi confiante qu'elle le laissait paraître.

Ming considérait son attitude avec admiration mais aussi dans une sorte d'état de choc. Elle faisait de son mieux pour l'imiter en évitant par exemple de penser à la prison et à leur ruine. Ainsi, Flixe l'emmena assister à un défilé de mode chez Hartnell et lui fit rencontrer des dizaines de femmes importantes. Ming ne refusa plus une invitation sous prétexte d'avoir trop de travail, comme elle l'avait souvent fait. Elle s'habillait avec élégance afin d'impressionner favorablement toute nouvelle rencontre.

En comparaison, les soirées passées chez Gerry et Mike avaient le goût des jeudis de son enfance. Les gens qu'elle rencontrait dans le grand appartement de Bloomsbury soutenaient sa juste cause. Ming passa des heures en compagnie des amis universitaires de Gerry à boire du vin d'Italie, à manger des olives et à discuter. Il arrivait parfois que des collègues de Mike se joignent à eux. Au fil de la conversation, Ming retrouvait un peu de cette confiance dont elle avait tant besoin.

Les rendez-vous avec Julia et Ratterley, ainsi que le travail pour le magazine, l'aidaient également beaucoup. Elle avait compris qu'aussi longtemps qu'elle pourrait travailler, elle resterait calme. Il n'y avait qu'au réveil que la peur se montrait plus forte, après les cauchemars de la nuit.

Elle finit par prendre des somnifères car elle craignait que la fatigue ne vienne à bout de ses dernières résistances. Ces cachets la faisaient dormir huit heures d'affilée. C'était une véritable aubaine même si elle se sentait un peu assommée au réveil.

Parfois, alors qu'elle était assise à son bureau, elle songeait à tout ce qui lui était arrivé depuis un an. Elle essayait de trouver une signification à ces événements comme elle avait tenté de le faire avec les hiéroglyphes et les bas-reliefs des temples égyptiens. Le souvenir des faits et gestes passés, tout autant que la pierre, n'avait rien à lui apprendre. Tout au plus Ming était-elle mise à l'épreuve pour quelque grand défi.

Arrivée à cette conclusion fatale, elle se dit qu'elle devait cesser d'être sentimentale et futile. Il était absurde de penser que ses faux pas et sa malchance étaient les conséquences d'une vaste intrigue cosmique. Elle n'avait pas eu de chance et elle avait fait des erreurs. Voilà tout.

Début mars, les résolutions de Connie commencèrent à vaciller. Comme Ming, elle était très fatiguée. Sachant qu'il leur faudrait attendre jusqu'en avril l'ouverture du procès, elle se demandait parfois si elles tiendraient le coup jusque-là. Peter et Flixe avaient à cœur maintenant de les inviter une ou deux fois par semaine à dîner dans des lieux à la mode. Chaque fois qu'elle le pouvait, Ming allait assister à la Chambre des communes aux interventions du Premier ministre.

A la mi-mars, David Wallington la reconnut parmi la foule dans la tribune du public. Il ne la quitta pas des yeux, guettant le moment où elle chercherait à partir. Ils se rencontrèrent dans le hall d'entrée alors qu'elle était sur le point de prendre la fuite. C'était une chose de se montrer mais c'en était une autre de s'exposer aux critiques de ceux qui comprenaient l'action de Roger Sillhorne.

En sentant une main lui saisir le bras et en entendant qu'on l'appelait par son nom, sous le coup de l'émotion, elle se retourna avec irritation. Quand elle reconnut David, elle retrouva son calme.

« Ah, c'est vous ! Comment allez-vous, David ?

— Je vais bien. Mais vous ? Julia ne me dit rien par discrétion mais je devine que vous vivez un enfer.

— Elle est extraordinaire. Connie et moi-même sommes tellement impressionnées par elle et aussi tellement rassurées qu'elle nous assiste. »

Ming se força à rire.

« J'ai été ravie de vous rencontrer.

— Ne partez pas si vite, s'écria David. Voudriez-vous prendre le thé avec moi ?

— Ici ? C'est impossible. Je risque d'y faire des rencontres désagréables.

— Que diriez-vous d'une balade ?

— D'accord. Mais sortons tout de suite. Voilà Roger. »

Comprenant qu'il fallait faire vite, David prit Ming par le bras pour sortir.

Sur la place du Parlement, il faisait beau mais froid. Ming avait les lèvres gercées. Quelques gros nuages passaient dans le bleu du ciel. Le vent soulevait des nuées de poussière qui piquaient les yeux. Au moment de traverser la rue, Ming remarqua que David n'avait pas passé de pardessus.

« Excusez-moi, dit-elle. Je ne fais attention à rien. Rentrons. Et puis ma compagnie vous ennuie.

— Pas du tout. Je ne pouvais décemment pas vous laisser

dans un état pareil. Pourquoi ne pas rentrer nous asseoir dans l'abbaye ? Il y fera meilleur. »

Il pointa du doigt une porte ouverte. Après un moment d'hésitation, Ming se laissa convaincre. Ils marchèrent lentement le long de la nef. Après avoir contourné la tombe du Soldat inconnu, ils continuèrent sur la droite. Ming, qui connaissait mal le bâtiment, se laissait guider. Avec beaucoup d'assurance, David la mena au-delà du grand autel et d'un tombeau monumental pour accéder à une chapelle ornée de bannières de toutes les couleurs.

Oubliant tous ses soucis, Ming leva les yeux avec ravissement.

« Je n'aurais jamais imaginé ça, dit-elle en admirant la magnificence des voûtes, des dalles et des bannières.

— C'est beau, n'est-ce pas ? remarqua David qui avait plaisir à voir se relaxer le visage de Ming. Quand ça ne va pas, je viens faire le point ici. Venez donc vous asseoir dans une de ces stalles. Personne ne viendra nous déranger. »

Ils s'assirent l'un à côté de l'autre face à l'autel. Le calme de l'endroit apaisait Ming qui fit le vide en elle. Très droit, David respectait son silence.

Enfin, elle retira ses gants pour se passer les mains sur le visage.

« Merci.

— Vous n'avez pas à me remercier, répondit David, car je vous dois tant.

— Moi ?

— Oui, vous. Avant que vous ne veniez chez nous l'été dernier, j'avais perdu la foi en moi et en mon travail. Ce que vous avez écrit sur moi et la façon que vous avez eue de me faire parler des choses auxquelles je crois m'a permis d'éprouver à nouveau le plaisir que je cherche. J'aimerais pouvoir vous donner plus que cet instant de paix.

— Voilà tout ce dont j'avais besoin », expliqua-t-elle en s'adossant au panneau sculpté de la stalle. Ne craignant plus de chercher à le séduire par manque de confiance en soi, Ming ajouta : « Vous être très bon et Julia a beaucoup de chance.

— Que devient Mark ?

— Je ne sais pas, répondit-elle en détournant le visage. Je suis sans nouvelles de lui depuis Noël. Nous devions nous revoir mais il a dû annuler notre rendez-vous. Depuis, plus rien.

— Que s'est-il passé ? » demanda David très gentiment.

Ming avait l'air jeune et malheureuse dans son grand manteau noir.

« Il vous adorait. »

La voix tremblante, Ming expliqua à David ce qui avait eu lieu.

« J'ai l'impression de passer mon temps à me plaindre auprès de mes amis. C'est une mauvaise habitude dont j'espère bien me défaire, conclut-elle.

— Ne dites pas n'importe quoi ! s'écria David. Je vous en prie, vous traversez seulement une période difficile. Il est normal que vos amis veuillent vous aider. On ne peut pas tout encaisser.

— C'est vrai », acquiesça-t-elle, un peu remuée, avant de lui confier le reste.

David l'écouta sans mot dire. Il lui donna un seul et simple conseil.

« Vous devez lui écrire. Vous ne pouvez pas attendre qu'il revienne de lui-même se faire malmener. En amour, un homme ne quémande pas comme un mendiant. S'il n'a vraiment aucune envie de vous voir, il vous le dira. Vous saurez alors à quoi vous en tenir. Mais je suis prêt à parier qu'il dépérit autant que vous. »

Ming s'était juré de ne plus se bercer d'illusions à propos de Mark, en se disant que tout finirait bien, mais elle ne pouvait maintenant s'interdire d'espérer un peu. Soudain, elle se souvint de la colère qu'elle avait ressentie en lisant les lettres de Roger. Elle hocha la tête.

« C'est impossible. Je ne peux pas m'imposer comme ça. Il m'a dit que ce serait lui qui me ferait savoir quand nous pourrions nous revoir. J'ai déjà trop gâché de choses sans l'obliger, par-dessus le marché, à me voir contre son gré. »

Après une pause, David prit les mains de Ming dans les siennes.

« Je sais qu'il ne convient pas qu'une dame montre à un homme qu'elle l'aime avant qu'il n'ait fait, lui, le premier pas. Mais Mark a déjà fait une bonne vingtaine de premiers pas ! Ming, reconnaissez qu'il n'est pas normal qu'une femme aussi intelligente que vous...

— Oh, non ! David, taisez-vous, supplia-t-elle en fermant

les yeux. Vous n'imaginez pas combien je ne désire que ça mais je ne le peux pas. Le procès terminé, on verra bien.

— Je ne vois pas ce que le procès vient faire là-dedans.

— Dans un mois, je serai peut-être en prison.

— Ne soyez pas ridicule ! s'écria David sur un ton de colère que sa femme connaissait bien. Je sais bien que techniquement c'est possible. Mais c'est absurde de faire comme si cela devait arriver.

— Je préfère envisager le pire pour m'en protéger », répondit Ming avec honnêteté.

Elle se rendit compte qu'elle ne pouvait pas dire, même à David, les peurs qui la tourmentaient au petit matin. Il remarqua que les lèvres de Ming étaient abîmées, comme si elle les avait mordues.

« Redoutez-vous que Mark puisse croire que vous revenez vers lui uniquement parce que vous risquez une très grosse amende ?

— J'en ai peur, c'est vrai. Ne vous inquiétez pas tant pour moi, David. Je m'en sortirai. Mes sœurs me soutiennent. Julia n'a jamais perdu un procès. Mais c'est l'attente qui me rend folle.

— Je m'en doute, répondit-il. Vous avez l'air épuisée. Vous devriez rentrer vous reposer.

— Vous avez raison, acquiesça-t-elle en retrouvant un peu de sa passivité ancienne. Merci de m'avoir fait découvrir cet endroit. J'espère vous voir bientôt. Au revoir. »

David se leva pour la saluer. Il se rassit sur la banquette de bois dur. Il leva les yeux vers le plafond comme il l'avait fait si souvent. Il lui était dur de ne pouvoir aider Ming. Il avait une confiance aveugle en sa femme mais il ne se faisait aucune illusion sur le fonctionnement de la justice et les jurés fantasques.

Un bedeau en noir traversa l'église. Les premières mesures d'un air joué à l'orgue résonnèrent. Ironie du sort, David reconnut l'*Hymne à la joie*. Il resta pour l'écouter. Il se dit que dans le pire des cas, la peine de prison ne serait que de quelques mois. Elle aurait la force de l'endurer.

La musique terminée, il se leva en resserrant son nœud de cravate et retourna à son bureau.

23

Au moment de se mettre au lit, Ming prit deux somnifères car elle voulait passer une bonne nuit à la veille de l'ouverture du procès. Ils firent merveilleusement effet. Le lendemain matin, elle mit du temps à percevoir la sonnerie du réveil. Elle fouilla dans le noir sur sa table de chevet, faisant tomber ses comprimés et un livre, pour faire taire son réveil.

Le silence revenu, il lui fallut cinq minutes pour se rappeler pourquoi elle avait pris des somnifères, puis dix autres minutes pour s'extirper du lit. Un rai de soleil fusait entre les rideaux tirés. Ming passa pieds nus de la moquette de sa chambre au linoléum froid de la salle de bain. Elle avait chaud, comme si les comprimés, en l'abrutissant de sommeil, lui avaient donné de la température.

Elle se fit couler un bain tiède et se versa une tasse de café qu'elle but en faisant sa toilette. Le café avalé, la température de son corps revenue à la normale, elle eut peu à peu l'impression de refaire surface. Ses yeux ne la piquaient plus. En s'enroulant dans une grande sortie de bain, elle se sentit tout à fait capable de répondre aux questions qu'on lui poserait. Elle se sécha avec soin. Après avoir passé une robe de chambre, elle sortit dans le hall prendre les journaux du matin.

Tout en buvant du café, Ming s'efforça de fixer son attention sur le *Times*, comme si elle était à la veille d'un examen. Elle lut la page des titres sans rien retenir. Ce n'est qu'en arrivant à la rubrique de politique étrangère qu'elle réussit à se discipliner.

De retour dans sa chambre, elle ouvrit sa penderie pour examiner ses tailleurs et ses robes. Julia Wallington avait conseillé à Ming et Connie de s'habiller de façon classique mais sans trop de recherche. Elle devait également éviter de s'habiller comme une avocate. Ming décrocha un tailleur gris dont le tissu était trop épais. Elle le replaça avec une grimace.

En ouvrant les doubles rideaux, elle vit que le soleil brillait au-dessus de la rivière et des pousses vertes des arbres. La journée serait chaude car le ciel avait ce matin-là une luminosité qui ne trompe pas. Ces jours derniers, le temps avait été sans surprise pour la saison : giboulées faisant alterner vent glacé et vagues de chaleur.

Délaissant les tailleurs, Ming préféra ressortir la robe de lin bleue qu'elle avait portée l'été passé chez les Wallington. La veste allant avec était assez chaude sans qu'elle ait pour autant à craindre d'étouffer. Certes le grand col blanc faisait très estival. Mais Ming avait décidé de porter cette tenue légère. Elle s'était fait coiffer la veille très simplement et décida de se maquiller discrètement.

Une fois prête, son chapeau mis et épinglé, ses gants et son sac en crocodile à la main, elle alla se regarder dans la grande psyché de sa chambre. Elle vit une silhouette trop jeune et tira la langue à son reflet.

Elle n'avait plus le temps de se changer. Avant d'enfiler ses gants, elle se mit un peu de rouge à lèvres foncé et choisit une nouvelle paire de boucles d'oreilles en or.

En refermant la porte de son appartement, elle se dit qu'il ne serait peut-être plus le sien très longtemps. Elle savait également qu'à l'issue du procès elle serait peut-être jetée en cellule avant d'être transférée à la prison d'Holloway. La main posée sur la poignée, elle fit son possible pour ne pas imaginer ce que cela pourrait être. N'ayant jamais pu demander à Max ce qu'était la vie en prison, elle ne pouvait penser à rien de réel pour mettre un frein à son imagination débridée.

Dans la rue, elle héla un taxi et demanda au chauffeur de la conduire à Old Bailey. Il longea la Tamise jusqu'au pont de Blackfriars et il s'engagea dans New Bridge Street. Dans d'autres circonstances, Ming aurait prêté attention aux monuments qu'elle croisait : la symétrie majestueuse de l'Hôpital royal, la lourdeur de la Tate Gallery, les fantaisies gothiques du palais de Westminster et la splendeur des Richmond Terraces. Ce matin-là pourtant, son regard ne distingua rien d'autre qu'une confusion de gris.

Elle ne fit pas plus attention d'ailleurs à la circulation qui retardait leur course à chaque croisement. Il n'y eut qu'un énorme camion chargé de briques, pétaradant à un feu rouge, pour la sortir de sa torpeur. Arrêté devant Old Bailey, le chauffeur dut lui faire remarquer qu'elle était arrivée.

Elle réagit à la voix de celui-ci en secouant la tête, comme un nageur qui sort de l'eau. Elle lui donna un bon pourboire.

« Faut pas vous en faire, mam'zelle, dit-il en reprenant la monnaie. Quoi qu'il ait fait, il est pas près d'oublier une dame comme vous ! »

Ming eut à peine le temps de sourire à la remarque du chauffeur que déjà il avait claqué sa vitre, embrayé et rejoint sans plus attendre le gros de la circulation. Amusée, Ming passa avec plus d'assurance de la chaleur de la rue à la fraîcheur du palais.

En montant le grand escalier, elle remarqua que les murs de l'entrée en rotonde étaient couverts de fresques historiques. Même si elle était déjà venue chercher Julia, elle ne s'attendait pas à un tel mélange de couleurs vives. L'immeuble lui parut tout à coup moins menaçant.

Maîtresse d'elle-même, Ming trouva son chemin jusqu'à la cour n° IV. Ratterley faisait les cent pas devant la porte. Alors qu'il l'examinait des pieds à la tête, il lui rappela son père chaque fois qu'il devait sortir avec l'une de ses filles. Il lui sourit enfin.

« Vous avez choisi la robe qui convient, mademoiselle Alderbrook, si je puis me permettre, remarqua-t-il en lui tendant la main.

— Je suis bien contente de vous l'entendre dire. Je craignais qu'il ne fasse chaud. Je ne voudrais surtout pas que les jurés pensent que je sue parce que j'ai peur ou que je suis coupable, expliqua-t-elle avec une rare franchise.

— Êtes-vous nerveuse ?

— Quand je me dis que ce procès pourrait se terminer pour moi par un séjour en prison, alors je deviens extrêmement nerveuse, répondit-elle en détachant chaque mot. Mais je ne redoute pas de m'asseoir au banc des accusés et de répondre à des questions. Je ne m'effondrerai pas.

— J'espère bien que non. Tenez, voilà votre sœur, si je ne me trompe pas. »

En se retournant, Ming reconnut Gerry en compagnie de Mike. Elle leur tendit les bras.

« Merci d'être venus.

— Rien au monde ne m'aurait empêchée de venir. Il faut que tu saches que Mike et moi sommes avec toi depuis le début.

— Même si tu n'es pas tout à fait d'accord avec moi ? demanda-t-elle à son beau-frère.

— Ne dis pas de bêtises ! Quelles que soient mes opinions je pense, à la différence de qui tu sais, que tu as absolument le droit de dire et de publier tes idées.

— Rien, sauf peut-être le travail, et encore il aurait fallu que ça soit une catastrophe internationale, n'aurait pu le dissuader de venir aujourd'hui, ajouta Gerry avec feu. Flixe sera là aussi. Elle a décidé de s'asseoir en haut dans la tribune du public pour que sa colère ne se voie pas au cas où les accusations seraient scandaleuses. »

Ming s'efforça de rire.

« Où faut-il aller ? demanda Gerry.

— Monsieur Ratterley ? » appela Ming en se rappelant qu'il n'avait pas encore été présenté à Gerry et à Mike.

Il expliqua qu'ils devaient attendre Julia Wallington avant d'entrer.

Ming, en la cherchant des yeux, croisa le regard de Roger Sillhorne. A quelques pas de là, il était en train de parler à son avocat. Il lui lança un regard furieux. Ming sentit la colère monter en elle.

« Voici Julia ! » s'écria Ratterley.

Julia avait déjà passé sa toge noire et mis sa perruque. Elle portait sous sa toge ouverte un tailleur noir et un chemisier blanc qui la grandissaient.

« Parfait, affirma-t-elle après avoir apprécié la tenue de Ming. Où est Connie ?

— Ici ! » s'exclama celle-ci de l'autre bout du couloir.

Ils virent Connie se précipiter vers eux. Elle aussi reconnut Roger et le toisa du regard avec un tel mépris qu'il baissa les yeux. Puis elle rejoignit les autres qui virent qu'elle était fatiguée.

Elle avait également suivi les consignes de Ratterley car elle portait un tailleur en tweed bleu très simple. Ils furent tous surpris de la trouver quelconque, comme si elle avait voulu masquer sa distinction naturelle et sa détermination habituelle.

« Vous seriez-vous passé le mot ? s'amusa à leur demander Gerry.

— Inutile, répondit Connie, car Ming ne porte jamais que du bleu et du blanc. »

Tous sourirent. Ratterley poussa les deux battants de la porte et les pressa d'entrer. Chacun dut faire un effort. Les lambris de la salle du tribunal avaient quelque chose d'intimidant. Ratterley échangea quelques mots avec l'huissier qui conduisit Ming et Connie au banc des accusés, où les attendaient leurs gardiens. Ming eut soudain peur de ne pouvoir comprendre ce qu'on lui dirait car ses oreilles bourdonnaient. Elle baissa les yeux vers le tribunal pour identifier les différentes personnes dont Julia lui avait parlé.

En plus du greffier assis en contrebas du siège du juge, de l'huissier et du policier à la porte, il y avait Roger Sillhorne, son conseil juridique et Miles Coopering, avocat de la Couronne, qu'ils avaient mandaté. Il devait avoir l'âge de Julia, qu'il devait d'ailleurs connaître, puisqu'ils étaient penchés l'un vers l'autre dans une conversation qui n'avait rien de contraint. A un moment, Coopering éclata de rire et posa la main sur l'épaule de Julia.

« Vous ne trouvez pas ça curieux ? chuchota Connie.

— Si, un peu, répondit Ming qui n'aimait guère voir Julia en si bons termes avec l'accusation. Je suppose qu'ils seront moins démonstratifs quand le procès commencera. »

Les portes s'ouvrirent de nouveau pour laisser passer une bande d'individus curieusement assortis. Douze d'entre eux furent conduits sur les bancs des jurés. Les autres s'assirent dans le fond de la salle. Ming observa Julia et son collègue inspecter des pieds à la tête les nouveaux arrivants. Ils étaient presque tous des hommes d'âge mûr. D'eux d'entre eux pouvaient passer pour des instituteurs ou des employés municipaux ; l'un, à cause de ses cheveux longs et de son nœud papillon, devait être artiste ; trois autres ne laissaient rien transparaître d'eux par leurs seuls vêtements ; pour le reste, l'un d'eux semblait toutefois plus riche et moins patient que les autres. Ming se dit qu'il devait travailler à la Cité comme agent de change. L'autre avait un visage marqué par les intempéries, des épaules carrées et des mains calleuses qui pouvaient faire de lui un maçon ou un jardinier.

Les deux femmes étaient très différentes l'une de l'autre : la première, qui devait avoir près de soixante-dix ans, était vêtue d'un tailleur impeccable qui lui donnait un air aussi peu aimable que Connie dans la vie de tous les jours ; la seconde, qui avait un joli visage, et les cheveux ramassés sous un foulard, devait être une jeune maman. Son air doux et sensible redonna un peu d'espoir à Ming.

« Mesdames, messieurs, la Cour ! »

Gerry, qui était assise avec son mari juste derrière les avocats, se tourna vers Ming pour lui lancer un sourire d'encouragement. Ming ne la vit pas car elle était occupée à observer le juge. Il lui faisait penser aux statues d'Horus qu'elle avait vues en Égypte. Comme le dieu à tête d'épervier, le juge avait un dur regard accusateur. La perruque qu'il portait lui donnait le profil plat d'un rapace. Sa petite bouche pincée disparaissait sous un nez crochu comme un bec. Il avait l'air irascible, impitoyable et terrifiant. Il était donc puéril d'espérer sa clémence.

Son entrée avait modifié du tout au tout l'atmosphère dans l'enceinte du tribunal. Après avoir rejoint leurs places respectives, Julia et Miles Coopering avaient pris un masque de sévérité. Le greffier lui-même, qui avait conversé avec l'un des huissiers, semblait maintenant une caricature de l'impassibilité de la Justice.

Ming eut la gorge nouée. Elle s'obligea à détourner le regard, pour oublier le juge et ne plus regarder que la femme juré qu'elle pensait être une jeune mère.

Avec le juge, tous s'assirent. Un à un les jurés vinrent prêter serment. Julia récusa l'homme riche et impatient tandis que l'avocat de Sillhorne récusa l'artiste au nœud papillon. Ils furent remplacés par une jeune femme qui pouvait être assistante sociale et par un homme d'âge mûr en costume gris sans trait distinctif.

Le silence revenu, Coopering se leva, remit sa toge en ordre et annonça qu'il représentait l'accusation et que son éminente consœur, Mme Julia Wallington, représentait la défense pour le jugement des dénommés Alderbrook et Wroughton de *La Nouvelle Ère*. Après ces formalités, il exposa à grands traits le bien-fondé de son accusation.

Au banc des accusés, les deux jeunes femmes écoutèrent la description qu'il donna de leur magazine. Il ajouta, après avoir présenté en le développant l'extrait d'*Histoire d'un amour perdu* : « Je crois bien n'avoir jamais lu de toute ma carrière un tel torchon d'ignominies. »

Ming resta bouche bée. Elle ne pouvait croire qu'un homme cultivé puisse faire sienne une affirmation aussi honteuse. Mais, se rappelant qu'il avait parlé à Julia avec une évidente sympathie, elle continua à écouter attentivement.

« Et ce récit révoltant est publié dans un magazine, mesdames et messieurs, qu'on destine à des épouses et des mères de famille. Mais celui-ci pourrait très bien tomber sous la main innocente d'un enfant. Songez à l'impression que pourrait faire sur l'esprit sensible d'un jeune garçon la description d'un comportement qui, je vous le rappelle, est un crime dans ce pays, même s'il ne l'est pas en France, où cette histoire fut tout d'abord publiée.

« Nous accusons les propriétaires de ce magazine d'avoir publié un récit à caractère obscène, risquant, mesdames et messieurs, d'inciter à la débauche. »

Julia Wallington prit quelques notes. Puis elle s'appuya de nouveau contre le dossier de son siège. Elle écoutait attentivement ce que disait son adversaire, sans paraître s'en émouvoir, avec sur les lèvres un sourire sceptique.

Dans les tribunes du public, Flixe se baissa vers l'assistance pour scruter l'expression que prenaient les visages. Elle était scandalisée que sa sœur soit mise au pilori pour une peccadille. Le calme de Coopering l'inquiétait car elle se demandait comment Ming réagirait à ses questions.

Flixe remarqua que Ming avait les mains qui tremblaient. Jetant un coup d'œil autour d'elle, Flixe croisa le regard d'un spectateur assis à l'autre bout de sa rangée. Elle eut l'impression de connaître, sans pourtant parvenir à l'identifier, cet homme jeune et grand. A son tour, il se retourna et la regarda droit dans les yeux. Flixe fronça les sourcils en reconnaissant Mark Suddley.

« Vous êtes bien le dénommé Roger Sillhorne ? »

Flixe tourna les yeux vers le premier témoin appelé à la barre. Grassouillet et plein de suffisance, il s'inclina en répondant :

« Oui, monsieur. »

Miles Coopering l'invita à décrire l'extrait d'*Histoire d'un amour perdu*. Quand il l'eut fait, Coopering lui demanda :

« Diriez-vous que cet extrait est d'un caractère obscène ? »

Julia griffonna une note. Ming se souvint qu'elle lui avait fait part de leur projet d'en appeler au soutien des grands noms du monde de la littérature pour contester l'accusation d'obscénité. Julia lui avait expliqué que cela ne serait d'aucune utilité. La cour était à même d'en juger seule.

« C'est à la cour d'en juger, répondit Roger à qui on avait dû faire la même remarque. Je puis pour le moins avancer que cet extrait me semble au plus haut point répugnant. Il ne saurait convenir à des lecteurs respectables. »

Le juge baissa les yeux sur Miles Coopering avec un air de dérision. Quelque peu troublé, il jeta un coup d'œil sur ses notes avant de relever la tête.

« Qui sont les lecteurs de ce magazine ?

— Principalement de jeunes mères de famille. On le trouve également dans les bibliothèques, tant publiques qu'universitaires.

— Est-ce à dire qu'il peut être lu par de jeunes garçons ?

— Parfaitement. Et ce sont eux que l'on doit protéger au maximum de ce genre de lectures.

— Merci, monsieur Sillhorne. Veuillez toutefois rester à la barre. »

Julia se leva à son tour. Avec un effet de manches, elle se tourna en souriant vers le témoin.

« La jeunesse de ce pays est-elle plus vulnérable de nos jours qu'elle ne l'était aux générations précédentes ? » demanda-t-elle d'une voix gentiment surprise.

Roger se lança aussitôt dans une longue exposition des conséquences du déclin du comportement général depuis la guerre. L'âme de ce pays avait tout bonnement été sapée. L'Angleterre était aujourd'hui dans une situation de péril aussi grave qu'au temps du nazisme. Le nouvel ennemi à abattre était aujourd'hui la cinquième colonne de l'immoralité.

Julia le laissa parler, sans trop lui poser de questions pour qu'il apparaisse comme un homme victime de ses propres obsessions. La colère de Roger lui permit également d'évaluer les réactions du jury. Apparemment, deux hommes semblaient approuver ses propos tandis qu'un autre accueillait en souriant la manifestation de son hystérie. Quand elle estima en savoir assez, Julia remercia Roger, et le pria de bien vouloir attendre au cas où la défense souhaiterait faire à nouveau appel à lui.

Miles Coopering n'ayant rien d'autre à demander à Roger Sillhorne, il appela à la barre un deuxième témoin. Il s'agissait d'une femme au foyer d'une trentaine d'années, mère de deux enfants. Elle avait cessé de travailler en se mariant pour se consacrer à sa famille.

« Êtes-vous abonnée à *La Nouvelle Ère* ?
— Je l'ai été dans le passé.
— Pour quelle raison ?
— L'association des anciennes élèves de mon école m'avait envoyé une lettre de présentation de ce magazine. J'ai trouvé intéressante l'idée d'un magazine faisant le point sur l'actualité et destiné aux femmes au foyer.
— Est-il arrivé que vos enfants s'en saisissent ?
— Oui, mon fils qui a treize ans et qui rêve d'être un artiste. Il a toujours aimé les couvertures du magazine et m'a souvent demandé de quoi il pouvait bien traiter. Jusqu'au numéro de décembre dernier, je lui ai fait lire certains articles.
— Et aujourd'hui ?
— Dès que j'ai eu fini de lire le numéro de décembre, j'ai annulé mon abonnement, affirma le témoin en faisant une grimace de dégoût.
— Pouvez-vous nous en donner la raison ?
— J'avais l'impression qu'on m'avait roulée dans la boue et que je ne pourrais jamais m'en laver. »

Sa voix trahissait une telle satisfaction de soi que Julia fut tentée de susciter en elle un éclat de colère, comme elle l'avait fait avec Roger Sillhorne. Mais elle se retint car elle savait que l'accusation saisirait alors l'opportunité d'interroger à nouveau le témoin. Elle se contenta de poser des questions sur la formation du témoin, qui lui apprit qu'elle avait passé le brevet avant de devenir sténodactylo.

« Je vous remercie », dit Julia d'une voix blanche mais polie, privant ainsi Miles Coopering de poursuivre l'interrogatoire.

Dans les tribunes du public, Flixe n'en revenait pas que Julia fasse si peu preuve d'initiative. Il était absurde de laisser croire au jury qu'elle ne pouvait rien opposer aux affirmations du témoin. Elle se demandait où l'accusation avait bien pu le dégoter.

Le juge ne donna pas le temps à Miles Coopering d'ouvrir la bouche.

« Monsieur Coopering, je remarque qu'il est près de midi trente. Je propose d'ajourner la séance jusqu'à cet après-midi.

— Mais comme il vous conviendra, monsieur le président, répondit Coopering en s'inclinant.

— Mesdames, messieurs, l'audience est levée !

— Dieu merci ! s'écria Ming en rejoignant la sortie. Quelle horreur, cette femme !

— Rien ne m'étonne. Cette histoire est montée de toutes pièces. Et la chaleur n'arrange pas les choses », répondit Connie en se passant un mouchoir sur le front.

Ratterley et Gerry les attendaient dans le couloir.

« Nous avons juste le temps de sortir manger un morceau. Est-ce que cela vous chante ?

— Entendu. Je n'ai pas très faim mais il vaut mieux que j'avale quelque chose. Est-ce que Flixe vient avec nous ?

— Je ne l'ai pas vue. Nous n'avons pas beaucoup de temps. Les tribunes du public ont une entrée séparée. Nous devrions la retrouver dehors. Sortons ! »

Flixe avait été arrêtée au passage par Mark Suddley alors qu'elle cherchait à sortir pour rejoindre les autres.

« Ne seriez-vous pas madame Suvarov ?

— C'est bien moi. Je suppose que vous êtes monsieur Suddley, répondit-elle d'un ton sec qui surprit Mark.

— Accepteriez-vous... Me feriez-vous l'honneur de déjeuner avec moi ?

— Non, répondit Flixe. Je suis attendue.

— Mais vous allez revenir ? »

Le ton outré qu'il avait pris incita Flixe à l'observer de plus près. Elle lut sur son visage les marques de son anxiété. Elle craignit de l'avoir mal jugé. Mais il avait trop fait souffrir Ming pour qu'elle déjeune avec lui.

« Évidemment. Vous permettez ? »

Il s'effaça mais tendit le bras pour lui barrer le passage.

« Est-ce qu'elle va bien ?

— Ming ? s'écria Flixe, les nerfs à vif. Non, elle ne va pas bien du tout. Elle se trouve dans une situation désespérée : elle se sent coupable d'avoir suggéré à Constance Wroughton de publier cet article, elle est terrifiée des conséquences qui pourraient en résulter, elle est profondément humiliée d'être mise au banc des accusés au même titre qu'un criminel et de risquer la prison au milieu des voleurs, des prostituées et des assassins. »

Mark la laissa passer sans ajouter un mot.

En débouchant dans la rue, Flixe chercha les autres du regard. Il n'y avait dans les alentours immédiats qu'un seul restaurant face au palais de justice. Elle traversa la rue. Ils n'y étaient pas.

« Une table pour une seule personne, madame ?

— Pardon ? demanda-t-elle. Ah ! mais oui, bien sûr. »

Elle avait beau détester déjeuner seule dans un restaurant sans même avoir avec elle un journal pour se donner une contenance, il était complètement idiot d'écumer les restaurants du quartier à la recherche de sa sœur.

Elle mangea sans prêter attention à ce qu'il y avait dans son assiette. A une heure vingt, elle avait repris sa place au tribunal. Les tribunes du public étaient noires de monde. L'idée qu'on se soit entassé là pour se gausser du malheur de sa sœur lui répugnait. Se sentant plus mal à l'aise que le matin, Flixe mit son état sur le compte du hachis et du chou qu'elle venait de manger. Elle surprit Mark Suddley en train de rejoindre sa place au bout du banc.

Pleine de compassion impuissante, Flixe baissa les yeux sur Ming et Connie assises au banc des accusés. Elle écouta pendant vingt minutes un médecin expliquer les effets désastreux de la littérature obscène ou pornographique sur les femmes et les enfants. Coopering ne commit pas deux fois la même erreur en demandant au témoin s'il jugeait ou non obscène *Histoire d'un amour perdu*.

Julia n'interrogea pas le médecin.

A la fin de son témoignage, Coopering dit :

« Monsieur le président, tels sont les chefs de notre accusation. »

Julia se leva et appela Ming à la barre.

Elles avaient longuement discuté pour savoir qui d'elles deux prendrait en premier la parole. On avait décidé que Ming aurait plus de chances d'attirer à elle la sympathie des jurés, tout particulièrement si l'accusation se comportait mal envers elle. Ming, qui comprenait le bien-fondé de cette analyse, n'en redoutait pas moins ce qui pourrait se produire.

Julia lui avait expliqué qu'elles avaient tout intérêt à soutenir que la publication de l'extrait avait été bénéfique pour le public, même si on le jugeait obscène, puisqu'il n'était pas possible de se défendre contre l'accusation d'obscénité. Ming et Connie avaient été horrifiées de constater qu'elles ne pouvaient prouver que certains ouvrages, dont nul ne s'était plaint, présentaient un caractère plus obscène que le leur. De même ne pouvaient-elles pas faire appel à des spécialistes qui auraient pu expliquer en quoi leur article ne constituait en rien une incitation à la débauche.

L'huissier conduisit Ming jusqu'à la barre pour qu'elle prête serment. Julia se dit qu'elle avait l'air très jeune et bien innocente avec son adorable visage pris sous son chapeau de paille. Sa silhouette la sauverait peut-être de la prison. En se tournant vers l'accusation, Julia vit que Roger rougissait.

« Mademoiselle Alderbrook, appela Julia de sa voix égale et apaisante, pourriez-vous donner à la cour les raisons qui vous ont décidée à publier un extrait d'*Histoire d'un amour perdu*?

— Bien sûr. Voyez-vous, monsieur le président, notre magazine est écrit pour des femmes qui sont tenues à l'écart de la vie publique du fait de leurs responsabilités familiales. Il arrive souvent que ces femmes se sentent terriblement coupées de l'actualité, du monde de l'art, de la politique et j'en passe. Notre mission a été de leur donner cette information chaque mois sous forme d'articles.

— Et quelle information cet article donne-t-il en particulier?

— Il permet essentiellement de situer le problème, répondit Ming qui commençait à se sentir mieux. Nous voulions, je voulais, donner à nos lecteurs la possibilité de cerner l'enjeu du comité sur l'homosexualité et la prostitution qui publiera un rapport prochainement. La plupart des femmes ignorent tout de l'homosexualité. Puisque le Parlement est sur le point d'examiner le statut juridique des homosexuels, il m'a paru important de lever un coin du voile.

— Je vous remercie, mademoiselle Alderbrook. »

Réconfortée d'avoir fait entendre à la cour ses raisons, Ming se retourna pour s'éloigner de la barre. Connie souriait en lui donnant raison. Les jurés avaient des visages aussi impassibles que ceux des gardiens.

« Un moment, je vous prie, mademoiselle Alderbrook », coupa net Coopering. Elle revint maladroitement à la barre. « Qui donc voulait publier cette traduction ?

— Moi, répondit-elle spontanément car elle ne voulait surtout pas qu'on évoque ici le nom de Max, jadis reconnu coupable d'homosexualité. J'ai moi-même rédigé l'introduction de cette traduction.

— Veuillez vous contenter de répondre aux questions. »

Le ton condescendant de Coopering lui fit froncer les sourcils.

« Êtes-vous mariée ?

— Non.

— Fiancée ?

— Non.

— Aimez-vous lire des romans ? »

Ne comprenant pas la tournure que prenait cet interrogatoire, Ming répondit oui avec prudence. Elle précisa :

« J'aime aussi les romans policiers, les romans du XIXe siècle et...

— Quels romans du XIXe ?

— Mon Dieu ! s'écria Ming qui sur le moment ne pouvait citer ni un titre de roman ni le nom d'un auteur. Eh bien, je dirais *Orgueil et Préjugés*, *Guerre et Paix* ou *Jane Eyre*.

— Merci. Des romans d'amour, quoi ! »

Comprenant la manœuvre, Ming se demanda comment faire pour la déjouer.

« Pas seulement, expliqua-t-elle d'une voix faiblissante. La bataille...

— N'est-ce pas un fait, mademoiselle Alderbrook, interrompit sans ménagements M. Coopering, qu'étant célibataire, et vos pulsions affectives ne pouvant s'exprimer ni auprès d'un mari ni envers des enfants, vous vous tournez vers la littérature pour assouvir un manque ?

— Si vous êtes en train de suggérer, monsieur Coopering... » s'exclama Ming avec rage.

Au même instant, elle croisa le regard de son avocate. Sans

faire le moindre signe, Julia réussit à la mettre en garde. Se souvenant que Julia les avait prévenues que l'accusation essaierait à tout prix de les faire passer pour des frustrées avides de pornographie, Ming continua d'une voix plus douce.

« Si vous êtes en train de suggérer que la lecture des romans me procure une forme de plaisir honteux, je vous assure que la réponse est non, affirma-t-elle avec calme.

— Je vois, dit-il en ricanant, et en faisant rire plus d'un membre du jury. Ne trouvez-vous pas qu'une dame devrait au contraire ignorer ce genre de sujets ?

— Je ne crois pas que l'ignorance d'aucun sujet convienne d'aucune manière à une dame douée de connaissances, répondit Ming en souriant, sûre de son fait.

— Êtes-vous en train d'expliquer qu'aucun écrit ne peut inciter à la débauche ? demanda l'avocat avec tant de suffisance que Ming sut qu'elle devait peser chacun de ses mots.

— Non, absolument pas, répondit-elle en voyant Julia se détendre. Il existe bel et bien des ouvrages à caractère pornographique qui constituent des incitations à la débauche pour le lecteur.

— Pourtant, vous maintenez que votre traduction n'appartient pas à ce genre d'ouvrages. J'avoue que j'ai un peu de mal à vous suivre.

— Vous m'en voyez navrée.

— Quelle définition donneriez-vous donc à la pornographie ? »

Ming resta si longuement silencieuse qu'il dut lui poser à nouveau la question.

« C'est un texte écrit dans le but d'exciter... sexuellement, dit-elle. L'extrait que nous avons fait paraître dans notre magazine ne correspond pas à cette définition. Il n'y a rien qui puisse...

— Avez-vous déjà lu un ouvrage pornographique ?

— Jamais de la vie, s'exclama Ming spontanément.

— Alors, comment pouvez-vous être certaine de reconnaître ce qui est pornographique et ce qui ne l'est pas ? Comment pouvez-vous affirmer que votre extrait ne l'est pas ? »

Après un moment de réflexion, Ming expliqua ce point.

« De la même façon que je n'aie jamais rien lu qui puisse inciter au crime, je suis certaine que je pourrais reconnaître un tel livre s'il me tombait entre les mains.

— Voilà qui n'est guère pertinent, mais je vous remercie, mademoiselle Alderbrook. »

Julia ne désirant pas poursuivre les questions, le juge ajourna la séance. Une fois de plus, Ming et Connie étaient libres de quitter le banc des accusés.

24

Flixe, pour avoir observé l'expression du visage de Mark Suddley lors de la venue à la barre de Ming et révisé son jugement à son égard, vint à sa rencontre lorsque le juge eut quitté le tribunal.

« Monsieur Suddley, veuillez excuser ma brusquerie de ce matin, dit-elle. J'étais folle d'inquiétude, mais cela n'excuse rien.

— Je comprends, répondit-il en lui serrant la main. Il est odieux qu'elle ait à supporter ces sortes d'insolences salaces. Je... », dit-il sans continuer, en haussant les épaules. Puis, un sourire aux lèvres, presque moqueur, plein de charme, il ajouta d'une voix d'écolier : « J'aurais bien aimé lui envoyer mon poing dans la figure.

— Voilà qui fait plaisir à entendre, remarqua Flixe en posant sa main sur son épaule. Viendrez-vous demain ?

— Bien sûr.

— Alors, nous pourrons peut-être déjeuner ensemble ? Je suis navrée pour aujourd'hui. Au revoir.

— Madame Suvarov ?

— Oui ? » demanda Flixe en se retournant.

Mark ouvrit la bouche, s'interrompit et hocha la tête.

« Rien, ce n'est rien. J'allais vous demander de l'embrasser pour moi mais je crois que...

— Vous avez raison. Vous devriez le lui dire vous-même.

— Passera-t-elle la nuit chez vous ?

— Je ne pense pas. Je lui ai proposé de venir à la maison cette semaine mais elle a préféré rester chez elle. Pourquoi ?

— Je voulais glisser un mot sous sa porte. Je ne veux surtout pas lui imposer ma présence en ce moment. »

Flixe était sur le point de lui dire que ses inquiétudes n'étaient pas fondées, d'autant plus que Ming avait besoin qu'on s'occupe d'elle. Mais elle savait qu'il valait mieux qu'elle ne se mêle pas de tout. Ming ne pardonnerait jamais qu'on force Mark à s'engager sans que cela vienne de lui-même.

« Bonne idée, remarqua simplement Flixe. Je dois m'en aller. A demain. »

Elle descendit l'escalier sonore pour rejoindre ses sœurs et Constance Wroughton qui l'attendaient.

« Bonjour, Flixe, dit Ming d'une voix assez tendue. Nous nous demandions si tu n'étais pas déjà partie.

— Je n'aurais jamais fait une chose pareille, ma toute douce, dit Flixe en prenant Ming dans ses bras. Je trouve que tu t'es comportée admirablement quand cet abruti s'est permis des insinuations idiotes. »

Elle eut plaisir à voir un sourire adoucir les traits tendus de Ming.

« C'est parce que tu as l'air jeune et malheureuse, poursuivit-elle. Il n'oserait jamais dire ce genre de chose à Connie.

— Heureusement ! Moi, je n'aurais jamais pu garder mon calme. Demain, ce sera mon tour.

— Alors, qui vient prendre le thé avec moi ? demanda Flixe d'une voix enjouée pour couper court à la remarque lugubre de Connie. Il faut que je rejoigne les enfants si je veux éviter une mutinerie. Heureusement que Nicholas boit maintenant au biberon !

— Très volontiers, répondit Gerry après avoir vu Mike lui faire signe que oui.

— Parfait. Et toi, Ming ?

— Je ne crois pas, Flixe. Merci tout de même. Je suis claquée. Je crois que je vais rentrer prendre un bain et me coucher. »

Avant que les autres aient le temps de protester et que Ming comprenne à leur expression qu'ils allaient tout essayer pour la faire changer d'avis, elle héla un taxi et donna son adresse. Elle fit de grands signes jusqu'au premier tournant, puis elle s'effondra sur la banquette, la tête rejetée en arrière. Elle était vidée de tout, tant de sa haine pour Roger que de ses angoisses pour ce qui devait arriver, et qui n'étaient plus qu'un souvenir détestable.

Elle sortit du taxi à Cheyne Walk, ouvrit la porte d'entrée, monta les escaliers en s'appuyant sur la rampe. Elle fut touchée de voir dans la cuisine une carte de sa femme de ménage posée contre la pendule. Elle s'empressa de traverser la pièce pour la prendre. Elle lut le message d'encouragement dans la pièce qu'illuminait le soleil couchant. Elle le reposa en souriant, puis se fit couler un bain.

A moitié endormie dans l'eau chaude, elle perçut le son aigu de la sonnette. Elle perdit l'équilibre. Ses pieds glissant sur les robinets contre lesquels elle avait pris appui, elle retomba dans son bain et eut de l'eau jusqu'au menton. Sa mise en plis fichue, elle s'assit dans sa baignoire et chercha de la main une serviette.

Une fois séchée, elle passa un peignoir pour aller ouvrir la porte. Il n'y avait plus personne. Elle trouva en revanche une grande gerbe de roses rouges. Certaine qu'il s'agissait d'un geste de Peter et Flixe, Ming ramassa le bouquet pour le porter à la cuisine. Elle jugea le geste très gentil mais inutile. Ne trouvant aucun vase assez grand, elle remplit d'eau un seau pour y mettre les fleurs avant de décider de leur sort. Elle défit la feuille de cellophane, le ruban rouge et le fil de fer qui présentaient les roses en éventail. Elle coupa les tiges puis plongea les roses dans l'eau jusqu'à la corolle.

En ramassant la cellophane, elle remarqua une enveloppe blanche agrafée au ruban. Elle reconnut l'écriture très particulière de Mark. Avec un frisson d'espoir et de crainte, elle la décacheta.

« Je suis avec toi de tout cœur. Ne te laisse pas abattre. Je t'embrasse. Mark. »

L'attention de Mark eut raison de toutes les défenses que Ming avait élevées pour se protéger de ce procès et du vide qu'il avait laissé dans sa vie. Ses jambes ne la soutenant plus, elle se laissa tomber sur une chaise rouge. Elle ne remarqua pas tout de suite que le fil de fer avec lequel elle jouait lui avait entaillé la main. Elle se passa les mains à l'eau, puis se servit un whisky allongé qu'elle but à petites gorgées.

Lorsqu'elle eut terminé son verre, elle s'assit dans son petit bureau pour écrire un mot de remerciement à Mark.

Mon cher Mark,
Merci de tes fleurs. Elles sont magnifiques ; et tu es magnifique de me les avoir adressées. Ce procès est un véritable cauchemar. Pour moi, quel réconfort de savoir que tu n'es ni choqué ni...

Ming s'interrompit pour trouver le mot juste. Sa pensée était comme paralysée. Elle fut tentée un moment d'ajouter « en colère » mais il n'avait aucune raison d'être en colère à cause du procès, quoi qu'il ait pu penser de ses articles politiques et de leurs conséquences sur sa carrière. Elle secoua son stylo-plume pour faire couler l'encre à nouveau.

... ni troublé par ce que j'ai publié. Ton soutien — et ton affection — signifient pour moi bien plus que je ne puis l'exprimer. Je serais très heureuse de te voir. Es-tu bel et bien revenu à Londres ? Je t'embrasse.
Ming.

Après avoir collé un timbre sur l'enveloppe, elle s'habilla en hâte pour mettre la lettre à la boîte avant la dernière levée, afin que Mark la reçoive avant la fin du procès.

A son retour, elle se prépara des sandwiches aux œufs durs et une tasse de lait chaud au sucre de canne. Le ventre rassasié par cette nourriture de bébé, elle se mit au lit avec un de ses livres préférés pour trouver le sommeil sans avaler un somnifère.

Le lendemain matin, le temps était humide et couvert. C'en était fini du chaud soleil de la veille. Ming regarda le ciel par la fenêtre. Elle décida de porter son tailleur bleu marine et un chapeau de feutre sombre. Elle arriva au palais de justice dans l'espoir d'y croiser Mark. Ses avocats arrivèrent avant qu'elle ait pu le voir.

« J'avais pensé interroger Connie en premier, expliqua Julia après qu'ils eurent tous échangé de leurs nouvelles. Je préfère commencer par le professeur car le témoignage de Connie reprend en gros les éléments du vôtre. Puis j'appellerai Connie à la barre et finirai par le docteur.

— Très bien. Bonne chance, dit Ming.

— Merci. Nous verrons comment ça se passe. Ne vous laissez pas aller. Vous avez été parfaite hier. N'ayez pas l'air agressive ou méprisante en écoutant nos témoins ou le contre-interrogatoire. Il faut plaire au jury sans pour autant sortir le grand jeu. Compris ? »

Ming acquiesça sans sourire.

« Connie arrive, dit-elle. Nous ferions mieux de rentrer. »

Le premier témoin de Julia était un homme d'âge mûr qui marcha à grandes enjambées jusqu'à la barre.

« Vous êtes bien George Dicton, n'est-ce pas ? demanda-t-elle en vérifiant ses notes.

— En effet.

— Pouvez-vous dire à la cour le métier que vous exercez ?

— Je suis professeur principal à l'école Blandfield de Nottingham.

— Quelles sont vos responsabilités ?

— J'enseigne. Par ailleurs, je suis responsable du bien-être des garçons de ma division.

— Vous voulez dire le bien-être physique ?

— Non, pas seulement. Je suis également responsable de leur bien-être moral et affectif. Leur bien-être spirituel est du ressort de l'aumônier. Enfin, j'enseigne les disciplines classiques.

— C'est-à-dire le latin, le grec et l'histoire ancienne, si je ne me trompe pas ? demanda Julia pour être sûre que le jury ne se méprenne pas.

— Oui, c'est bien ça. On fait aussi un peu de philosophie en terminale.

— *Le Banquet* de Platon vous est donc familier ? »

Avant que le témoin ait eu le temps de répondre, l'avocat de l'accusation se leva d'un bond pour s'écrier :

« Objection, monsieur le président ! Mon éminente consœur semble oublier que la défense n'est pas autorisée à discuter de l'obscénité relative d'autres ouvrages.

— Je n'en ai pas la moindre intention, monsieur le président, repartit Julia avec un grand sourire. Ma question concerne un fait tout différent. »

Le juge, qui ressemblait plus que jamais à un épervier, baissa les yeux vers Julia du haut de son siège. Elle se tenait debout, la tête légèrement baissée par déférence, mais le dos et les épaules droits.

« Je vous accorde quelque liberté, madame Wallington, mais je serais obligé de vous interrompre si vous deviez vous égarer sur des terrains glissants.

— Je vous remercie infiniment, monsieur le président, ajouta Julia avant de se retourner vers le professeur. Monsieur Dicton ?

— J'ai lu *Le Banquet*.

— Pourriez-vous rappeler à la cour le sujet de ce livre ?

— Il s'agit d'une discussion lors d'un dîner à Athènes à propos des diverses formes que peut prendre l'amour.

— Quelle en est la conclusion ?

— Venez-en au fait, madame Wallington », rappela froidement le juge.

Julia s'inclina. Gerry, qui à la différence de ses sœurs avait lu le livre, trouva injuste que l'accusation et le juge sachent pertinemment où Julia voulait en venir alors que peu de jurés le savaient.

« J'y viens : si l'enseignement de l'œuvre de Platon et des thèmes du *Banquet* est toléré au collège, il me semble tout aussi souhaitable que les mères des collégiens puissent les étudier. »

Le juge hochant la tête, Julia cita trois phrases en grec ancien. Impassible, le juge garda les yeux baissés. Coopering, quant à lui, semblait mal à l'aise.

« Pourriez-vous donner à la cour les sources et la traduction de ce passage, monsieur Dicton ? »

Le témoin, qui semblait aussi mal à l'aise que Coopering, garda le silence.

« Veuillez répondre, monsieur Dicton, dit le juge d'une voix ferme.

— Il s'agit d'un extrait du discours que tient Aristophane lors du banquet. En gros, il dit : Ces garçonnets et ces jeunes sont la crème de leur génération car ils sont les plus virils. Ceux qui disent qu'ils devraient avoir honte se trompent. Leur comportement n'est pas le fait de l'impudeur mais celui d'un esprit élevé, mâle et viril.

— Et qui sont ces garçonnets et ces jeunes gens auxquels il se réfère ? »

Après avoir jeté un coup d'œil au juge, puis à Miles Coopering, le témoin se passa la langue sur les lèvres avant d'expliquer simplement :

«Ceux qui préfèrent les hommes.

— Merci, monsieur Dicton», dit Julia en s'asseyant.

Ming et Connie se détendirent un peu tandis que Flixe attendait en haut dans les tribunes que Coopering interroge à son tour le témoin.

«Est-il vrai que l'esclavage était sous l'Antiquité le fondement de la société athénienne?

— En effet, répondit Dicton à nouveau détendu.

— Lorsque vous êtes en cours, éprouvez-vous quelque difficulté à faire la part des choses entre les aspects admirables de la civilisation grecque et ceux, au nombre desquels il faut compter l'esclavage, tout simplement barbares selon nos critères modernes?

— Pas du tout.

— Affirmeriez-vous qu'un élève qui étudie cette civilisation condamne spontanément le comportement chanté par Aristophane?

— Évidemment.

— Je vous remercie, monsieur Dicton. Veuillez ne pas partir.»

Julia ne jugea pas nécessaire d'interroger à nouveau le témoin. Elle prit encore quelques notes avant de faire appeler à la barre Constance Wroughton. Connie traversa lentement la salle du tribunal jusqu'à la barre. Elle prêta serment.

«Mademoiselle Wroughton, pourriez-vous donner à la cour les raisons pour lesquelles vous avez validé la publication de cet extrait dans votre magazine? demanda Julia.

— Certainement», répondit Connie d'une voix plus assurée que celle de Ming la veille.

Julia avait exactement déterminé à l'avance ce que Connie pouvait dire ou ne pas dire sur le sujet. Elle devait avant tout déclarer à la cour qu'elle désapprouvait personnellement l'homosexualité. Connie s'y était tout d'abord refusée, en rappelant à son avocate qu'elle témoignerait après avoir prêté serment. Julia lui avait alors expliqué certains faits de la pratique juridique.

«Puisqu'on ignore tout ou presque de ce très triste état, répondit Connie en récitant son rôle, je me suis dit que la publication d'un extrait de ce livre sensible pourrait remédier à cette ignorance.

— Espériez-vous pouvoir changer la loi relative à l'homosexualité ?

— Certainement pas, répondit Connie en feignant la surprise. Ce n'est pas aux particuliers d'en juger. Seul le Parlement est habilité à décider si un tel changement est souhaitable. »

Ming surprit Coopering en train de prendre des notes.

« Dois-je comprendre que votre but était de changer l'opinion du public sur ce sujet ?

— Même pas. Tout ce que je désirais faire en publiant cet extrait, c'était simplement poursuivre ce que nous avions déjà fait : informer nos lecteurs en les sensibilisant à de nouveaux horizons de réflexion. Il faut lutter contre l'ignorance. »

Une ombre passa sur le visage de Coopering qui modifia les notes qu'il avait prises.

« Je vous remercie, mademoiselle Wroughton », dit Julia en s'asseyant.

Son adversaire prit son temps pour se relever et remettre en ordre sa toge. Enfin, il regarda Connie droit dans les yeux.

« Pensez-vous personnellement que la loi devrait être modifiée ?

— Je n'en sais rien, répondit Connie en taisant malgré elle ses convictions. J'ai lu trop peu de chose sur la question pour me faire une opinion. Il est probable que j'en aurai une à vous donner après la publication du rapport du comité. »

Le visage de Julia se décontracta légèrement et le juge se cala plus confortablement dans son fauteuil.

« Dans ce cas, n'aurait-il pas mieux valu attendre que vos lecteurs puissent lire eux-mêmes le rapport ? Un rapport qui aurait été rédigé par un comité plus que compétent comprenant des docteurs, des juges auprès de la High Court, des parlementaires et d'éminentes personnalités religieuses.

— Je ne le pense pas.

— Ah oui ? Vraiment ? Et puis-je vous demander pourquoi ? » demanda Coopering qui retrouvait son ton méprisant.

En jetant un coup d'œil sur le jury, Ming eut plaisir à voir sur quelques visages une certaine défiance à l'égard de l'accusation.

« Parce qu'une information pure et simple comme les minutes

des délibérations d'un comité ne pourra jamais communiquer à un lecteur la réalité émotionnelle de l'homosexualité comme peut le faire un roman.

— Êtes-vous en train de dire à la cour que votre but était de sensibiliser les respectables citoyennes de ce pays à ''la réalité émotionnelle'' de ce crime révoltant ? »

Ceux qui connaissaient Connie, qu'ils soient assis dans l'enceinte du tribunal ou dans les tribunes du public, comprirent qu'elle se sentait faite comme un rat en la voyant froncer nerveusement les sourcils. Elle releva le buste et le menton pour ajouter :

« Plus exactement à la réalité émotionnelle d'un comportement humain connu depuis l'Antiquité, précisa-t-elle froidement.

— C'est vous qui le dites », trancha Coopering en s'asseyant.

Après que Connie eut quitté la barre, Julia appela un autre témoin, un psychanalyste. A sa demande, il expliqua les théories modernes de l'homosexualité.

« Est-il possible qu'un homme — ou qu'un enfant — devienne homosexuel à la suite d'une lecture ?

— Cela me paraît vraiment très peu probable, répondit le psychanalyste.

— Vous semblez donc dire qu'il reste une probabilité.

— L'homme est si complexe qu'il est toujours bien hasardeux de systématiser le comportement d'un être sur un million d'humains. »

Julia eut un grand sourire.

« Je suis prête à parier que mes clientes seraient ravies de voir augmenter leur tirage à un million d'exemplaires », dit-elle.

La plupart des jurés sourirent comme elle. Ming crut même voir un sourire se dessiner sur les lèvres du juge.

Profitant de ce que la cour se détendait un peu, Julia demanda au témoin si la perception de l'homosexualité avait ou non changé avec le temps.

« Constamment, répondit-il. Souvent de façon contradictoire. Dans l'Antiquité, l'homosexualité était considérée comme normale, voire admirable pour les Athéniens. Mais Justinien y voyait la cause des tremblements de terre !

— Proposition évidemment absurde, remarqua Julia.

— Guère plus que certains commentaires entendus aujourd'hui...

— Objection, monsieur le président ! s'écria Coopering en montrant quasiment le poing au témoin.

— Par ''aujourd'hui'', désignez-vous ce mardi 24 avril 1957 ?

— Bien sûr que non ! répondit le psychanalyste qui saisit la perche sans perdre de temps. Je voulais dire ''de nos jours''.

— Je vous remercie, docteur Gort », dit Julia en saluant gentiment son adversaire qui se rassit.

Le témoin suivant, appelé par Julia, était un libraire qui avait hérité de l'affaire familiale. Il expliqua à la cour qu'il avait commencé à travailler pour son père en 1918.

« Vous souvenez-vous d'un célèbre procès de ce genre en 1932 ?

— Oui, tout à fait. Le livre *The Well of Loneliness* fut l'objet d'un procès au terme d'une polémique dont la presse s'était faite l'écho.

— Vous rappelez-vous ce qu'on écrivait alors sur ce livre ?

— Le directeur du *Sunday Express* avait écrit qu'il aimerait mieux mettre une fiole d'acide prussique entre les mains d'un garçon ou d'une fille en bonne santé plutôt que le livre en question.

— Quel sort a-t-il connu ?

— A l'issue du procès, tous les exemplaires ont été brûlés. »

Julia remarqua que le jury et Miles Coopering l'observaient avec surprise. Elle réprima son envie de sourire.

« Et depuis, qu'est-il advenu du livre ?

— Il a été réédité il y a six ans et réimprimé depuis.

— A-t-on porté plainte ?

— Pas que je sache. Personne ne s'en est plaint à la librairie. Nous vendons le livre en petite quantité mais régulièrement. »

Julia le remercia. Coopering expliqua de mauvaise grâce qu'il ne désirait pas interroger le témoin. Avant que Julia fasse venir à la barre un nouveau témoin, le juge leva la séance pour le déjeuner.

Flixe et Mark Suddley se sourirent. Assis un rang derrière elle, il montra du doigt la porte. Elle hocha la tête. Il lui fallut bien cinq minutes pour sortir du premier rang. Il lui sembla qu'une dispute avait éclaté à l'autre bout de la rangée entre un vieux monsieur, qui voulait sortir, et une jeune femme rondelette, qui faisait tomber ses affaires en pestant. Pour finir, ayant ramassé son sac et ses gants, elle le laissa passer, lui et le reste des spectateurs à bout de patience.

Quand ce fut le tour de Flixe, elle murmura une excuse en se faufilant sur le côté. En passant, elle reconnut un certain parfum de violette. La coïncidence lui paraissait excessive mais elle se demanda si elle ne se trouvait pas nez à nez avec l'auteur des lettres anonymes adressées à Ming. Baissant les yeux, Flixe examina les mains de la jeune femme. Elle avait les ongles coupés court comme ceux d'un enfant et ne portait pas de vernis.

Chose étrange, Flixe était déçue. Elle s'empressa de rejoindre Mark.

« Excusez-moi de vous avoir fait attendre, dit-elle en descendant l'escalier. Mais une femme très curieuse a mis tout le monde en retard.

— Je sais, répondit Mark avec une grimace de dégoût. Elle était déjà là hier. J'ai trouvé qu'elle avait l'air heureuse de voir Ming au banc des accusés. C'est odieux !

— C'est le moins qu'on puisse dire. Elle doit faire partie de ces gens que le malheur des autres réjouit. Comme c'est triste ! Où aimeriez-vous déjeuner ?

— Cela m'est égal. Que proposez-vous ?

— Le restaurant en face n'est pas mal, mais il ne faut pas vous attendre à de la grande cuisine. »

Ils s'y rendirent et choisirent une table en terrasse. Le serveur prit leur commande avant de les laisser en tête à tête.

« J'ai trouvé que les choses se passaient mieux aujourd'hui », dit Flixe pour casser la glace entre eux. Il eut alors un sourire moqueur en remarquant :

« Ce qui est bien normal puisque seule la défense a parlé ! » D'un ton plus sérieux, il ajouta : « Mais vous avez raison. Je trouve que Mme Wallington fait un travail remarquable. Je ne l'avais rencontrée qu'à deux reprises précédemment, à l'occasion d'un bal puis d'un pique-nique, et...

— Et ? » demanda Flixe, avant d'ajouter, pour prévenir d'éventuelles critiques : « C'est une de mes meilleures amies.

— Je l'avais trouvée peu sûre d'elle. Je ne m'attendais pas à lui voir tant de souplesse dans son métier. »

On les servit. Flixe en prit prétexte pour ne faire aucun commentaire. Elle savait très bien ce que cachait l'humeur de Julia au bal des Attinger. Mais il lui semblait déplacé d'expliquer à Mark que Ming avait fait ce soir-là impression sur David.

« Au fait, l'avez-vous vue hier soir ?

— Mme Wallington ? demanda-t-il en levant les yeux de sa friture. Non.

— Ming ! Espèce d'idiot ! s'écria Flixe comme elle l'aurait fait avec l'une de ses sœurs.

— Non, j'ai pensé que ça ne serait pas très... judicieux.

— J'aimerais bien savoir pourquoi ! Elle était malade de ne plus vous voir. »

En levant sa fourchette, Mark fit tomber un goujon dans son assiette. Il retrouva son calme, piqua à nouveau le petit poisson qu'il avala. Il garda le silence.

« Vous avez bien dû finir par vous en rendre compte, poursuivit Flixe que le silence de Mark excédait. Elle m'a dit qu'elle vous avait écrit à Noël.

— C'est vrai, répondit Mark en ne révélant toujours rien. Mais elle est bien trop gentille pour ne pas se manifester auprès d'un ami qui vient de démissionner. C'est une des personnes les plus gentilles que j'aie jamais rencontrées.

— Dieu nous préserve des amoureux modestes ! s'écria Flixe pour susciter en lui des accents de sentiments sincères. Je me suis promis voilà plusieurs mois de ne pas me mêler de ce qui ne me regarde pas. Mais, si personne ne fait rien, vous allez passer vos vies à vous attendre. Je vous ai bien observé hier après-midi et j'ai pu voir combien ma petite sœur ne vous laisse pas indifférent.

— C'est vrai, répondit-il sans rougir.

— Alors, pourquoi ne l'avez-vous plus contactée depuis que vous avez annulé votre rendez-vous chez Searcy ? »

A cette question, il leva vers elle un regard buté sans répondre. Il hocha la tête mais ne dit pas un mot.

« Y a-t-il une autre femme dans votre vie ? »

Mark regarda Flixe droit dans les yeux. Elle se dit que ses yeux gris étaient les plus honnêtes qu'elle ait jamais vus, mais aussi les plus sévères en ce moment.

« Certainement pas.

— Ah! Ah! s'exclama Flixe, incapable de résister à un bon mot : alors, vous aussi, vous vous intéressez à la réalité émotionnelle. »

L'expression butée de son visage fit place à celle de l'amusement. Flixe se dit qu'en dépit de leurs problèmes, il pourrait être le compagnon idéal pour Ming. Il termina sa friture. Flixe patienta en prenant son potage, tâchant d'évaluer ce qu'il pouvait bien penser. Lorsqu'il fut évident qu'il ne voulait pas ou ne pouvait pas parler, elle revint à la charge.

« Qu'est-ce qui peut bien vous faire honte au point de ne pouvoir lui parler ? »

Mark, en reposant ses couverts, fit signe au serveur de débarrasser la table.

« Il n'y a rien dont j'aie honte... si ce n'est que je l'ai rendue très malheureuse.

— Ah! Ah! s'écria Flixe qui commençait à y voir clair. Je comprends. Et moi qui croyais que vous vouliez me tirer les vers du nez à propos de ma petite sœur et de ce qu'elle ressent pour vous!

— Je n'aurais pas dit les choses exactement comme ça, coupa-t-il sèchement. Mais il est vrai que je souhaite savoir comment elle va vraiment.

— Et peut-être aussi, ajouta Flixe d'un ton sarcastique, s'il y a un autre homme dans sa vie ?

— Cela aussi, répondit-il avec beaucoup de dignité. Si elle a trouvé quelqu'un la rendant plus heureuse que je n'aurais pu le faire, pour rien au monde je ne m'immiscerais entre eux. »

Ce fut Flixe qui rougit.

« Je vous prie de m'excuser. J'ai dépassé les limites, dit-elle. Il n'y a personne dans sa vie, que je sache.

— Vous n'avez pas à vous excuser. Merveilleux, on nous apporte le poulet. »

Ils mangèrent en silence jusqu'à ce que Flixe ait retrouvé son teint pâle. Elle lui demanda quel travail il aurait désormais après avoir quitté la fonction publique.

« Je me suis associé avec un homme avec qui j'étais à l'université. C'est un physicien qui a travaillé longtemps pour son plaisir sur la miniaturisation des ordinateurs. Nous cherchons des soutiens financiers pour en assurer la commercialisation. Je m'occupe des applications du produit et je deviendrai...

agent commercial, je suppose, dès que nous aurons quelque chose à vendre.

— Ça a l'air intéressant, dit Flixe d'une voix qui fit lever les yeux à Mark en souriant.

— J'ai l'impression d'entendre ma mère, remarqua-t-il. Elle trouve effrayant que j'aie pu abandonner une carrière dans laquelle je m'étais engagé depuis la guerre, au bénéfice d'une activité commerciale. Que croyez-vous que Ming en pensera ? »

Il parlait sur un ton dégagé, mais Flixe savait que cette question lui tenait à cœur. Elle n'en savait rien — ce qu'elle lui dit — mais elle ajouta :

« Est-ce la raison pour laquelle vous n'avez pas repris contact avec elle ?

— En partie.

— Je trouve que vous avez été assez injuste, car vous lui avez laissé croire qu'elle ne comptait plus pour vous. De plus, vous savez bien que pour elle on ne doit pas juger une femme d'après le statut de son mari. »

Il avait l'air si ahuri que Flixe précisa :

« Pensez à tous les articles qu'elle a écrits depuis des mois. Vous les avez bien lus ?

— Bien sûr ! J'ai lu tout ce qu'elle a écrit mais je n'y avais pas fait attention. Cependant, je vois ce que vous voulez dire.

— J'ai sans doute un peu exagéré, dit Flixe. Vous savez, je crois que vous avez voulu l'un et l'autre trop vous protéger de choses que vous feriez mieux de vous dire. »

Mark comprit qu'il ne lui servait à rien de s'efforcer de manger. Il repoussa sur le côté son assiette de poulet qu'il avait à peine touchée.

« De quoi m'a-t-elle donc protégé ? »

Flixe voulut ne rien dire, pour respecter sa décision de les laisser trouver leur propre chemin au sein du labyrinthe, mais, les sachant perdus, elle se décida enfin.

« Du fait qu'elle est follement amoureuse de vous ; qu'elle a été profondément blessée par votre apparent rejet ; qu'elle ne rêve que d'une chose, d'en revenir au point où vous la demandiez en mariage, pour essayer cette fois de mieux vous en tirer, sans plus vous blesser. »

Mark pâlit sous l'effet de la surprise, comme si Flixe l'avait frappé d'un coup de sac à main.

« Vous avez bien dû vous en douter, dit Flixe. Pour quelle raison sinon êtes-vous venu assister au procès ?
— David Wallington m'a dit qu'elle avait besoin de moi, expliqua-t-il simplement. Je ne pouvais pas rester à l'écart, mais je voulais en savoir plus avant de montrer le bout de mon nez, je ne voulais pas lui déplaire une fois de plus. Voilà pourquoi j'avais besoin de vous parler.
— A dire vrai, expliqua Flixe énergiquement, je pense que la seule chose qui pourrait lui déplaire serait de rester sans nouvelles de vous. Elle en a été malade, vous savez.
— Moi aussi, ajouta-t-il après un silence. Je...
— Ne me dites pas ça à moi. Dites-le-lui.
— C'est promis.
— Voilà qui est bien. Puisque vous ne pouvez pas venir à bout de ce poulet, il n'est pas nécessaire que nous commandions des desserts. Que diriez-vous de demander l'addition et de rentrer ? »

Mark éclata de rire.

« Je suis peut-être bien une espèce d'imbécile, madame Suvarov, mais vous n'êtes pas ma maman ! »

Flixe rit de bon cœur avec lui. Après avoir réglé, ils revinrent bons amis au tribunal. Elle tenta de persuader Mark de venir s'asseoir à côté d'elle car elle espérait que Ming le verrait en levant les yeux. Il refusa et retrouva sa place au fond des tribunes d'où il ne pouvait être vu.

Ming aperçut Flixe au moment où elle retournait au banc des accusés en compagnie de Connie. Elle sourit de la voir lui faire discrètement le V de la victoire. Gerry avait été dans l'incapacité de se libérer une seconde journée. Ming était très rassurée de savoir l'une de ses sœurs dans l'enceinte du tribunal.

Elle ressentait le besoin d'être réconfortée. Le dernier témoin appelé par Julia était un docteur. Il déclara pour commencer qu'il estimait bénéfique pour la société que les femmes soient informées de ce qu'il en est de l'homosexualité. Julia ne désirant pas l'interroger plus avant, la première question posée par l'accusation fut :

« Souhaiteriez-vous personnellement lire l'extrait publié par les accusées dans leur magazine ?
— Non. Je trouve le sujet répugnant. »

Piquée au vif malgré elle, Ming observa Julia de dos. Sachant que cette affirmation risquait de choquer ses clientes, Julia préféra les ignorer. Sa tâche était de gagner le procès, pas de ménager leurs sensibilités.

« Puis-je vous demander pourquoi ?

— Parce que tout ce qui traite de l'homosexualité me déplaît.

— Une fois de plus, puis-je vous demander pourquoi ?

— Je vous en prie : je considère que l'homosexualité est une perversion, qui fait injure au principe de la famille et de la santé, et qui va à l'encontre des lois de la nature. C'est un gâchis stérile.

— Je vois. Pour une fois, je me trouve en parfait accord avec l'un des témoins de mon éminente consœur », dit Coopering en cherchant à amuser le jury.

Certains jurés sourirent. L'un d'eux éclata de rire.

« Dans ce cas, pourquoi donc avez-vous déclaré que vous estimiez bénéfique cette publication ?

— Je m'en suis déjà expliqué, répondit le docteur un peu irrité.

— Auriez-vous l'obligeance de vous expliquer à nouveau ? Certains d'entre nous n'y voient pas très clair, expliqua Coopering.

— Je désapprouve fondamentalement la pratique physique de l'homosexualité, mais je crois que l'ignorance totale de cette réalité n'est pas dans l'intérêt général.

— Malgré les conséquences que cela peut avoir sur certains lecteurs sensibles ?

— Oui.

— C'est votre opinion ? » demanda Coopering de nouveau sarcastique.

Il donnait l'impression de faire face à la seule chose qu'il n'avait pu prévoir. Il essayait donc de sauver la face.

« On m'a bien demandé d'exprimer mon opinion, que je sache, dit le médecin avec calme.

— Je vous remercie. »

Coopering s'assit. Julia se leva d'un bond. Flixe ne comprenait pas pourquoi celle-ci semblait un peu nerveuse.

« Pouvez-vous expliquer à la cour les raisons qui vous font dire que l'ignorance d'un tel sujet n'est pas souhaitable ?

— Quiconque aura été comme moi un praticien de médecine générale depuis de longues années aura soigné un nombre impressionnant de femmes hystériques et de garçons troublés. Depuis mes débuts, et d'après mon expérience de la folie et du désarroi des hommes, je puis affirmer que l'exacte information des faits permet d'éviter un grand nombre d'idées fantasques, aussi déplaisantes que préjudiciables. »

Julia le remercia. Avant de se relever bien droite face au jury, elle mit au clair ses notes éparses. Certains jurés avaient les yeux dans le vague ; la femme au foyer semblait très inquiète ; mais cinq d'entre eux au moins donnaient l'impression d'être à l'écoute et de faire preuve même d'une certaine sympathie.

« Mesdames et messieurs les jurés, dit Julia en leur souriant sans faire preuve ni de paternalisme ni de mépris, vous venez d'entendre ces deux derniers jours bien des dépositions contradictoires. En peu de temps, vous aurez à distinguer ce qu'il faut croire de ce qu'il faut écarter pour déterminer la vérité de ce procès. »

Tous les jurés, même ceux qui avaient donné l'impression de prendre sans conviction des notes ou de bâiller d'ennui, se tenaient maintenant bien droits et écoutaient d'une oreille attentive.

« Mon éminent confrère vous a demandé de prendre en compte les conséquences des cinq mille mots extraits d'*Histoire d'un amour perdu* sur un jeune garçon feuilletant le magazine de sa mère. J'aimerais faire appel à vos souvenirs, messieurs, et à votre imagination, mesdames. »

Les deux femmes jurés sourirent à Julia.

« Quelle probabilité y a-t-il réellement qu'un jeune garçon ou qu'un jeune homme ait l'intention de feuilleter l'un des magazines de sa mère ? Je suis moi-même mère de famille et j'imagine bien difficilement mon fils en train de faire une chose pareille. »

Ming ouvrit de grands yeux. Sachant que le fils de Julia n'avait que cinq ans, elle lui donna presque tort de présenter les choses ainsi. Mais, en observant les jurés, elle put remarquer que la plupart d'entre eux avaient favorablement interprété cette remarque.

« N'est-ce pas que cette image fait sourire ! poursuivit Julia. Si je l'ai utilisée, ce n'est pas pour vous faire rire mais pour mettre le doigt précisément sur l'un des enjeux dont il est ici question. Vous n'avez pas à décider de ce que vous pensez de l'homosexualité ; vous n'avez pas à décider de ce que vous pensez des lois actuelles qui la régissent ; vous n'avez pas à décider si les cinq mille mots publiés par mes clientes sont déplaisants, répugnants, voire révoltants. Tout ce dont vous avez à décider, c'est si oui ou non ils représentent pour les gens qui les liront une incitation à la débauche.

« Lors d'un procès plaidé ici il y a plus de deux ans, le juge, en résumant les faits, a demandé au jury de déterminer qui pourrait bien être incité à la débauche par le livre incriminé. Suggérant au jury l'exemple d'une fillette de quatorze ans, il posa la question de savoir si l'on devait ou non fonder les catégories de la décence en littérature d'après ce qu'une fillette de quatorze ans pourrait lire ou non. Dans le procès qui nous intéresse, la question à poser est, je le suppose, ce que peut lire ou non un garçon de quatorze ans. »

Ming surprit Miles Coopering en train de prendre des notes.

« Si tel était le cas, poursuivit Julia avec détermination, que pourrions-nous tolérer de publier dans un magazine destiné aux femmes mariées ? On ne pourrait parler de l'accouchement car cela risquerait d'inquiéter un petit garçon. Ni de l'amour conjugal, ce qui serait illégal. Il serait bien difficile de traiter de la santé des femmes et en particulier de leurs problèmes menstruels. En réalité, si nous prenons pour référence ce garçon imaginaire, j'ai bien peur que nous ne devions composer tous les magazines féminins sur le modèle du *Journal de Mickey*. »

Les rires fusèrent dans les tribunes du public. Coopering prit à nouveau des notes.

« J'ai volontairement poussé jusqu'à l'absurde le raisonnement que l'on peut tenir d'après la suggestion du juge, précisa Julia pour couper l'herbe sous le pied de Coopering. Mais il me semble absurde de commencer par une telle suggestion. Et quand bien même notre garçonnet imaginaire feuilletterait le magazine de sa mère, et lirait un à un les articles précédant la traduction d'*Histoire d'un amour perdu*, que lui arriverait-il ? Vous avez entendu le docteur Gort nous déclarer que la lecture d'un article comme celui qui nous occupe exclut la possibilité de déclencher un comportement homosexuel. Si c'est vrai, il est difficile d'imaginer qu'il puisse inciter autrement à la débauche.

«Cette lecture peut choquer, même s'il est difficile de le croire. Et même, au cas où elle choquerait, que se passerait-il? Serait-ce si horrible que ça? Si l'on est fréquemment choqué et révolté par ce qu'on peut lire dans la presse, qui se plaindrait jamais d'avoir été corrompu à la suite de ce choc?

«Vous avez entendu la déposition d'un témoin déclarant que ses élèves n'éprouvaient aucune difficulté à distinguer les aspects admirables de la civilisation grecque, comme la démocratie, de ceux qu'il convient de réprouver, comme l'esclavage ou l'homosexualité. S'il dit vrai, pourquoi leur serait-il plus difficile de faire la même distinction en lisant ce magazine?»

Julia marqua une pause, à la fois pour boire un verre d'eau et pour donner au jury le temps d'assimiler ce qu'elle venait de dire.

«Par ailleurs, ne peut-on penser que leurs mères sont également capables d'établir cette distinction? Quel monde étrange, mesdames et messieurs les jurés, que celui dans lequel les garçonnets seraient autorisés à juger ainsi l'homosexualité tandis que leurs mères ne le seraient pas!»

Pour la première fois, la femme au foyer sembla tout à fait résolue.

«Mesdames et messieurs les jurés, l'étranger fréquemment nous montre du doigt en nous taxant d'hypocrisie. Démentez aujourd'hui de telles moqueries! En rendant votre verdict, vous avez le pouvoir de vous présenter comme des hommes et des femmes honnêtes et raisonnables ayant à cœur de refuser l'hypocrisie et l'hystérie.»

Julia s'assit. Connie fut sur le point d'applaudir. Ming tenait ses mains contre elle pour ne pas trembler. Elle se passa la langue sur les lèvres.

Miles Coopering se leva.

«Mon éminente consœur, dit-il de sa voix profonde en saluant Julia, vous a implorés de lutter contre l'hypocrisie en reconnaissant la liberté de publier le récit d'un comportement révoltant. Quelles que soient les normes en vigueur en Europe, le caractère sacré de la famille garde la primauté dans ce pays. Désirons-nous vraiment que nos foyers, nos familles et nos enfants soient corrompus par les saletés qu'on peut lire dans le magazine des accusées? Je ne doute pas, mesdames et messieurs les jurés, qu'en qualité d'honnêtes citoyens de cette nation vous répondiez par un ''non'' énergique à cette question.

« Dans ce pays, l'homosexualité est bannie par la loi ; c'est un sujet dont il ne saurait être question dans les maisons respectables. Le magazine qui publie cet extrait est destiné, selon les termes mêmes de la défense, précisément à ce genre de foyers. Et dans ces foyers, on enseigne à de jeunes enfants le comportement civilisé qu'ils devront adopter à l'âge adulte. Peut-on trouver un lieu qui convienne moins à ces sortes de débats portant sur des crimes révoltants ?

« Une fois encore la réponse de l'honnêteté est ''non''.

« Mon éminente consœur a subtilement tenté de vous persuader que le thème de l'homosexualité n'est pas si grave que cela en renvoyant à l'un des très rares textes classiques qui y fasse référence, de façon admirable d'ailleurs. Ne vous laissez pas aveugler. Chaque élève, et sur ce point, chaque mère et chaque sœur d'élève, n'est pas sans savoir qu'au cours de l'histoire des faits épouvantables ont eu lieu, sur lesquels on a fermé les yeux, allant parfois jusqu'à les admirer. Ainsi, on apprend aux élèves de ce pays à admirer la reine Elizabeth Ire. On sait pourtant que sous son règne on brûlait sur le bûcher les catholiques romains et qu'on torturait de façon barbare à tour de bras. Tout enfant peut sans peine comprendre quelles actions de la reine sont à admirer et quelles autres doivent être condamnées.

« Mme Wallington a dit qu'un tel enfant n'aurait aucune difficulté à distinguer dans un magazine moderne l'admirable du réprouvable. Mais c'est là une question absolument différente, car il n'existe aucun lien entre les barbaries du passé et les ordures du présent, comme cet article, qu'on vous demande de condamner.

« Car vous devez le condamner, mesdames et messieurs les jurés, si l'on veut assurer aux enfants de ce pays l'éducation honnête et la sécurité qu'ils sont en droit d'avoir. »

Flixe, qui était assise sans pouvoir rien faire dans la tribune du public, trouva tout à fait injuste que Julia n'ait pas la possibilité de réfuter les propos de son adversaire. En baissant les yeux vers le juge, elle se demanda s'il le ferait pour elle auprès des jurés. Elle était très déprimée.

« Mesdames et messieurs, l'audience est levée ! »

Flixe, si profondément perdue dans ses pensées, n'avait pas remarqué que le juge avait ajourné la séance. En regardant sa montre, elle vit qu'il était presque cinq heures moins le quart. Il avait dû décider de prolonger la séance au lieu de la lever à quatre heures selon l'usage, pour donner le même poids aux conclusions de l'accusation qu'à celles de Julia. Elle en oublia un peu sa tristesse et chercha Mark du regard.

Il était déjà parti. Flixe traîna, en espérant que Mark avait raccompagné Ming en l'assurant de ce dont elle avait le plus besoin. Mais en rejoignant le rez-de-chaussée, elle vit que Connie et Ming l'attendaient.

« Où sont passés les avocats ? demanda-t-elle en les rejoignant.

— Partis. Il n'y a plus rien à faire maintenant, dit Connie. Et si nous allions prendre le thé, Ming ?

— Bonne idée, répondit Flixe en observant sa sœur. Allez, viens donc, Mingie. Nous allons prendre un taxi. »

Flixe demanda au chauffeur de la déposer devant chez Lavell, le confiseur de Kensington High Street. Elle dit aux autres qu'elle les rejoindrait à pied.

« Non. J'ai envie de venir avec toi, expliqua Ming en se disant qu'elle risquait de se confondre en excuses, ou de tirer des plans sur la comète sur ce qui risquait de se passer le lendemain, si elle restait en tête à tête avec Connie.

— Nous allons rester ensemble », déclara Connie en payant le taxi.

Elles entrèrent dans la boutique tout illuminée. Flixe choisit un petit assortiment de bonbons pour faire plaisir à ses filles et une boîte de chocolats pour Brigitte qui n'avait pas ménagé ses forces ces jours derniers.

Pendant ce temps, Ming avait décidé d'acheter une livre de bonbons acidulés. Elle n'en avait pas mangé depuis l'enfance, mais elle se dit que ces bonbons pourraient peut-être apaiser son inquiétude. On les pesa avant de les faire glisser dans un sachet blanc.

« Merci », dit-elle à la vendeuse en lui donnant de l'argent.

Les trois jeunes femmes marchèrent jusque chez Flixe.

Les enfants leur firent la fête. Ming eut le cœur réchauffé par leurs mines réjouies.

« Est-ce que tu veux bien t'asseoir à côté de moi, tante Ming ?

demanda Fiona en glissant sa main poisseuse dans celle de Ming.

— Et moi ? » demanda Sophie en lui tirant sur le bras.

Le sachet que Ming tenait à la main tomba par terre et se déchira. Le contenu s'éparpilla.

Sophie leva avec inquiétude les yeux vers sa tante. Ming lui sourit et s'agenouilla pour ramasser les bonbons. Ses nièces l'aidèrent. Fiona en mit un dans sa bouche.

« Ne fais pas ça, dit Ming gentiment. Il est tombé par terre. Tu ne dois pas le manger. »

L'enfant obéit et recracha le bonbon dans la main que Ming ouvrit devant elle. Ming jeta à la corbeille le bonbon poisseux. En se frottant les mains avec son mouchoir, elle reconnut le parfum de ces bonbons.

« Flixe ! s'écria-t-elle, sens-moi ces bonbons acidulés ! »

Flixe prit des mains de Sophie le paquet de bonbons pour le sentir.

« Ah ! Ah ! Voilà qui sent comme du vernis à ongles mais qui n'en est pas ! Bien joué, Ming ! »

25

Ils se retrouvèrent tous le lendemain matin au tribunal. Connie avait décrété qu'elle et Ming devaient s'habiller comme pour un triomphe. Elle avait choisi de porter une jupe et un manteau vert pomme, un petit chapeau noir, des chaussures vernies et un sac assorti.

Ming, incapable d'oublier que la journée pourrait fort bien se terminer en cellule, dut s'obliger à ne pas porter des vêtements de deuil. Elle finit par jeter son dévolu sur une petite robe de printemps et une veste de tweed. Le tissu, argenté plus que gris, mettait en valeur ses perles et son teint. A la dernière minute, elle épingla à son revers l'une des roses offertes par Mark à l'aide d'une broche que sa marraine lui avait donnée le jour de son baptême.

En arrivant au tribunal, Ming vit que Gerry avait retrouvé sa place à côté de Monsieur Ratterley et Flixe la sienne dans les tribunes.

Sans que Ming en sache rien, Flixe avait apporté dans son sac un sachet de bonbons acidulés. Elle arriva volontairement en retard afin de pouvoir se ménager une petite place aux côtés de la jeune femme qui se parfumait à la violette.

« Excusez-moi, chuchota Flixe en s'asseyant. Impossible d'avoir un bus ce matin ! Il y avait tellement de monde. Est-ce que je prends trop de place ?

— Mais non, répondit la jeune femme. Je peux bien me pousser un peu.

— On se connaît ? demanda Flixe avec un sourire engageant. Est-ce que ça vous plaît ?

— C'est bien trop répugnant. »

Flixe simula une quinte de toux.

« Veuillez m'excuser mais il y a tellement de poussière dans la rue, dit-elle en fouillant dans son sac. Vous en voulez un ? Ils sont très bons pour la gorge. »

Le visage rondelet de la jeune femme s'illumina d'un sourire en prenant un bonbon.

« Eh ben, merci bien ! » s'écria-t-elle en prenant pour la première fois une jolie expression qui l'avantageait.

Pourtant, quelque chose dans sa voracité renforça les soupçons de Flixe.

« Mesdames et messieurs, la Cour ! »

Debout entre Connie et les gardes, Ming, baissant les yeux vers le barreau, surprit le visage carré de Roger Sillhorne. Il avait l'air si satisfait de sa personne qu'elle sentit toute la haine qu'elle éprouvait envers lui. La puissance de son ressentiment l'étonna. Roger leva les yeux, croisa le regard de Ming et comprit ses pensées. Il lui lança un regard plein de défi qu'elle lui connaissait bien. Pour une fois, elle ne redoutait pas la haine de quelqu'un. Seule sa propre haine envers lui comptait.

En voyant le grand corps du juge s'asseoir, Ming pensa tout à coup que la ruine de la carrière de Roger pesait peut-être dans la balance. Si Connie et elle gagnaient le procès, et si les frais de procédure n'étaient pas pris en charge par la Couronne, alors Roger aurait à les payer. Hormis son salaire de parlementaire, il n'avait pas de fortune personnelle.

Un peu de pitié contrebalança la haine que Ming ressentait pour lui.

« Mesdames et messieurs les jurés, dit le juge, ressemblant plus que jamais à Horus, bien que les aboutissants de ce procès soient simples, votre tâche n'en est pas moins difficile. Il est de votre devoir de décider si un crime ou non a été commis. Afin de vous aider dans votre jugement, je vous rappellerai brièvement les faits.

« L'accusation a allégué que la traduction d'un extrait du roman français intitulé *Histoire d'un amour perdu*, qui a été publiée par le magazine appartenant aux accusées, *La Nouvelle Ère*, présente un caractère obscène, à savoir qu'elle représente une incitation à la débauche pour qui serait amené à la lire.

« En aucun cas, vous ne devez décider si l'article en question est déplaisant, vulgaire ou de mauvais goût. Cela ne constitue en rien un crime. Si l'on publie chaque jour des choses que nombre d'entre vous réprouvent, il n'entre pas pour autant dans la juridiction de ce tribunal de juger une question de goût.

« Dans votre décision, vous ne devez pas prendre en compte des ouvrages que vous auriez lus et qui vous sembleraient soit plus obscènes soit moins obscènes que cet article. Il n'est pas reconnu à la défense le droit de renvoyer à une autre publication pour établir la comparaison.

« La défense a allégué que la publication de ce texte avait été faite au bénéfice du public dans la mesure où son but était de faire toute la lumière sur un sujet dont se saisira prochainement un comité du Parlement. A vous de décider si cela est vrai ou pas. Si cela est vrai, vous serez en mesure de rendre un verdict d'acquittement reconnu par la loi.

« Telle est votre tâche, mesdames et messieurs : décider qui lira probablement cette publication ; si elle constitue une incitation à la débauche ; et si l'information du plus grand public ne l'emporte pas sur toute autre considération.

« Des exemplaires de cette publication vous seront remis. Il est de votre devoir de la lire une fois de plus, en prenant tout le temps dont vous aurez besoin, en vous rappelant l'ensemble des dépositions que vous avez entendues avant de rendre votre verdict. Veuillez m'interroger sur tout point juridique qui pourrait vous sembler obscur. Je m'emploierai à vous l'expliquer. »

Les trois femmes et les neuf hommes sortirent des bancs en traînant les pieds et en prenant avec eux des numéros de *La Nouvelle Ère*. Après leur départ et celui du juge, l'assistance se détendit. Julia se pencha sur le côté pour échanger avec son adversaire des propos aimables. Il sourit et sembla acquiescer à quelque chose qu'elle venait de dire.

Flixe se leva pour quitter la place qu'elle avait occupée auprès de la jeune femme qu'elle soupçonnait pour rejoindre la rangée du fond où Mark était assis.

« Quelle est votre impression ? » demanda-t-elle.

Il hocha la tête en se passant les mains dans les cheveux. Flixe se dit qu'il n'avait pas dû fermer l'œil de la nuit.

« Je n'en sais rien.

— Je descends pour voir si je peux lui parler. Voulez-vous m'accompagner ? Montrez-lui au moins que le verdict vous importe peu, dit Flixe en reconnaissant sur le visage de Mark une expression qui pouvait être celle du bonheur.

— Elle sait bien que je me fais du souci pour elle et que le verdict n'y pourra rien changer, déclara-t-il avec assurance.

— Ah ? s'exclama Flixe en se disant qu'ils avaient dû reprendre contact. J'en suis contente. Je descends. Puisque vous restez ici...

— Oui ? interrogea Mark, les yeux pétillants de malice.

— La jeune femme qui semble en vouloir personnellement à Ming est revenue aujourd'hui. Pouvez-vous essayer d'en savoir un peu plus sur elle ?

— Je peux toujours essayer, répondit Mark tout surpris. Je vous promets de faire de mon mieux. »

Flixe rejoignit Ming qui était sagement assise dans le hall. Connie faisait les cent pas. Ming pouvait à peine bouger. Elle croisait les jambes, son sac et ses gants sur les genoux. Elle semblait aller mal mais elle se tenait bien droite. Flixe reconnut le courage que Peter n'avait jamais cessé de voir en elle.

« Alors, demanda Flixe en s'asseyant à côté de sa sœur, à quoi penses-tu ?

— Lors d'un des entretiens qui précédèrent le procès, Julia nous avait dit qu'un jury suit généralement les indications que lui donne le juge dans une affaire pour obscénité. Mais si le juge les renvoie à leur propre pouvoir de décision, les jurés ne se mettent pas d'accord. On ne pourrait imaginer de discours plus impartial que celui que nous venons d'entendre.

— Mieux vaut un désaccord qu'une condamnation, remarqua Gerry qui était assise contre Ming.

— En principe, oui. Mais dans la réalité, si les jurés ne s'accordent pas sur le verdict, il faut refaire un procès. Les frais de ce procès seront bien assez lourds comme ça. Au deuxième procès, nous sommes ruinées.

— Et puis, c'est une question de chance, remarqua Flixe. Je n'ai jamais été juré mais des amis m'ont raconté sur quoi on fondait un verdict : c'est terrifiant !

— Tu me rassures. Merci, Flixe, dit Ming avec un sourire ironique.

— Mon Dieu ! s'écria Flixe devant sa propre maladresse. Je ferais mieux de me taire. »

Ming éclata de rire.

« Pauvre Connie ! dit-elle en observant la longue silhouette de son amie à l'autre extrémité du hall.

— Elle n'est pas plus à plaindre que toi, s'exclama spontanément Gerry.

— Ce n'est pas vrai, repartit Ming en souriant à sa sœur aînée. Elle a créé ce magazine pour Max. En cas de faillite, elle se sentira responsable de ce second échec pour lui. Tout n'est pas grave à ce point dans mon cas. Il n'y a que moi que ça concerne et un débouché tout prêt pour mes articles. Voilà ce que je perdrai. Je devrai travailler un peu plus pour les faire publier ailleurs, c'est tout. »

Gerry avait l'air si désemparée que Ming se sentit obligée de rire doucement.

« Je te l'ai dit cent fois, Gerry, je ne suis plus une enfant, je n'ai plus peur. Enfin, j'ai moins peur qu'avant. Même de la prison. On verra bien ce qui arrivera et je saurai m'en arranger.

— Bravo ! »

Contre toute attente, l'interjection était de Ratterley. Il tendit à Ming une main qu'elle accepta avec étonnement.

« J'aimerais pouvoir vous garder comme conseillère auprès de nos clients pour savoir comment se comporter lors d'un procès. J'ai rarement vu faire preuve de tant de bon sens, ou si je puis me permettre, de tant de bonnes manières. Vous êtes, ainsi que Mlle Wroughton, un exemple splendide de... un exemple splendide !

— Je suis très touchée, répondit Ming. Puis-je répéter vos paroles à Connie ?

— Si vous le jugez bon », eut-il à peine le temps de dire.

L'huissier leur faisait signe en ouvrant les portes.

« Connie ! » s'écria Ming.

Elle sourit à ses sœurs.

« Du nerf ! chuchota Connie en rejoignant le banc des accusés.

— Bonne chance, mesdemoiselles », murmura l'un des gardes.

Ravie mais surprise, Ming n'eut pas le temps de réagir. Les jurés regagnèrent leurs places en traînant les pieds. Ne sachant qu'en penser, Ming remarqua toutefois qu'ils avaient l'air satisfaits d'eux-mêmes.

L'expression «Mesdames et messieurs, la Cour!», devenue familière, résonna pour la dernière fois dans l'attente du juge.

«Mesdames et messieurs les jurés, dit l'huissier, êtes-vous en mesure de rendre un verdict?

— Oui, répondit le porte-parole du jury.

— Quel est le verdict?»

Flixe, assise à côté de Mark, la main gauche crispée, respirant avec difficulté, s'étonna du calme apparent que gardaient Ming et Connie.

«Les accusées sont déclarées innocentes.»

Au comble de la joie, Ming était incapable de saisir ce qui se passait autour d'elle. Agrippée à la barre, elle fut prise d'étourdissements. Avant de se retirer, le juge dit quelque chose qu'elle ne put jamais se rappeler. Les gardes la félicitèrent. Connie l'embrassa. Ming embrassa Julia et serra la main de Ratterley. Gerry serra Ming dans ses bras. Roger la toisa du regard un long moment.

Ses yeux sombres étaient pareils à deux trous au milieu de son visage blanchâtre. Ses lèvres étaient crispées en un rictus morbide. Il avait l'air désespéré. Il fut soudain caché par quelqu'un.

Ming parvint malgré tout aux portes ouvrant sur le vestibule où l'attendait Flixe. Elle aussi la serra dans ses bras.

«Il faut fêter cela, dit Connie. Ming, qu'est-ce qui vous ferait plaisir?»

Ming fut bien la seule à ne pas entendre l'invitation. Elle regardait par-dessus l'épaule de Flixe, semblant chercher quelqu'un des yeux. Flixe fit un pas en arrière, de profil reconnut Mark, et s'empressa de dire :

«En fait, comme je l'ai dit ce matin au téléphone à Ming, j'ai préparé un déjeuner de fête à la maison. Peter nous attend tous. Alors, est-ce que vous venez?»

Tous acceptèrent. Flixe les pressa d'avancer. Elle rappela discrètement à Ming quelque chose.

«Mark? demanda Ming d'une voix timide et cassée.

— Mes félicitations », dit-il en s'immobilisant à quelques pas d'elle.

Ming s'avança avec difficulté comme si elle s'empêtrait dans des paquets d'algues. Il prit les mains qu'elle lui tendit.

« Ming, murmura-t-il d'une voix tremblante. Ça va? demanda-t-il maladroitement.

— Oui. Mark, quittons cet endroit. »

Ensemble, ils sortirent d'Old Bailey pour retrouver les autres. Flixe les avait fait monter dans un taxi qui roulait déjà vers Kensington. Ils regagnèrent à pied les berges de la Tamise. Aux abords de Blackfriars, Ming s'immobilisa pour demander à Mark :

« Où allons-nous ? »

Il regarda autour de lui, comme s'il venait de se réveiller, et hocha la tête.

« Je ne sais pas. Peu importe d'ailleurs. Ming, ma chérie, je ne peux t'exprimer...

— Quoi donc? demanda-t-elle doucement. Tu n'as pas à te sentir obligé mais...

— Je veux bien tout te dire si tu peux le supporter. Mais je voulais seulement te dire quel enfer ce fut d'assister, sans pouvoir t'aider, à tout ce que tu viens de vivre.

— Tes roses m'ont aidée, dit-elle en caressant du doigt la fleur épinglée à son revers. Elles m'ont beaucoup aidée.

— J'en suis heureux, dit-il en se retenant pour ne pas la prendre dans ses bras. Ming, il y a tant de choses que j'aimerais te dire, et te demander aussi, mais je sais que ta sœur t'attend. Veux-tu que je t'accompagne jusque chez elle ? Nous pourrions parler en chemin. Ou préfères-tu que nous nous retrouvions plus tard ?

— Pourquoi pas plus tard ? J'ai l'impression que nous avons besoin d'avoir du temps devant nous, en tous les cas plus que le temps que prendrait une course en taxi jusqu'à Kensington.

— Tu as raison. A quelle heure? Non, on dîne ensemble ou tu restes en famille ?

— Je préfère passer la soirée avec toi, répondit-elle tout simplement. Mais je dois filer chez Flixe sur-le-champ. Elle a tout prévu. Où nous retrouvons-nous ce soir ?

— Pourquoi ne pas retourner au Relais du Lierre? Nous

y avions passé une si agréable soirée avant de nous rendre chez les Attinger.

— Je préférerais un nouvel endroit, dit Ming, incapable de raisonner son besoin d'oublier les lieux dans lesquels ils étaient déjà allés ensemble. J'aime beaucoup ce restaurant mais je trouve que ce serait mieux d'innover.

— Entendu. On reprend tout du début. Et que penses-tu de Stephano dans Dean Street ? On en dit le plus grand bien.

— J'y serai à sept heures et demie. Merci d'être venu au tribunal aujourd'hui... et d'être celui que tu es. »

Il effleura très délicatement son visage de sa main gantée. Puis il se retourna pour héler un taxi. Il se sentait jeune et comme ivre. Il se demanda comment il pourrait bien tuer le temps jusqu'à sept heures et demie. Il imaginait ce qu'elle lui dirait peut-être. Il songeait au regard qu'elle poserait sur lui.

Il jeta un coup d'œil vers le fleuve. Il avait toujours aimé cette vue. Il se surprit à ressentir un plaisir intense à regarder le bric-à-brac des immeubles, des grues et des ruines que dominait l'extraordinaire dôme de Saint-Paul. Il se dit qu'il devait peut-être cette impression au fait que Saint-Paul semblait défier le temps : au milieu du chaos qui emportait tout, le temps, l'adversité et le mal, certaines choses subsistaient.

Le déjeuner chez Flixe fut long, fastueux et émouvant. Peter Suvarov reçut Ming à la porte les bras grands ouverts. Contre son torse, elle l'écouta murmurer combien il était fier d'elle. Elle éprouva pour la première fois l'exultation du triomphe.

« C'est fait, dit-elle en parlant du procès.

— Je sais, répondit-il en souriant d'une façon étrange. Flixe m'a tout raconté. S'il te convient, ça me va.

— Je ne parlais pas de ça », dit-elle en comprenant de quoi il voulait parler. « Mais il est vrai qu'il me convient. Et bien plus que cela. J'espère que tu l'aimeras. J'y compte bien. »

Ce sourire qu'elle aimait tant chez Peter illumina enfin son visage. En aidant Ming à retirer son chapeau, il posa un baiser sur ses cheveux.

« Si tu l'aimes, je l'aimerai aussi. Allez, viens, tout le monde t'attend. »

Il pressa Ming d'entrer dans le salon où Flixe lui tendit une coupe de champagne.

«J'ai téléphoné à papa et maman. Ils étaient très heureux. Ils m'ont demandé de t'embrasser. Si tu en as le courage, ils aimeraient te parler.

— Je vais les appeler si tu veux bien.

— Bien sûr, mais fais vite car Julia doit filer au palais dès que nous aurons fini de déjeuner.»

Ming téléphona de l'arrière-cuisine. Elle donna le numéro de ses parents à l'opératrice. Sa mère répondit.

«Allô ? demanda Ming, doutant tout à coup de l'accueil que lui réserverait sa mère.

— Ma chérie, est-ce bien toi ?

— Maman ! Oui, c'est moi, Ming ! Nous avons gagné !

— Je sais. Flixe nous a téléphoné la bonne nouvelle. Quel soulagement ! Nous voulions te féliciter et t'embrasser.

— Papa aussi ? demanda Ming.

— Oui. Il a toujours du mal à comprendre pourquoi tu as fait ça et cela le chagrine, mais comme moi il est soulagé de te savoir acquittée.

— J'en suis bien contente. Ce serait trop demander qu'il comprenne.

— Tu as raison. Puis-je lui dire que tu l'embrasses ?»

Le sourire qui éclaira le visage de Ming rendit sa voix plus chaleureuse.

«S'il te plaît. Comme je t'embrasse, toi. Le compteur tourne. Je raccroche. J'appelle de chez Flixe. Au revoir.

— Au revoir, ma chérie. Merci de ton appel.»

Ming rejoignit les autres. Assise entre Max et David Wallington, elle ne fit guère honneur au consommé, au homard et à la bombe glacée. Elle n'était pas non plus très loquace. Mais la joie exubérante de sa famille et de ses amis était pour elle une vraie fête.

Le visage de Connie avait retrouvé son expression d'amusement dégagé. Ming se rendit compte qu'il avait pris une expression toute différente de doute ces dernières semaines. Assise entre Peter et Tibor Smith, elle tenait le crachoir comme si elle sortait tout droit de la Trappe.

Aussitôt que Flixe eut débarrassé les assiettes à dessert, Julia se leva de table.

« Cela me fend le cœur de vous abandonner, dit-elle, mais il faut que je vous quitte. »

Ming se leva d'un bond pour faire le tour de la table et la rejoindre.

« Ce n'est pas le moment de faire un long discours, Julia, dit-elle, et quoi qu'il en soit, j'ai les méninges en compote. Pourtant, je veux que vous sachiez que nous vous devons tout. Merci. »

Elle se pencha en avant pour embrasser Julia. Flixe fut aux anges de remarquer que Julia prit Ming spontanément par les épaules. Il n'importait plus d'assurer à Julia que David avait poussé Mark dans les bras de Ming.

« J'ai été très heureuse de vous défendre », répondit Julia sincèrement.

Elle était si pressée qu'elle ne vit pas le sourire approbateur de Tibor ni la mine réjouie de Ming.

Ming la suivit de peu car elle voulait avoir le temps de se laver les cheveux. En fait, elle voulait se purifier de toute la saleté du tribunal avant de retrouver Mark.

Allongée dans sa baignoire, jouissant de l'eau chaude et de se savoir libre, elle songeait à Mark en se demandant s'ils parviendraient un jour à se donner ce sentiment de sécurité dont elle n'avait jamais vraiment osé rêver. Pour la première fois de sa vie, elle désirait cette chose qu'elle avait à portée de la main.

A sept heures et demie précises, elle sortit du taxi pour le retrouver au restaurant.

Il l'attendait au bar. Il se leva lorsqu'il la vit.

« Tu es ravissante, dit-il en appréciant sa robe de lamé, et tu me donnes l'impression d'avoir mûri. »

En s'écoutant parler, Mark comprit qu'il avait mal choisi ses mots. Il savait par expérience qu'on ne peut jamais rattraper les mots qu'on a dits.

« C'était assez maladroit, ajouta-t-il. Est-ce que tu m'en veux ? »

Un sourire merveilleux éclaira le regard de Ming. Ses lèvres s'entrouvrirent et elle hocha la tête.

« Parce que je ne prends plus les airs d'une collégienne effarouchée ? remarqua-t-elle. Je suis ravie que ma transformation se voie. Cela veut dire qu'elle est vraie.

« — Alors, tout va bien, ajouta Mark qui ne cachait pas sa satisfaction. Tu veux boire un verre ?
— Volontiers. »
En passant au bar, il commanda des Martini. Puis, assis à ses côtés sur la banquette de velours, il parut tout à coup embarrassé.
« As-tu eu très peur ?
— Dans la vie en général ou pendant le procès ?
— Je veux dire pendant le procès.
— Oui, répondit-elle d'une voix blanche. J'étais terrifiée par des choses bien réelles : être déclarée coupable, avoir une amende au-dessus de mes moyens, être obligée de vendre mon appartement et de trouver une chambre ailleurs, devoir reprendre un travail sans avenir et me retrouver en cellule à la prison d'Holloway. »
Le barman leur apporta leurs Martini. Mark le vida d'un trait. Ming croqua l'olive. Elle regarda autour d'eux et remarqua que les autres clients étaient absorbés par leurs conversations.
« Y avait-il des peurs moins réelles ?
— Comment ? demanda Ming qui avait oublié ce qu'elle venait de dire. Ah, je vois ! Toute sorte de choses. »
Elle joua à faire glisser son verre sur le plateau de la table. Mark attendait. Elle finit par le regarder droit dans les yeux.
« Il m'est arrivé de me réveiller à quatre heures du matin, sans pouvoir retrouver le sommeil, et de me dire que le procès était le prix à payer pour avoir été lâche si longtemps.
— Tu n'as jamais été lâche, s'écria Mark en révélant la profondeur de ses sentiments.
— Oh si, je l'ai été ! Je me suis interdit de faire et de dire tant de choses par peur de mettre les autres en colère. La colère des autres m'a habitée pendant des années. Il était inévitable que je sois punie après avoir ouvert la bouche pour la première fois. »
Ming but une gorgée d'alcool qui la fit frissonner en lui caressant le palais.
« Ce cauchemar est fini, dit Mark en lui prenant la main. Je commence à me dire d'ailleurs que tous nos cauchemars touchent à leur fin. »
Ming pencha la tête sur le côté pour mieux le voir. La lumière

était si tamisée que son visage restait dans l'ombre. Elle discerna pourtant la lueur de ses yeux et la confiance de son sourire.

« Quelles furent tes peurs, Mark ?
— Que tu sois gentille avec moi. »

Ming s'était attendue à toutes les réponses sauf à celle-là. Elle l'interrogea du regard, le visage penché sur le côté.

« Je ne comprends pas. Quand as-tu éprouvé cette peur et pourquoi ?
— Votre table est prête, monsieur.
— Pardon ? » demanda Mark en levant les yeux vers la voix qui venait de s'adresser à lui.

A la vue de la veste blanche du serveur, il prit la main de Ming.

« Merci », dit-il. En se levant, il ajouta : « Ming ? »

Elle se leva de la banquette de velours grenat. Puis elle précéda Mark dans la salle à manger, légèrement tremblante sous la lumière crue des lampes. Toutes les tables étaient occupées. Elle eut l'impression que le silence se faisait autour d'eux.

Le serveur les conduisit jusqu'à une table au milieu de la salle, placée contre le mur couvert de miroirs. A peine assis, un deuxième serveur leur apporta l'entrée, un soufflé au crabe, et leur servit à boire.

« Je me suis permis de passer commande, dit Mark en la regardant. J'ai pensé que ce serait plus agréable. J'espère que tu n'as rien contre. »

Ming fit non de la tête. En reposant soudainement ses couverts, elle demanda :

« Mais pourquoi ça, Mark ?
— J'ai pensé que c'était ça que signifiait la lettre que tu m'avais écrite à Noël. Tu avais l'air de dire que tu acceptais tout ce que je voulais par pure gentillesse. Je ne l'ai pas supporté.
— Mon Dieu ! Je comprends. Mark... Je...
— Ne t'en fais pas. Réponds plutôt à une question.
— Permets-moi de te poser moi-même tout d'abord une question. »

Surpris et quelque peu inquiet, Mark fit oui de la tête.

« Pourquoi as-tu démissionné ? demanda Ming presque sans voix.

— Je ne m'attendais pas à ce que toi tu me poses la question. »

Les jambes de Ming furent prises de tremblements. Tout ce qu'elle avait avalé pesa en elle comme une pierre. La joie et la certitude qui l'avaient habitée depuis que Mark lui avait caressé la joue disparurent en un instant.

« Je suis navrée », dit-elle en se cachant les yeux.

Elle sentit Mark lui prendre le poignet de force.

« Ming, que se passe-t-il ? Qu'ai-je dit ? »

Elle leva vers lui un regard sombre, les lèvres tremblantes.

« Je n'ai jamais cherché à te faire du tort, Mark, expliqua-t-elle. Je sais bien que je suis la cause de tas de problèmes. On a bien raison de me le dire.

— Mais enfin, de quoi parles-tu ? Tu ne m'as jamais causé aucun tort. Ming, ne prends pas cet air tragique. Je pensais que tu aurais compris. Tu as tout si bien démontré dans ton article. Je t'ai donné entièrement raison à propos de Suez. Partageant ton point de vue, j'ai décidé de démissionner. Voilà tout. Il n'y a aucune raison de se faire de la bile pour ça.

— J'ai cru que c'était ma faute, avoua-t-elle après avoir bu une gorgée de vin. J'ai pensé qu'on t'avait mis à la porte à cause de ce que j'avais écrit. Le cauchemar continuait... Ma vieille peur de mettre les autres en colère se prolongeait dans ma vie d'adulte sous forme de châtiments. Mais ces châtiments, je ne les subissais pas ! Les autres les subissaient ! »

Le serveur revint mais se retira après avoir remarqué qu'ils avaient à peine touché à leurs assiettes.

« Nous ferions mieux de manger un peu », dit Ming, car elle avait remarqué la muette désapprobation du serveur.

En jetant un coup d'œil dans le miroir, il vit lui aussi ce qu'elle avait aperçu. Il prit ses couverts.

« Ah, Ming ! s'exclama-t-il avant de prendre une première bouchée, je sais que je t'ai vraiment rendue malheureuse cette année. Je suis désolé. »

Les yeux brillants, elle lui sourit.

« Alors, nous sommes deux. Je dois à David Wallington de m'avoir ouvert les yeux. J'ai été tellement garce avec toi. Je n'ai pas agi par cruauté, Mark. Pas une seule fois. Seulement, j'ai... » balbutia Ming en remarquant que leurs voisins de table écoutaient leur conversation.

« Je n'ai jamais pensé que c'était intentionnel. Mais tu as raison, mangeons ! »

Lui aussi avait remarqué certains visages curieux autour d'eux. Le serveur apporta un peu plus tard le veau au marsala.

« Tu sais, j'aime beaucoup ton magazine, dit Mark sur le ton de la conversation.

— Vraiment ? Je pensais que ce n'était pas tout à fait ton genre.

— Sans doute. Avant Suez, il est vrai que je ne partageais pas ton désir de présenter les coulisses du pouvoir à ceux qui n'en sont pas.

— Et maintenant ?

— Maintenant, je commence à me dire qu'on fait peut-être un peu trop de cas des secrets liés à l'exercice du pouvoir.

— Tu n'es quand même pas en train de me dire que les gouvernements ne devraient jamais rien cacher au peuple ? demanda Ming avec curiosité. Comment l'imaginer dans ce monde où tant d'ennemis nous guettent !

— Non, il faut se rendre à l'évidence. Le gouvernement doit avoir les moyens de gouverner. C'est un peu ce que tu disais de la pornographie lors du procès. »

Ming hocha la tête.

« Chacun sait exactement où se situe la limite entre l'acceptable et l'intolérable. Mais il y a autant de limites qu'il y a d'individus.

— Pas facile, hein ? dit Mark en prenant une dernière bouchée de veau. C'est comme ça que je m'en suis sorti. Dessert ?

— Non merci. C'était délicieux », dit Ming.

Elle voulut proposer de prendre le café chez elle, mais au moment d'ouvrir la bouche, elle surprit le regard d'une jeune femme en train de les écouter. Elle fronça les sourcils. La jeune femme tourna la tête en rougissant.

« Je vais demander qu'on nous apporte l'addition », dit Mark qui s'amusait d'avoir tout compris de la situation.

Ming acquiesça d'un sourire gracieux. Elle attendit d'être dans le taxi pour lui demander :

« Veux-tu monter prendre un café ? »

Mark lui prit la main dans l'obscurité sans rien dire. Enfin, il murmura :

« J'ai toujours peur que tu agisses envers moi par gentillesse.

— Il n'y a aucune raison. Ce n'est pas par gentillesse.
— Alors, je veux bien. »
En ouvrant la porte de l'appartement, elle demanda :
« Café ?
— Volontiers. »
Elle servit le café au salon. Mark était en train d'admirer la peinture représentant la côte scandinave.
« C'est beau mais très solitaire.
— C'est vrai », répondit-elle en posant le plateau.
Elle attendait qu'il la prenne dans ses bras. Mais il n'en fit rien. Alors elle versa le café en comprenant qu'il ne ferait pas le premier pas. Il la laissait absolument libre de tout. Il lui avait avoué son amour sans rien exiger d'elle en retour.
Elle comprit qu'elle était en présence d'un homme qui ne demandait pas qu'elle lui cède. Le jour où elle lui avait cédé physiquement, il l'avait repoussée. Il exigeait bien plus qu'un abandon : il voulait traiter d'égal à égal.
« Je crois que tu es la première personne qui m'ait considérée comme une adulte », dit-elle en remarquant la gravité du visage de Mark.
Il lui sourit. Il but sa tasse d'un trait avant de la lui tendre.
Leurs mains s'effleurèrent. Ming ressentit pour lui une violente attraction. Elle désirait qu'il la serre dans ses bras, qu'il la touche, qu'il lui fasse l'amour et qu'enfin il réponde à ses questions qu'elle n'osait formuler : m'aimes-tu plus que tout au monde ? me pardonneras-tu toujours tout ? ne m'abandonneras-tu jamais ? me protégeras-tu toujours ?
L'expression de Peter Suvarov lui revint en mémoire : « Aimer au point de ne plus craindre la violence de la douleur. »
Elle reposa sa tasse sur le plateau. Elle vint se placer face à Mark pour le prendre par les bras. Il se pencha vers elle. Elle sentit sur ses lèvres la douceur des lèvres de Mark et la force de ses mains caressant son dos. Son souffle s'affola et elle entendit le cœur de Mark battre la chamade. Il la serra fort contre lui. Il releva la tête pour demander :
« Ce n'est pas comme la dernière fois, n'est-ce pas ?
— Pas du tout, répondit Ming. Je me sentais tenue de payer une dette.
— Et ce soir ?
— Ce soir, je veux seulement t'aimer. »

26

Ils se réveillèrent le lendemain matin vers six heures, l'un contre l'autre, ivres de liberté. Pour la première fois depuis un an, ils n'avaient plus rien à se cacher. Les sentiments qu'ils s'étaient avoués ne risquaient plus de devenir des cauchemars.

Ming se pencha sur Mark qui avait les yeux clos pour lui donner un baiser. Appuyé contre les oreillers, les épaules découvertes, il était magnifique. Dans le sommeil, il n'avait plus à cacher sa force. Pas rasé, les yeux cernés, séduisant et viril, Ming avait l'impression de l'avoir toujours connu. Le mal qu'ils s'étaient fait dans cette chambre ne comptait plus.

En la prenant par le cou, il l'attira à lui. Entre les rideaux mal tirés, le soleil commençait à poindre timidement en éclairant le couvre-lit et les couvertures rejetés au pied du lit. Leurs vêtements pendaient au bras d'un fauteuil. Le reste de la chambre était en ordre.

Ming avait placé sur sa coiffeuse les fleurs offertes par Mark et le triple miroir les reflétait à l'infini. Le rouge soutenu des roses tranchait avec les tons pastel de la chambre mais leur parfum était exquis et enivrant.

« Mark, osa-t-elle murmurer en caressant son épaule de sa joue.

— Hein ? » demanda-t-il en souriant dans un demi-sommeil.

Ming était décidée à tout lui dire.

« Tu m'as avoué hier ce que tu avais craint que je fasse. Je regrette de t'avoir laissé parler sans réagir. Si ça n'a pas marché entre nous, c'est ma faute, pas la tienne.

— Personne n'est coupable », dit Mark en lui caressant la joue.

Il se disait qu'il aimait que Ming ait ainsi les cheveux lâchés.

« Peut-être. Mais j'étais tellement désorientée. Est-ce que je peux te parler ?

— Si tu veux, mais il ne faut pas que tu te sentes obligée. Nous sommes de nouveau ensemble. Voilà tout ce qui compte.

— Je veux tout te dire. Tu vois, je pensais que j'étais incapable d'aimer à cause de ce qui m'était arrivé pendant la guerre. Depuis, j'avais la phobie d'être une fois de plus sous la dépendance de quelqu'un.

— Que s'est-il passé ? »

La voix de Mark avait pris quelque chose de rude. Surprise, Ming se releva un peu pour le dévisager. Son regard la rassura. Elle était émue de voir que Mark ne cachait plus rien de ses sentiments. Elle comprit combien elle tenait à lui en voyant l'expression d'inquiétude qu'il avait prise.

« Ming ?

— Mon histoire n'a rien d'extraordinaire comparée à tant d'autres, expliqua-t-elle. Tu savais que j'étais passée en France ? Eh bien, au moment de rentrer en Angleterre, j'ai été arrêtée par des gens qui travaillaient pour... contre nous. »

Mark serra plus fort les mains de Ming sans dire un mot.

« Tout ce qui s'est passé, c'est qu'on m'a tiré les cheveux, giflée et tordu le bras, s'empressa-t-elle d'ajouter pour le rassurer. Mais c'était abominable. Pendant longtemps, j'ai... Mais il est inutile de parler de ça maintenant. »

Mark se colla contre elle.

« Ming, si j'avais pu... J'aimerais tellement pouvoir effacer tout ce qui t'a fait souffrir. Je sais que je suis puéril. Nous sommes le produit de nos expériences.

— La vie me l'a appris, dit-elle. Et puis j'ai mis du temps à comprendre que ce n'était pas ça qui m'empêchait d'accepter que je t'aimais.

— Ah bon ? Mais ne te sens surtout pas obligée de te justifier.

— J'avais peur de ce qui pourrait m'arriver si je t'aimais, si tu cessais de m'aimer et que je te perde comme j'ai toujours perdu ceux que j'ai aimés. »

Le besoin de s'expliquer avait donné à Ming la force de faire cette confession. Il la prit dans ses bras, sa tête reposant sur son torse. Elle sentit contre son front la force de son menton.

« Sauf coup du sort, tu ne risques pas de me perdre. Je suis plutôt du genre têtu.

— Tu es un Anglais ! » s'exclama Ming. En s'asseyant, elle ajouta : « Je suis ravie que tu sois têtu. Il faudrait peut-être penser au petit déjeuner ?

— Je m'en occupe, dit-il. Je fais très bien les œufs au bacon moi aussi. »

Ming eut l'air d'en douter mais elle fut désarmée par le sourire malicieux de Mark. Il semblait que tout ce qui dans le passé avait échoué entre eux s'harmonisait désormais. Ils pouvaient maintenant prendre les choses à la légère.

« Comme ce serait gentil. J'en profiterai pour prendre un bain. Mais, je te préviens, si je constate que les œufs ont attaché, je te fais prendre des leçons de cuisine !

— Chiche ! C'est risqué de me lancer un défi car je deviens plus têtu encore. »

Avant de se faire couler un bain, Ming enfila un déshabillé vert pâle. En revenant dans la chambre, elle s'assit au bord du lit. Elle prit son visage entre ses mains pour l'embrasser.

« Je t'aime parce que tu es têtu. »

Allongé, le regard levé vers elle, il brûlait de lui dire combien il l'aimait. Mais il voulait encore plus l'entendre rire car elle avait un rire merveilleux, unique et comme rengorgé.

« Seulement parce je suis têtu ? » demanda-t-il en jouant la tristesse.

Les mains posées sur le torse de Mark, Ming fit oui de la tête sans sourire. Pourtant, elle dissimulait mal le frémissement de ses narines et la lueur qui passait dans ses yeux.

« J'ai pourtant d'autres charmes ! s'écria-t-il en voyant les efforts qu'elle faisait pour ne pas rire. Tiens, mon profil par exemple », dit-il en tournant sa tête sur le côté et en battant des paupières.

A voir son nez busqué et son menton carré se découper sur l'oreiller, Ming ne put garder plus longtemps sa mine renfrognée. Elle éclata de rire, il se releva et la renversa sur le lit. La plaquant par les épaules, il se tenait au-dessus de son visage. Il la trouvait encore plus belle quand elle riait à pleines dents.

« Oh, mon Dieu ! J'aime tellement t'entendre rire », lui dit-il.

Ils remarquèrent un bruit d'eau dans la salle de bain.

« Oh, mon bain ! » s'écria Ming en se levant d'un bond pour aller éponger le carrelage.

Un peu plus tard, Mark lui servait dans la cuisine deux œufs sur le plat parfaitement frits, des tranches de bacon et de tomate. Il avait également préparé du café et du pain grillé.

« Je dois reconnaître qu'ils n'ont pas attaché, dit Ming avec un regard en coin.

— Je ne relèverai pas tes insinuations, plaisanta Mark en versant le café. Ming, est-ce que... Pouvons-nous choisir une date ?

— Une date de mariage ? dit Ming en lui tendant la main. D'accord. Il faut d'abord que je prévienne mes parents. Ce serait cet été ?

— Oh, non ! Pourquoi attendre si longtemps ? Je ne peux donc pas t'enlever tout de suite ? Mais je sais bien que tu as raison. Juin ?

— Juillet ? Nous aurions le temps de tout préparer. Où vivrons-nous ? Faut-il que tu restes à Oxford ?

— Non, plus pour très longtemps. En fait, juillet sera parfait car il faudrait que j'ouvre à Londres dès cet automne les bureaux de ma société. Où aimerais-tu vivre, Ming ? Ici dans les premiers temps ? Est-ce que tu ne crains pas que je vive à tes crochets ?

— J'aime beaucoup cet appartement, avoua Ming. J'aimerais bien y rester si tu n'y vois pas d'inconvénient.

— Il me plaît aussi, remarqua Mark en regardant tout autour de lui. Je m'y sens chez moi. Nous pourrons toujours déménager le jour où nous aurons besoin de nous agrandir.

— Parfait, marché conclu. Je ferais mieux de téléphoner à mes parents avant que Flixe ne lâche le morceau. Il faudra sans doute que nous allions leur rendre visite. Est-ce que cela t'ennuie ?

— Pas du tout. Tu ne crois pas que je devrais me présenter d'abord à ton père ?

— Mon amour ! s'exclama Ming en riant, j'ai trente-deux ans et je n'appartiens plus à mon père ! Lui ai-je jamais appartenu d'ailleurs ?

— J'aime mieux ça. »

Pendant que Ming était au téléphone avec ses parents, dont le soulagement la fit sourire, le facteur déposa le courrier. La mère de Ming demanda à parler à Mark. Lorsqu'elle revint dans la cuisine, un paquet de lettres à la main, Mark lui dit :

« Ta mère a été adorable. Elle m'a invité à venir ce week-end. J'ai dit oui. J'espère que j'ai bien fait ?

— Oui », répondit Ming d'une voix blanche.

Mark se leva d'un bond.

« Qu'y a-t-il ? Ming, que s'est-il passé ? »

Elle ouvrit la première enveloppe. Après en avoir lu le contenu, elle tendit la lettre à Mark.

Alors, tu es contente ? Après avoir fait virer un homme, tu en ruines un deuxième. Les rendre malheureux ne t'avait pas suffi. Il faut croire que ça te plaît de causer le malheur des gens que tu as su séduire. Moi, ta voix sucrée, tes petits poignets et tes vêtements chers ne me trompent pas. J'ai toujours su que tu étais une salope qui détruit tout autour d'elle.

« Qu'est-ce que c'est que ça ? hurla Mark dans la colère. Qui a écrit ça ?

— Je n'en ai pas la moindre idée. Cette lettre fait partie d'une longue série. Elles se ressemblent toutes mais celle-ci est particulièrement explicite.

— A qui as-tu fait perdre son travail ?

— A toi, mon chéri. Ta démission du ministère a donné des idées à cette personne. Tu comprends maintenant pourquoi je craignais tant de reprendre contact avec toi. »

Ming reprit une gorgée de café froid. En levant les yeux, elle vit que Mark était encore sous le coup de la colère. L'idée que ce correspondant anonyme ait pu briser la paix de cette matinée lui était intolérable.

« Est-ce que tu t'es demandé si c'était moi ? Si je pourrais faire une chose pareille ? »

Ming resta silencieuse un instant.

« Je reçois ces lettres tous les quinze jours depuis un an, dit-elle enfin. Quand on a commencé à te nommer et à m'accuser de ruiner ta vie, je...

— Quand était-ce ?

— Octobre ou novembre, je crois. Je n'ai jamais cru que

tu puisses écrire ces lettres. Mais j'étais tellement désemparée par le gâchis que j'avais causé que j'en ai eu très peur. Tu vois la différence, n'est-ce pas ? »

De nouveau, Mark eut un grand sourire.

« Oui, répondit-il, bien sûr que je fais la différence. Je n'ai d'ailleurs pas de raison de t'en vouloir, comment aurais-tu pu savoir que ce n'était pas moi ? » expliqua-t-il en montrant du doigt la lettre qui traînait sur la table de la cuisine.

Ming prit un verre d'eau. Elle fit couler le robinet d'eau froide. La sensation du froid lui fit du bien.

« J'ai horreur de te faire de la peine, dit-elle. Mais là, je me sentais incapable de faire semblant.

— Je suis heureux que tu n'aies pas fait semblant. »

Ming se retourna si brutalement qu'elle dut s'appuyer à l'évier pour retrouver son équilibre.

« Vraiment ?

— Je t'assure. Maintenant, il faut que nous découvrions qui a écrit ces torche-cul pour qu'il cesse son petit jeu. As-tu un indice ?

— Flixe, dit Ming avec un sourire de dérision, pense qu'il s'agit d'une femme qui porte un parfum à la violette, qui utilise du dissolvant et qui raffole des bonbons acidulés.

— Tout s'éclaire ! »

Mark vint à elle pour la prendre dans ses bras.

« Ta sœur m'a posé des questions sur une femme qui était assise dans les tribunes du public du palais de justice. C'est sûrement elle.

— Mark, qu'est-ce que tu me racontes ?

— Ta sœur a passé une matinée à faire parler cette jeune femme en la gavant de bonbons acidulés. Au moment de la délibération du jury, elle m'a demandé d'identifier cette femme. Je commence à comprendre pourquoi.

— Tu sais qui c'est ? demanda Ming en craignant tout à coup de découvrir le nom de son ennemie.

— Elle s'appelle Veronica Dickenden. Elle n'a pas trente ans, plutôt grassouillette, gentiment habillée, des petits yeux ronds, des vieilles chaussures et des tartines de maquillage.

— Je vois, remarqua Ming en comprenant comment elle avait pu tant en apprendre sur son compte.

— Est-ce que tu la connais ?

— Pas vraiment. Elle est devenue la secrétaire de Roger Sillhorne après ma démission. Quelle douche froide !

— Pourquoi ?

— J'ai eu si peur de découvrir que quelqu'un que j'aimais me haïssait. Savoir que c'est une inconnue rend mes peurs dérisoires. Je me demande bien ce qui peut expliquer qu'elle me haïsse à ce point.

— Rien ne prouve encore que ce soit elle.

— C'est vrai, acquiesça Ming en souriant des réserves de Mark. Pourtant, j'en ai la conviction. Il va falloir que j'en aie le cœur net. Et pour ça, il va falloir que je la rencontre. »

Ming fit chauffer de l'eau pour refaire du café.

« Je sais bien que ça ne me regarde pas, dit Mark, même si tout ce qui peut te tracasser me tracasse aussi, mais est-ce que tu ne ferais pas mieux de l'ignorer ?

— Elle risque de continuer. Non, je dois agir. Pour moi et pour qu'elle arrête. Je me suis assez défilée comme ça. Le moment de la confrontation a sonné.

— Elle arrêtera peut-être d'elle-même maintenant que le procès est terminé.

— Tu es bien optimiste, Mark. Il...

— Parce qu'à ma place, tu ne serais pas optimiste ? Hier soir, j'ai accompli mes rêves et ce matin, tu m'as tout donné. Mais es-tu heureuse ? demanda-t-il en la serrant contre lui.

— Très heureuse. J'imagine que tu dois rentrer à Oxford. Quand te reverrai-je ? »

Ming jouissait du sentiment de liberté que Mark venait de lui donner. Jamais auparavant elle n'aurait pu lui poser une telle question. Jusque-là, elle s'était contentée d'attendre qu'il fasse les premiers pas.

« Ce week-end ! Préfères-tu que nous nous retrouvions chez tes parents ou que nous y allions ensemble ? »

Ming mit au point de le retrouver le vendredi soir à Cotswolds. Devant la porte d'entrée, Mark se retourna.

« Tu ne préférerais pas que je rencontre cette femme pour toi ? Quand on lit ce qu'elle écrit, de quoi peut-elle être capable dans la conversation ? Je ne supporterais pas que tu aies à endurer ses grossièretés.

— Il faut que je le fasse, expliqua-t-elle après un temps de

réflexion, et que je le fasse maintenant. Tu m'as donné toute la force dont j'ai besoin. Au revoir, Mark. A vendredi.
— Est-ce que tu me téléphoneras pour me dire comment ça s'est passé ? »

Elle hocha la tête. Il l'embrassa une fois de plus avant de partir.

Ming souriait en rangeant sa chambre car elle se rappelait les choses qu'ils s'étaient dites. Blindée de bonheur, elle s'assit pour écrire un petit mot.

Chère Veronica,
Après le verdict rendu hier, je tiens vraiment à faire la paix avec Roger mais je ne sais comment m'y prendre. Pourriez-vous m'aider ? Pourrions-nous nous retrouver à sept heures et demie au bar du Parlement pour prendre un café ensemble ?

Il semblait assez déloyal d'utiliser ce stratagème pour berner la jeune femme, mais c'était le seul moyen que Ming ait pu trouver pour la rencontrer. Elle demanda à l'un des gardes du Parlement de bien vouloir remettre ce mot pour elle.

Vingt minutes plus tard, alors qu'elle buvait un café, elle aperçut Veronica. Elle fit un geste de la main. L'ayant reconnue, la jeune femme traversa la salle dans sa direction.

« Merci d'être venue, dit Ming en se levant pour lui serrer la main. Qu'aimeriez-vous prendre ? Un café ou un chocolat chaud ? demanda-t-elle en retrouvant ce parfum de violette qui lui soulevait le cœur.
— J'aime autant un thé. »

Ming passa commande et n'ouvrit pas la bouche tant que la jeune femme ne fut pas servie. En attendant Veronica, elle avait imaginé sans succès toute sorte de ruses.

« J'ai eu si souvent envie de vous parler depuis un an, dit-elle enfin.
— Vraiment ? demanda Veronica d'une voix sarcastique.
— Tout à fait. Au début, je voulais m'élever contre vos accusations en vous prouvant que vous aviez tort. Puis, parce que j'avais appris à vous haïr, je souhaitais tout simplement me venger. Aujourd'hui, je suis venue vous remercier. »

Veronica reposa gauchement sa tasse dans sa soucoupe en renversant du thé.

« Je ne vois pas de quoi vous voulez parler », protesta Veronica qui incarnait la fourberie se faisant passer pour l'innocence.

Ming fut alors tout à fait sûre de son fait. Par provocation, elle éclata de rire et se surprit à en éprouver du plaisir.

« Ne me dites pas que vous me pensiez assez gourde pour ne pas trouver qui m'écrivait ces lettres !

— Que voulez-vous dire ? demanda Veronica les joues en feu.

— Et d'une, il y a votre parfum, précisa Ming. Et de deux, la machine à écrire. Et de trois, vos empreintes. Vous n'y aviez donc pas pensé ?

— On n'a jamais pris mes empreintes.

— Il n'est jamais trop tard pour bien faire. Une seule preuve suffit. »

La rougeur du visage de la jeune femme disparaissant par plaques, elle ressemblait de plus en plus à une tranche de mortadelle. Elle but une gorgée de thé en faisant du bruit, les mains tremblantes.

« Je ne suis pas venue ici pour vous parler des preuves que j'ai. Je veux savoir pourquoi vous vous êtes donné tant de mal à enquêter sur ma vie et mes proches dans le but d'écrire ces lettres. J'aimerais comprendre ce que vous avez personnellement à me reprocher. »

Il y eut un silence. Après avoir reposé sa tasse, Veronica regarda Ming droit dans les yeux. Une lueur de méchanceté dansait dans son regard.

« Très bien, je vais parler puisque vous me le demandez. Je vous hais pour tout le mal que vous lui avez fait subir. Vous l'avez rendu cruel.

— Vous dites n'importe quoi. Je ne suis pas responsable du caractère de Roger. Vous parlez de Roger, n'est-ce pas ?

— Mais si, vous êtes responsable ! Avant que vous ne lui fassiez du mal, c'était un homme bon. Après, il est devenu...

— Avant ? Vous voulez dire que vous le connaissiez avant de travailler pour lui ?

— Vous le savez très bien, s'écria Veronica en crachant presque de colère. Je vivais dans sa circonscription électorale. Vous m'avez rencontrée plus d'une fois sans jamais faire attention à moi. Toujours occupée par votre petite personne, hein ! Non, voyez-vous, nous sommes de vieux amis. C'est sans doute pour ça que vous préfériez faire semblant de ne pas me connaître ? Vous avez toujours été jalouse de nous !

— Je suis désolée qu'il ait changé après mon départ et que vous en ayez souffert, mais...

— Souffert ? le mot est bien trop faible, s'exclama Veronica. Savez-vous que j'ai lu toutes les lettres qu'il vous a envoyées », confia-t-elle alors sur le ton de la confidence.

Se rappelant certaines des choses que Roger avait écrites sur la jeune femme, Ming commença à s'expliquer un peu mieux son amertume.

« Comment avez-vous fait ?

— Il avait l'habitude de les poser sur mon bureau pour que je les timbre avant de les mettre à la poste. Je pense qu'il m'invitait à les lire. »

Ming se demanda pourquoi Veronica l'avait choisie elle et non Roger comme bouc émissaire. Cependant, elle n'éprouvait plus le besoin de poursuivre cette conversation.

« En tout cas, il faut tout arrêter maintenant. Vous en aurez eu pour votre argent, je crois. »

Ming se leva en prenant son sac et ses gants.

« Pourquoi avez-vous dit que vous aviez à me remercier ? demanda Veronica avant que Ming ne parte.

— Parce que j'ai appris grâce à vous des choses d'une valeur inestimable, expliqua Ming en souriant. En croyant me punir, vous et Roger m'avez fait prendre conscience de la force qui existe en moi et que je ne soupçonnais pas. Vous m'avez également montré que les peurs qui gouvernaient jadis ma vie étaient sans fondement. Vous avez donc fait ce qu'aucun ami n'aura jamais pu faire. Votre haine ne fait pas le poids. Vos lettres m'ont rendue libre. Je vous en remercie. »

Ming la salua avant de se faufiler parmi les tables du bar. Dehors, elle retrouva l'air frais de la rue. Elle ne se sentait plus ni effrayée ni coupable. Le sermon de Connie en Égypte ne la dévorait plus. Elle avait appris à dire ce qu'elle pensait, quitte à essuyer la colère des autres. Certes, elle avait créé des problèmes, mais elle s'en était sortie. Elle recommencerait si c'était à refaire.

27

Dix semaines plus tard, Ming et Mark se mariaient à l'église St. Margaret de Westminster. Elle avait cédé aux pressions de sa mère qui avait souhaité un grand mariage. Après ce que Mark et elle s'étaient dit, tout ce cirque semblait superflu. Elle aurait bien été capable d'annuler les préparatifs pour se contenter d'une signature devant monsieur le maire, mais ses sœurs et Julia Wallington avaient fini par la convaincre de rentrer sur la piste.

Gerry considérait le mariage comme le prétexte d'une soirée coûteuse. On pouvait donc se passer de robe blanche et de voile jugés trop archaïques. Flixe avait bien du mal à comprendre pourquoi Ming refusait de s'adonner à cette mise en scène grandiose. Julia se contenta de raconter les circonstances de son propre mariage à la mairie. Elle y mit tant de verve qu'elle décida Ming à faire un mariage dans les formes. Pour clore le tout, David se proposa d'intervenir pour que la réception ait lieu sur les terrasses du palais de Westminster.

Mais ce fut Mark qui, au lendemain d'un second week-end chez les parents de Ming, avança un argument irréfutable.

« Qu'est-ce que ça peut faire ? Rien que nous puissions dire ou faire ne changera désormais ce que nous nous sommes dit. Mais pourquoi les priver de ce qu'ils désirent tant ? Ils ont toujours tout fait pour toi. Ce sera une façon de les remercier en les rendant heureux. Pourquoi pas ? »

Ming capitula sur-le-champ.

En sortant de l'église au bras de son mari, par une journée de soleil resplendissant, Ming était heureuse. Elle n'aurait jamais imaginé pouvoir prendre plaisir au service religieux. Pourtant, au fur et à mesure de la cérémonie, toutes ses inquiétudes s'étaient envolées. Les mots si familiers du *Livre de prière* de 1642 avaient alors pris des accents convaincants.

Le parfum des roses et des lis blancs s'était fondu aux chants, à l'orgue et aux cloches. Ming prit conscience de ce qu'elle était en train d'accomplir en sentant la main de Mark serrer la sienne tandis qu'ils avançaient côte à côte dans la nef latérale. La joie qu'elle lisait sur les visages de ses amis la transportait.

« On arrive au bout, ma chérie », murmura Mark en arrivant sur le parvis où ils devaient être photographiés.

Amanda Wallington et Fiona Suvarov étaient deux ravissantes demoiselles d'honneur dans leurs robes de tarlatane écrue et leurs couronnes de roses jaunes.

Le vent, en soulevant leurs robes, les fit crier d'une seule et même voix. Ce fut l'occasion pour le photographe de prendre le seul cliché vraiment naturel de l'après-midi. Les jeunes mariés rirent aux éclats en voyant les efforts qu'elles faisaient pour assagir leurs robes. Il n'y eut plus de mannequins de cire dans le groupe mais des êtres humains curieux de savoir ce qui se passait.

Le photographe leur rendit la liberté. Ils traversèrent Margaret Street, empruntèrent la fraîcheur des couloirs du palais pour déboucher sur les terrasses où une tente rayée de blanc et de bleu avait été dressée.

Ming refusa de recevoir les compliments d'usage à l'entrée de la tente.

« On obligerait tout le monde à rester debout en plein soleil. Faisons-les entrer, servons le champagne et ceux qui voudront nous parler n'auront qu'à venir à nous. Tu viens ?

— Je te suis, ma chérie, dit Mark en donnant le bras à Ming. Fanny ? Mère ? »

Tout sourire, la mère de Ming lui prit l'autre bras. Son mari donna le bras à la mère de Mark qui était veuve. Ming était entre eux deux. Elle voulait bien les laisser faire.

Mark lui avait dit qu'elle était ravissante dans sa robe de

soie ivoire décolletée dont le bustier était serré et le bas évasé. La coupe était très simple. Pour seul accessoire, le bustier était paré d'une rangée de boutons de soie. Le diadème que Connie lui avait prêté, ainsi que sa propre broche et ses boucles d'oreilles, lui donnait une véritable élégance.

Les gens défilèrent devant elle, l'embrassèrent, lui serrèrent la main, lui dirent qu'elle était en beauté, qu'ils se réjouissaient de cette union et qu'ils lui souhaitaient tout le bonheur possible. Elle présenta ses amis et ses relations à Mark. Elle écouta les noms des siens, tout en souriant, légèrement penchée en avant pour serrer toutes ces mains. Elle soupira d'aise en constatant que la longue file des invités s'était dissoute en une foule bruyante.

« Un verre, vite ! » s'exclama-t-elle en choquant sa belle-mère qui ne s'attendait pas à découvrir un tel caractère sous des airs si délicats.

Mark lui apporta une coupe de champagne et un canapé de saumon. Il l'arracha aux autres.

« Vas-y, mords ! dit-il moqueur.
— Pourquoi, j'ai l'air si goulue ? demanda-t-elle la bouche pleine.
— Complètement, mais ça me plaît. »

Elle éclata de rire, fit une bouchée du canapé, but d'un trait sa coupe et bomba le torse.

« Je me sens mieux. Il ne nous reste plus qu'à descendre dans l'arène.
— J'en ai peur. On y va en groupe ou est-ce chacun pour soi ? »

Ming baissa les yeux sur la montre sertie de diamants que Mark lui avait offerte le matin même.

« Il nous reste trois quarts d'heure avant les toasts. Nous devrions en venir à bout si nous prenons chacun un côté.
— Bonne idée. Rendez-vous à hauteur de la pièce montée. Synchronisons nos montres et n'oublie pas de croquer un petit morceau de temps en temps !
— Promis. »

Elle l'embrassa derrière l'oreille en lui murmurant des mots d'amour.

Elle resta un moment sans bouger, tout occupée à observer Amanda et Fiona qui, sans se soucier de leurs robes, s'amusaient à courir dans tous les sens, à la poursuite de Jonathan Wallington et de Sophie.

« Quelle robe merveilleuse ! »

Ming se retourna et reconnut Max qui souriait. Elle avança d'un pas pour l'embrasser.

« Merci. J'ai su résister à la dentelle et aux fanfreluches.

— Tant mieux. Alors, heureuse ?

— Très. Je me demande pourquoi j'ai fait tant d'histoires. Une fois qu'on s'est lancé, c'est si facile !

— Attention, ça ne sera pas toujours comme ça.

— Je sais. Mais j'en étais arrivée à un point où tout me faisait peur. On s'en tirera.

— C'est mon impression aussi. Il est gentil, drôle et bon, je crois. C'est rare.

— Je suis heureuse qu'il vous plaise. Avec le développement du magazine, nous allons être amenés à nous voir souvent », dit Ming. Mais en voyant changer l'expression du visage de Max, elle ajouta : « Que m'avez-vous donc caché ?

— Je m'étais promis de ne rien vous dire avant votre retour de voyage de noces. Tant pis. J'ai décidé d'aller vivre en France, dans les Alpes-Maritimes.

— Seul ? »

Max hocha la tête en souriant. Elle l'embrassa une fois de plus.

« Bravo, Max ! Je vous souhaite tout le bonheur possible. Mais que va devenir Connie ?

— Elle se débrouillera très bien, répondit-il calmement. Je me sens coupable mais l'arrangement que nous avions passé était artificiel. Je ne peux pas la rendre heureuse ni elle me rendre heureux. Si je reste par reconnaissance, je vais finir par la haïr. C'est la seule chance que nous ayons de rester amis. Je sais, je suis insensible et je vous brise le cœur. Pourtant, je crois rester objectif. »

Ming ne fut plus surprise de voir Connie la mine défaite. Elle fut incapable de rien lui dire de sensible car elle parlait avec Flixe et Peter. Elles échangèrent quelques banalités. Ming prit un nouveau bain de foule, acceptant ici et là un sandwich, trouvant auprès de chacun les mots qu'il fallait.

En atteignant l'estrade sur laquelle on avait présenté la pièce montée, elle se sentait fatiguée et aphone. L'air sous la tente était étouffant et enfumé. Les conversations formaient une seule et même rumeur. D'une voix rauque, elle demanda à Mark et à David Wallington, qui devait lui porter un toast, un verre d'eau.

« Mesdames et messieurs, dit-il quand le silence fut fait, pour avoir rencontré notre jeune mariée il y a sept ans seulement, je suis dans l'incapacité de rien rapporter de son enfance. Je ne l'ai pas connue à l'âge où on lui donnait son bain. En revanche, je puis vous dire quelle sorte de femme elle est devenue par la suite. Je n'ai nul besoin de vanter sa beauté ou sa douceur, elles parlent d'elles-mêmes. Ceux d'entre vous qui ne la connaissent pas encore ne peuvent savoir ni son courage, ni son esprit, ni son intelligence. »

Il rappela l'engagement de Ming pendant la guerre, sa carrière au sein du Parlement et ses débuts récents dans le journalisme.

« Quand son honnêteté et sa résolution l'ont mise en butte à une loi passéiste, elle a fait face à la justice sans reculer. Voilà qui lui ressemble. Quoi que la vie lui réserve, à elle et à Mark, elle restera fidèle à elle-même. En ce jour, moi, comme tous les amis de Ming réunis ici, je puis vous assurer que Mark est le plus heureux des hommes. »

Tibor, en remplissant la coupe de Julia Wallington, murmura :

« Et toi Julia, qu'est-ce que tu en penses ?

— Je suis tout à fait d'accord. David et moi avons eu la nuit dernière une très longue conversation. Mais chut ! ce n'est pas le moment, Tibor.

— Mesdames et messieurs, je propose que nous levions notre verre en l'honneur de la mariée ! »

Juste après, David vint rejoindre Julia qui lui sourit en lui prenant le bras.

En les observant à leur insu, Tibor se dit que Julia venait une fois de plus d'affronter une tempête. Il y en aurait certainement d'autres, mais pour l'heure, tout allait pour le mieux. Il était sur le point de remplir son verre quand quatre mains poisseuses se refermèrent sur son pantalon. En baissant les yeux, il reconnut sa filleule et l'autre demoiselle d'honneur qui s'accrochaient à ses jambes.

« Moi et Amanda, on s'ennuie, tonton Tibor. Viens jouer avec nous ! »

Comme il n'était pas particulièrement intéressé par ce que le témoin avait à dire de Mark, il suivit les deux petites filles à l'extérieur où, loin de la tente, elles se sentaient libres de faire tout le bruit qu'elles voulaient. En respirant à pleins poumons, il sortit un carnet de sa poche avant de s'asseoir pour prendre quelques croquis des enfants. Elles couraient sur la terrasse en souillant leurs robes et leurs souliers.

Gerry le rejoignit peu après.

«Les mariages m'épuisent, dit-elle. Est-ce que je vous dérange ?

— Pas du tout, répondit-il en levant les yeux. En a-t-on terminé avec les toasts ?

— Oui. Ming s'est éclipsée au bras de Connie pour aller se changer. On approche de la fin. »

En montant dans la pièce que David avait préparée à son intention, Ming avait attrapé la main de Connie au passage.

«Venez m'aider ! » dit-elle.

Un peu surprise mais pleine de bonne volonté, Connie suivit Ming. Elle s'assit pour la regarder défaire soigneusement le diadème de sa coiffure et la vingtaine de petits boutons de son bustier.

«Puis-je vous aider ? demanda Connie.

— C'est inutile. Je voulais de la compagnie, pas une femme de chambre ! » s'écria-t-elle en riant. Puis, en redevenant sérieuse, elle ajouta : « Max vient de m'apprendre qu'il quitte l'Angleterre. »

Le visage de Connie se referma. Elle prit une cigarette dans son sac et l'alluma.

«Je l'ai toujours su, mais ça ne rend pas les choses plus faciles.

— Sait-il combien vous êtes attachée à lui ?

— Bien sûr. Il m'a gentiment expliqué qu'il ne voulait pas abuser de moi plus longtemps. »

A entendre l'amertume de Connie, Ming se dit qu'elle devait choisir ses mots.

«Je pense qu'il lui était difficile de puiser tant de choses en vous », expliqua-t-elle en retirant le bustier de soie qu'elle posa sur un fauteuil.

«C'est possible. Mais j'étais prête à tout donner. Maintenant, sans pouvoir rien donner, je me sens coincée. »

Ming enfila la jupe de son tailleur bleu pâle.

« Coincée ? demanda-t-elle.

— Coincée avec une maison vide, une existence vide, un magazine qui ne m'intéresse pas. Enfin, je ne suis pas coincée par le magazine car je peux le vendre sur-le-champ si je veux.

— Mais vous ne ferez jamais ça ! Connie, vous ne pouvez pas faire une chose pareille !

— Bien sûr que si. Notre contrat stipule que l'une comme l'autre nous pouvons à tout moment nous retirer, à condition de rembourser l'autre. Si vous me quittez tous les deux, quelle raison ai-je de poursuivre toute seule ?

— Connie, mais vous êtes folle ! Nous sommes sur la route du succès. Le procès nous a fait beaucoup de publicité et nous avons reçu un énorme courrier de sympathie. Des gens que nous n'aurions jamais imaginé approcher sont aujourd'hui prêts à écrire pour nous. La chance nous sourit. Vous n'avez pas le droit d'abandonner maintenant.

— Nous ? répéta Connie assez froidement.

— Bien sûr. Vous ne pensiez tout de même pas que j'allais mettre la clef sous le paillasson ?

— Je pensais que vous arrêteriez après avoir choisi la sécurité dans le mariage. »

Ming lui fit son plus beau sourire. Elle enfila sa veste et arrangea le col de son corsage. Elle avait épinglé deux roses blanches au ruban de son chapeau de paille.

« La sécurité dans le mariage n'existe pas. Comme vous le savez, la vraie sécurité, c'est le célibat.

— Moi ? s'écria Connie en écrasant rageusement sa cigarette.

— Oui. Parfois trop solitaire mais tellement plus sûr ! Voyons, Connie, vous savez ça aussi bien que moi. Vous choisissez la sécurité du pouvoir et de la liberté. Moi, je joue mon va-tout. »

Connie finit par esquisser un sourire.

« En fait, je vois très bien de quoi vous voulez parler, admit-elle.

— Je le savais. Mais aidez-moi, Connie. Nous n'avons pas le temps de parler du magazine. Promettez-moi de ne rien faire de fatal avant mon retour d'Italie. »

Il y eut un silence.

« Promis, Connie ? »

On frappa à la porte.

« Es-tu prête, Ming ? demanda Mark de l'autre côté de la porte.

— Alors, c'est promis ?

— Promis, dit Connie. J'attendrai votre retour pour prendre une décision définitive. Mais je ne vous promets pas de continuer. Après tout, je me dis que je ferais mieux de cultiver mon jardin.

— Ming, est-ce que tu es là ?

— Oui », répondit-elle en ouvrant la porte.

Mark était là, grand, carré. Il lui souriait avec dans le regard une lueur qui était la réponse à toutes les questions qu'elle ne lui poserait jamais. Le ravissement la submergea.

« Je suis prête. »

*Cet ouvrage composé par Charente photogravure
a été achevé d'imprimer en octobre 1992
sur presse CAMERON
dans les ateliers de la S.E.P.C.
à Saint-Amand-Montrond (Cher)
pour le compte des Éditions Presses de la Renaissance*

Dépôt légal : octobre 1992.
N° d'Impression : 2231.

Imprimé en France